DAOIST SACRED SITES AND LOCAL GODS

道教の聖地と地方神

土屋昌明／ヴァンサン・ゴーサール 編
TSUCHIYA MASAAKI / VINCENT GOOSSAERT

東方書店

① 王屋山王母洞

② 王屋山霊山洞から天壇の遠望

③ 霊山洞から谷の景観

④ 王屋山霊山洞の洞天門（明代）

⑤ 王母洞内部

⑥ 茅山（句曲山）の華陽洞

⑦　玉隆万寿宮。許遜の主殿である高明殿
⑧　万寿宮「龍会」の巡回

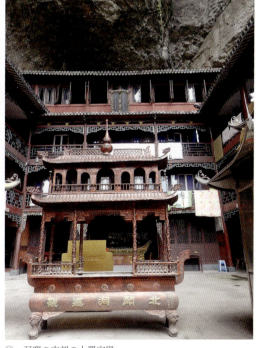

⑨　北斗洞山門
⑩　洞窟の内部の大羅宝殿

⑪ 温州羊角洞の遠望

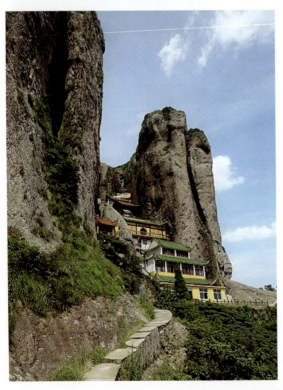

⑫ 温州羊角洞

まえがき

　本書は、平成24〜26年度科学研究費補助金基盤研究(B)「中国道教の地理的イメージと宗教的ネットワークに関する総合的調査と研究」の活動の一つとして開催した、平成26（2014）年3月12日・13日の第1回日仏中国宗教研究者会議（1st France-Japan International Conference on Chinese religious Studies, SENSHU University, Tokyo, March 12-13,2014）で発表された研究をまとめたものである。本会議では、「中国宗教における聖地 ― 宇宙論・地理学・身体論」（The sacred sites of Chinese religion: cosmology, geography, physicality）というテーマをめぐって、本研究グループとフランスの研究者が研究発表と討論をおこなった。

　本研究グループは、上記の科研費および平成21〜23年度科学研究費補助金基盤研究(B)「中国道教における山岳信仰と宗教施設のネットワークに関する総合的調査と研究」によって、中国道教における山岳信仰の形成と歴史的発展、およびその民間信仰との関わりを検討してきた[1]。そのプロセスにおいて、フランスの研究者との学術交流もおこなった[2]。そこでここに、平成21年度以来の調査と研究、およびフランスの研究者との国際学術交流の成果として本論文集をまとめた。本研究には、本邦の研究者だけでなく、フランス・中国の研究者も参加しているため、論文の言語は日本語・英語・中国語を使用し、広く中国語圏や欧米にも成果の発信を考慮している。従来の道教研究にくらべて本研究に特長があるとすれば、次の4点にまとめられるであろう。

　1．山岳という場（空間・トポス）を対象とした宗教思想・信仰の研究であること。

　2．現地調査を通して、景観や地理の問題、歴史地理学・人文地理学的な視野を考慮していること。

i

3．道教と民間信仰の相互的な関係性・共存性を考慮して、信仰の場の全体的理解をめざしていること。
　4．フランスの東洋学・宗教史研究の成果と方法を参照するとともに、フランス・中国の研究者との討論を通して、日本の道教研究の国際化および海外の研究者との意見交換を重視していること。
　以下、これらの点について、本研究および本書の成果を注に点綴しつつ概説し、本書の序文とする。
　1．について、中国の山岳信仰は古くから神仙思想と融合していた。後漢から魏晋南北朝期に発生・発展した天師道・葛氏道・霊宝派・上清派の諸道教は、いずれも漢代までの神仙思想を承けている。そこには山岳を神仙の住む地・「道」に近い世界として尊崇する山岳信仰が濃厚にみられる。
　天師道においては、開祖たる張道陵は、四川の鶴鳴山で修道して道を得たとされている。彼らは、二十四治と称される信仰実践の24カ所の拠点を四川の各地に築いた。その多くは、沇江などの河川沿いだけでなく、山上や河川近くの台地、山に囲まれた小平原に位置すると推定されている(3)。つまり、山中に神仙が住むという信仰を個人の修道のモデルとして、そのための拠点を築いて実践したのである。このように複数の拠点が築かれると、その間の連絡関係や重要性にもとづいて、ある秩序化がおこなわれ、教団の信仰上の主観的な地理とネットワークがそこに反映したと想定される。初期天師道のこうした地理イメージや宗教的なネットワークがいかなるものであったか、残念ながら史料は欠如している。しかし、二十四治に四治を追加して二十八治となった段階で、それらを天界の二十八宿と対応させる秩序化がおこなわれた。そして、三国時代を経て天師道の構成員が東へ移動するにつれ、このような山岳信仰と信仰実践の拠点を秩序化するという考え方も東へ移り、さらに南へと移植されたと考えられる(4)。西晋から東晋の際に、天師道の祭酒でもあった魏華存とその信仰集団が河内から江南に移動したのは、その契機になったであろう(5)。
　江南には天師道とは異なる信仰が存在していたが、それらも後漢以前の神

仙思想を承けていた。葛洪の『抱朴子』には、多数の漢代以来の山岳に住む神仙の記録だけでなく、修道に適した山岳の名称、そこで採取される昇仙のための薬草や鉱物、山岳に入るにあたって危険から身を避ける方法などが詳述されている。霊宝経典や三皇経の伝承でも、山岳に対する尊崇が表現されており、山岳信仰は南北朝時代の諸道教に通底しているといえる。

　このような山岳に対する崇敬を統合しうる思想が、4世紀半ばに登場する。それは、茅山の許氏がクライアントとなった神降ろしにおいて、楊羲によって啓示された。それによれば、当時の地理的イメージの中国に36カ所の名山が存在し、そこには「洞天」とよばれる神仙世界が隠蔽されており、その神仙世界には洞窟を通って立ち入ることができ、しかも洞天は相互に地下で連結している、という考え方であった。これを「洞天思想」とよぶ。この36カ所の宗教的な必然性・内的論理は未解明だが、36という数量は、おそらく三十六天界の思想と関連すると考えられる。

　「洞天思想」は、中国の道教史・思想史・文学史・美術史など文化史全体に絶大な影響を与えた。道教史についてみれば、茅山の道教が立ち上げた洞天思想は、その後、唐代の司馬承禎にいたって、十大洞天・三十六小洞天・七十二福地という仙境と修道地の体系化がおこなわれた。時の皇帝である玄宗は、司馬承禎に師事し、その洞天思想によって国家の山岳祭祀を変更した(7)。唐代の道教信仰の実践において、これらの洞天福地が重視され、その地にある道観が道教実践の拠点となった。このような状況が、当時の文化史に大きく影響したことは想像に余りある。洞天思想が中国史で最も精彩を放つのは唐代であるが、それ以降も洞天思想は歴代継承され、現在に至っている。

　文学史や美術史においても、洞天思想にもとづくイマジネーションが表現された。文学史では、志怪小説や伝奇小説、明清の小説に多くの事例が見いだされる。中でも代表的なものに、陶淵明の作とされる「桃花源記」がある。この一作品の影響を考えただけでも、洞天思想の文学史における重要性が理解できる。美術史においては、山岳を描いたいわゆる山水画には、洞天を描いたものが少なくない。例えば、五代の董源の作とされる「洞天山堂図」、

元の陸広の「仙山楼観図」、「丹台春暁図」、明の張宏の「句曲松風図」などは、すべて句曲洞天（茅山）を描いたものである[(8)]。

2. について、以上の問題は文献研究にもとづくのであるが、ある山岳がなにゆえに洞天として崇敬されたのかを具体的に理解し解明するには、現地を特定してその景観を観察する必要がある。このために本研究は十大洞天を中心に現地調査をおこなった[(9)]。たとえば、句曲洞天を説く『真誥』の叙述には、句曲洞天に五門があるといい、『真誥』を編集した梁の陶弘景は、その場所のいくつかを特定している。では、茅山には本当に洞窟があるのか。あるとすれば、その洞窟は陶弘景の特定した洞天の入口とどのような関係にあるのか[(10)]。こうした検討は、過去の文献記述と現地の地理を結びつける歴史地理学的な研究であるが、このような検討によって、文献記述をより具体的に解明し、宗教思想の物質的な背景を理解できるのである。

現地調査による認識の一つとして、少なくとも司馬承禎のいわゆる十大洞天には、場所が特定できない2カ所を除いて、すべてに奥深い洞窟が存在することがわかった。そして洞窟は洞天とされる山岳の核心に位置する。たとえば、第二大洞天の委羽山は海抜60メートル程度の小山だが、麓に奥深い洞窟が存在し、それを囲んで道観がある[(11)]。その他の三十六小洞天は、いまだ現地調査の及んでいないものが多いが、中にはやはり洞窟が存在する場所もある[(12)]。中国大陸にはカルスト地形による洞窟が実際に多数存在し、その内部の複雑な構造や神秘的な景観が、洞天のイマジネーションの源泉となっているのであり、そうした場所が道教信仰の場となり、そこを核心とした地に道観が建設され、修道が実践され、道教儀礼が挙行されたのである。

3. および4. について、如上の諸山岳に対する道教信仰の研究は、ある時代における宗教地理のありようや、その背後にある物質的な根拠について考慮すべきであるだけでなく、その通時的な変容も解明しなければならない。ところが、その検討の過程で、洞天思想がつねに時の道教に継承されたわけではないことがわかってきた。簡単に言えば、洞天に対する崇敬には史的な盛衰が観察されるのである。通常の歴史研究の手法によれば、洞天が隆

盛を来した時代について研究して、その原因や歴史的意義を検討するのであるが、本研究では、現地調査およびフランスの道教研究者との討論を通して、洞天思想が衰退した時期の宗教史的重要性を認識するに至った。

　というのは、ある山岳において、そこを洞天として崇敬する信仰が衰退した時期は、戦乱などの原因を除いて、多くの場合、全真教などの新興の道教がその地で活動しているか、道教とは別の民間信仰がその地で活動していたのである。たとえば、4世紀の洞天思想の中心地で、8世紀の司馬承禎が第八大洞天とした茅山は、中国史を通して盛んな宗教活動を続けていたが、近代においては、道観の道士と宝巻の宣講者とが、ともに茅山信仰に関わっていたのであり、それこそが茅山信仰の中核であった。つまり近代の茅山の信仰は、道教の経典や祭礼による側面と、より土着的な宝巻の宣講の伝統とに関わる側面があり、それらは排除しあうのではなく、むしろ相互に動的な関係を織りなしていたのである。

　この視点を通時的に持てば、六朝時代末の陶弘景が茅山の3月18日の祭礼に批判的な言及をしているのが想起される。要するに、茅山を道教の洞天として検討するだけでなく、より広い視野から、一つの宗教的な「聖地」として、道教以外の民間信仰も含めて、諸信仰の関係性と共存性のなかでとらえるべきである。

　以上のような観点に立ちつつ、道教の洞天を軸にして、中国の山岳信仰とそれをめぐる思想（世界観・宇宙観・身体観）を検討しようとするのが本研究であり、その成果の一部が本書なのである。

　ここまで、本研究の対象と特長を概説しながら、本研究の成果の一端と本書の論文を紹介してきた。以下は、各論文の概要を記す。

　「第1部　聖地における道教と地方神」では、上述のような、道教からも民間信仰からも聖地とされる山岳の宗教状況を中心に論じている。

　ヴァンサン・ゴーサール（Vincent Goossaert）の「近代江南における三茅君──道教と宝巻講経における三茅君信仰と進香」は、茅山を中心とする江南でおこなわれた三茅君信仰の史的ダイナミズムをとらえようとしている。

そのダイナミズムには二つの軸があり、一つは主に道士たちによる経や懺を中心とする権威的な伝統、もう一つは土着的な信徒たちを核とする宝巻とその宣講の伝統である。

三茅君信仰は、東晋の許家の神降ろし以前に茅山地域に存在し、上清経典に導入された。六朝から隋・唐・宋・元時代の茅山における三茅君信仰は、組織化された上清派によって支えられていた。これが道士道観による権威的な伝統を形成した。三茅君の伝記にはそのことが反映しており、たとえば明代の『三教源流捜神大全』にみえる伝記など、その基本的な内容やテーマは、六朝期とあまり変化していない。中心的なテーマは、成仙脱俗と父母への孝養との間の矛盾に対して、成仙して七祖父母の罪を除くことこそが孝行だという解釈を提示する点にある。

茅山では、明末までに組織的な上清派が消滅し、清代に正一道士と全真道士が居住するようになる。清朝から民国時期の茅山の道教には、上述の二つの軸の絡みが典型的にみてとれる。それは、茅山への「進香」（巡礼）に関わっている。茅山への「進香」は、道観道士と宝巻宣講者とがともに活動の背景としており、いわば茅山信仰の中核である。3月18日の進香は、19世紀では江南地域で最大規模の巡礼の一つだった。近代の茅山への進香団は、それぞれの地元において「三茅観」「三茅宮」といった施設を作り、3月18日に最大の祭りを挙行した。この行事は、上海・揚州・南京といった都市以外に、江蘇・安徽・浙江にも広がっていた。蘇州の穹窿山、無錫の北の西膠山、南京の鍾山の霊谷等には、小茅山と呼ばれる場所があり、そこで茅山まで進香に行けない人々が代わりに礼拝した。

議論はさらに、近代の茅山の宗教文献へと進み、経や宝懺より宝巻、すなわち『三茅真君宝巻（三茅真君宣化度世宝巻）』の重視が解明される。この宝巻は、六朝以来の三茅君信仰を継承しつつ、それを土着的・世俗的に変容させている。しかし、それは道士道観の伝統を疎外するものではなく、場合によっては、道観の道士たちもその出版に関わることすらあった。

このような議論は、道士道観を主とする道教を中心とするような宗教史の

枠組みからはずれ、当該地域において現実に機能している、道教と民間信仰との有機的な関係を明らかにしようとするもので、本研究全体をリードしている。

　二階堂善弘「武当山・龍虎山・仏山祖廟の元帥神」は、宋代以降の武神を「元帥神」とし、湖北武当山、広東仏山祖廟、江西龍虎山天師府、江蘇蘇州玄妙観に残る元帥神の現状を報告したものである。武当山では元帥神の像はほとんど残っていないが、龍虎山では十二天君として残っている。この十二天君として非常に立派なものが蘇州玄妙観にはある。これらは元帥神の伝統が変容を来していることを意味する。その顕著な例としては、北京白雲観や上海白雲観で岳元帥が祭られていることである。つまり、関羽の地位が上昇して単一で崇敬されるようになったため、かわりに岳飛が元帥神の列に入ったものと考えられるのである。このような地方神の昇格はそのまま別の地方で受容されることがあり、甚だしきに至っては、日本にも万福寺に馬元帥が祭られている例がある。ただし、これは当地では関羽と誤認されてきた。元帥神と地方神の関係を分類すると、温元帥のように、山東の地方神が組み込まれた場合、趙元帥のように、元帥神として祭られているうちに地方で単独に崇敬されるようになった場合などがあり、元帥神と地方神の関係の分析は重要である。

　山下一夫「王屋山と無生老母」は、河南省王屋山の無生老母信仰について検討している。王屋山は4世紀の上清派道教で洞天の第一に挙げられ、8世紀の司馬承禎以来、「第一大洞天」とされて、当地の道教の拠点の一つであった。しかるに現在、山上では「無生老母」が祀られ、地域住民による香会が信仰の担い手となっている。周辺地域には無生老母の廟が多数分布し、観音ほかの女神たちが無生老母を拝する「十二老母朝無生」の形で神像が配されている。無生老母は「白蓮教」と称された民間教派の最高神であり、「十二老母朝無生」は、清初の黄徳輝の『開示経』になってはじめて登場する。また、香会に伝承される無生老母説話も、多くが明清の宝巻に由来する。しかし現在の香会は「民間教派」というより「民間信仰」というべき情

況であって、王屋山の無生老母信仰は、「民間教派」が「民間信仰化」したものだというべきである。

イザベル・アン（Isabelle Ang）「江西西山への巡礼——地域ネットワークの中心」は、江西省南昌にある西山における許遜信仰の現地調査の報告を主とする。西山は、六朝時代から許遜信仰の聖地とされて篤い信仰を集め続けた。本論では、まず西山の玉隆万寿宮の周辺町村に存在する教団の発展プロセスと現状をおさえた上で、一例として現在でも活発な宗教活動をしている游家村の事例にスポットをあてている。游一族には「龍会」とよばれる教団が5つあり、それぞれに会長がいて、祭祀を運営している。毎年、重要な祭礼には、春節・玉帝生誕祭・許遜生誕祭・許遜昇仙祭があり、このうち本論では、許遜昇仙祭について7月27日から8月1日までの祭礼の次第を詳細に記述している。それによって「龍会」の構造とその基本特徴および儀礼の内容を明らかにしている。

本論で提示された許遜信仰の事例は、同じく古くから広く信仰されている茅君（本書のゴーサール氏の論）や真武の事例と比較することによって、聖地の信仰としてさらに理解が進むであろう。

Ichiko Shiga（志賀市子）「Formation of a New Daoist community in the 19th century Lingnan area: Sacred places, networks and eschatology」は、清末民国初の嶺南地域において、地方宗教の諸勢力が棲み分け・交流する情況下で、新たな道教コミュニティがいかに生成していったのかを、空間を往来する人やモノや観念の流れ（フロー）と、複数の流れが混じり合う渦としての聖地に注目しつつ、考察したものである。

19世紀の嶺南地域では、道教神仙への信仰や道教修養の実践に強い関心を持つ文人道教徒たちが集い、道教サロン的な結社を形成する動向があった。こうした道教系結社は、多く「仙館」という名称を冠しており、呂洞賓を始めとする神仙伝説や風水宝地として古くから知られる道教聖地を選んで仙館の建設地とした。仙館が設立されることによって、古い聖地は再び多くの人々を惹きつける場所となり、新しい宗教活動の拠点となった。各地の仙

館は、他地域の仙館とのつながりを持つとともに、周辺の道堂、善堂、乩壇、神廟とも人の交流があり、広範でゆるやかなネットワークを形成した。海外移民の増大、商業活動の活発化、汽船や鉄道など交通機関の発達による地理的流動性の高まりとともに、こうしたネットワークを媒介として行きかう人や資金や知識の流れは、東南アジア地域を含むトランスナショナルな広がりを持つようになった。仙館に流れ込んだ新しい宗教知識は、神仙の降す乩示の形で布告され、宣講の場において一般信者にもわかりやすく講義されると同時に、善書、経巻という印刷物の形で各地に拡散し、浸透していった。特に、ペストの大流行に象徴される末劫への差し迫った危機感の中で、末劫からの救済を説く救劫経が仙館や道堂、乩壇のネットワークを通じて、急速に拡散した。各地の扶鸞結社はこのようにして、距離は離れていても、神々による飛鸞闡教の言葉を共有することができた。その結果、扶鸞結社の信徒たちは、同じ神々に導かれた、同じ使命を持った共同体という意識を持つに至った。

　「第2部　聖地としての洞天とその史的変容」は、山岳聖地において道教の洞天の側面に焦点をあてて検討している。

　土屋昌明「第一大洞天王屋山の成立」は、王屋山が第一大洞天たる理由について仮説を提出している。第一に、現地調査によって了解した王屋山の自然環境の優越性がある。王屋山の天壇山はまさしく天に向かう壇状をしており、北側に広い渓谷が広がり、北峰には王母洞・霊山洞など複数の鍾乳洞の入口が存在する。つまり天壇と洞窟は広い渓谷をはさんで対照関係にあり、天壇と洞窟の間の広い景観そのものが儀礼空間になっている。第二に、上清経の伝授の系譜にある王褒も、それを伝授された魏華存も、王屋山から採取される薬草によって養生と治病をする仙人あるいは人物として有名だった。第三に、上清経を伝授した魏華存は実在の人物であり、王屋山のふもとに居住し、その師である王褒は王屋山の主神であればこそ王君とされた。新出墓誌と『真誥』の記載などから、魏華存は琅耶の王氏と姻戚関係にあり、この現実の関係が、魏華存と王氏の主神が棲む王屋山との宗教的関係に投影され

ている。以上のような条件から、茅山の神となった茅君の伝説で洞天の体系が導入された時、上清経典の伝授者たる魏華存に直接関わる王屋山が最重視されて第一大洞天とされたのではないかと考えられる。

　Pierre Marsone（ピエール・マルソン）「The Dongtian/Fudi and the sacred places of the emerging Quanzhen Daoism」は、初期の全真教と洞天福地、および聖地との関わりを検討したものである。材料としたのは、北宋から金代に活躍した王重陽（1112〜1170）とその主要な弟子である「七真」の事跡である。王重陽と七真たちの修行した場所を逐一確認すると、そのすべてが洞天福地と特に深い関わりを持つわけではない。その一方、洞天福地とは別に、初期全真教に聖地がなかったのでもない。その聖地として、終南山と祖庵（王重陽の修行地であり埋葬地でもある）と崑崙山が設定されていたようである。このうち、終南山は洞天の一つではあるが、むしろ『道徳経』が尹喜に伝授された場所、つまり道教の出発点としての認識がクローズアップされており、洞天として強調されていたわけではない。本論ではさらに、終南山と祖庵と崑崙山が全真教において聖地とされた理由とその特徴が分析される。

　横手裕「左命山三上司山続考」は、青城山と廬山と灊山という三山の、2000年7月当時の状況を報告し、道教の洞天とされていた聖地が現在どのように変容したかを例示している。この三山は、唐末の杜光庭の『洞天福地岳瀆名山記』で一括して佐命山三上司山といわれ、その主神である青城山の九天丈人・廬山の九天使者・灊山の九天司命への信仰が、とくに宋元時期に高まった。現在の廬山では、太平興国宮の跡地とされる場所に廟があり、西王母・太上老君・観音が祭られている。しかし、横手氏は『廬山志』の記述によって、別に存在する古い太平興国宮の所在地をつきとめ、その証拠となる劉仙石や老君崖を写真に撮影している。そして、現地の地形・景観を観察して、当時の建築群の布置を推測した。灊山と青城山についても同様な踏査をおこなって、現地の状況を示している。また灊山では、崂山の道士が真源宮を再建しようと企図したが、資金不足で漢武帝拝岳台の修復のみで終わったこと、青城山丈人観には全真教龍門派の男性二人・女性二人の道士が住持

していることなど、当地がどこの道観・道教と関連しているかの情報を提供している。

大形徹「南岳衡山与洞天福地」は、洞天の一つとしての南岳衡山について、文献の記述を南岳における現地調査にもとづいて検証したものである。唐代の書とされる『南岳小録』によると、南岳朱陵洞天は水簾洞の下方にあるとされている。諸書の記載でも、水簾洞付近には洞窟があるとされているが、現地調査では洞窟は見いだせず、また現地の中国史研究者も洞窟は存在しないという見解であるという。

この点を大形氏は、十大洞天にはほとんどすべて奥深い洞窟が存在するという事実と対照させて考察する。たとえば、前述のように、司馬承禎の第二大洞天たる委羽山は海抜60メートルに過ぎないのに、奥深い洞窟があることから第二大洞天の栄位を誇っている。また、洞天に関連する古い文献である東晋の『紫陽真人内伝』には、嵩山を除いた五岳に関する記述はない。以上のことから、五岳が司馬承禎によって小洞天の第二から第六に組み込まれたのは、洞窟の存在を前提とする洞天の概念がかたまって以降であろうと推測する。そして、大洞天に対して儒教的な由来のある五岳を「小」に定位することで、五岳の権威を相対的に低下させ、道教の洞天を優位に置こうとした司馬承禎の狙いがあったのではないかとする。

「第3部 道教聖地の研究と文献」では、特に現地に残る文献や、中国では亡失して海外に残る文献が道教史・聖地の研究において重要であることが例証されている。

方玲「北宋東岳廟祀の伝播――山西定襄東岳廟碑初探」は、北宋の真宗が大中祥符3年（1010）に出した勅令に関して、現在山西省に残された碑文をめぐって、その校訂と内容の検討をしたものである。この碑文は、大中祥符9年（1016）の「大宋国忻州定襄県蒙山郷東佳霍社新建東岳廟碑銘」である。この勅令は、東岳大帝信仰や碧霞元君信仰を含めた泰山信仰が隆盛し、東岳廟を建てたりする泰山信仰が官とともに民にも普及していくメルクマールである。しかし、この勅令は史料に残されておらず、当該碑文の分析に

よって、この勅令の内容と、それが出された経緯がわかる。それとともに、当時において泰山がどのように観念されていたかも理解できる。

本論は、泰山はもともと五岳の一つとして封禅の場であるが、宋代までには地獄としての性質が固定され、道教の中の泰山信仰という位置づけになっていたことを指摘している。その一方で、『真誥』巻15で洞天と泰山地獄とが同じコンテキストで語られていることをとりあげ、山岳における洞天と地獄の二面性という、相反するゆえに魅力的な宇宙観について研究者の注意を喚起している。また泰山は、五岳の一つでありながら司馬承禎の小洞天であり、この点で大形氏の南岳の論と対照して考察するができるであろう。

三浦國雄「謝守灝《校正北斗本命延生経》之意義」は、日本の陰陽道家に伝わる若杉家本『北斗本命延生経』の分析結果を論じている。本書は南宋の謝守灝の校訂本であり、中国では散佚したと判断しうること、それゆえ特に彼の序文は、『北斗本命延生経』の諸テキストの異同を考える上で貴重な情報を提供してくれる。さらに、この写本の分析から、校訂者の謝守灝と南昌西山の玉隆万寿宮との関わり、この写本に備わる神像と符の重要性、本経が唐代に成立していたと推定できること、『道蔵』所収の三注はすべて南宋以後と推定しうること、したがって李白序や蘇軾後序（玄元真人注本）の真偽問題も解明できるとした。また、古代日本において陰陽道が道教の受け皿となっていたことを踏まえると、謝守灝の校正本が作られる以前、唐代に本経が日本に伝来していた蓋然性が高いと思われること、紙背文書（陰陽道でいう都状）も今後の陰陽道研究に対して重要な問題を提起していることなどを指摘している。

本論は、謝守灝が許遜信仰の聖地たる南昌西山の玉隆万寿宮と密接な関係にある点で、イザベル・アン氏の論文と関連を持つ。また、本論で紹介されている文献は、本邦の研究者には知られているが、本論が中国語で発表されることで、海外の斯学の研究者にもこの文献へのアプローチを容易にさせることが期待できる。

なお本論文は、当該会議の開催直前に主催者から特に研究発表の依頼を受

けた著者が、日本道教学会に寄稿を準備していた研究成果の一端を発表したもので、原稿にした結果として、日本道教学会『東方宗教』第123号に日本語で発表された「若杉家本『北斗本命延生経』について」の中国語版となっている。

潘君亮「雁蕩山と道教——道教と民間信仰との関係を兼ねて」は、温州地域における道教の歴史と現状を考察するという大きな目的の下、唐代開元年間からすでに名勝地とされていた雁蕩山の道教について論じている。この山の道教は、明代に龍虎山で学んだ包雷淵という正一道士に関する事跡が『雁蕩山志』にみえる。現在の楽清芙蓉鎮包宅村の包氏は、この道士の後裔と自称している。しかし、包雷淵以後に正一教が伝えられたかどうかは不明である。むしろ当地では全真教龍門派の活動が窺える。その根拠地の一つが北斗洞で、この洞は幅約50メートル、深さ約50メートル、高さ約60メートルある。潘氏は現地調査で『委羽山龍門宗譜』（1940年版）という文献を見いだし、それによって、そこに住持した道士33人の履歴を明らかにした。また、温州と台州の境界にある道観である羊角洞についても、清の咸豊年間以来の情況を、この宗譜や碑文などによって整理し、道士18人の履歴を明らかにした。さらに、『委羽山龍門宗譜』にはその名がみえるが、地方志にはみえない浄名道院が、じつは宋の太平興国二年（977）に建てられ、嘉祐七年（1062）に浄名院とされた仏寺であったことを示し、そこに住持した道士51人の履歴を明らかにした。

本論は、現地で見いだした文献を最大限に利用しつつ、正一教や全真教龍門派を中央政府に認知されたものとし、それと地方の信仰とを対照させており、巻頭のゴーサール論文と方法的に通じ合うところがある。

以上、各論文の要点を記した。本論文集が中国道教をめぐる思想史・宗教史・文化史に新たな視点を提供できることを願うとともに、本研究および本会議を基礎として、さらにフランスの東洋学・中国宗教研究者との国際協力を進めながら、斯学の発展に寄与する成果を発表していくことを期したい。

平成 27 年 10 月

本研究代表者・編者　土屋昌明

【注】
（1）　その成果報告書として『洞天福地研究』第 1 号を 2011 年 4 月 30 日に発刊して以来、2014 年 9 月現在、第 5 号まで発刊した。
（2）　ジョン・ラガウエイ氏（John Lagerwey, École pratique des hautes études、当時）を招いて、2009 年 8 月 4 日に討論会を開催した。土屋昌明「Lagerwey 教授講演「中国宗教史の研究方法について」報告」『洞天福地研究』第 3 号、2012 年 3 月 25 日、83 〜 89 頁。また、日仏共同の座談会を 2010 年 6 月 1 日にパリの極東学院で開催し、本グループ全員が参加、フランス側はヴァンサン・ゴーサール氏、ピエール・マルソン氏、方玲氏、潘君亮氏ほかが参加した。山下一夫「座談会　道教美術研究の現在─大阪からパリへ」『洞天福地研究』第 2 号、2012 年 2 月 25 日、57 〜 64 頁。翻訳としては、クリストファー・M・シッペール（K.M.Schipper）「第一洞天：閩東寧徳霍童山初考」土屋昌明訳、『洞天福地研究』第 4 号、2013 年 6 月 18 日、3 〜 9 頁。
（3）　李遠国「洞天福地：道教理想的人居環境及其科学価値」『西南民族大学学報』2006 年第 12 期。
（4）　鈴木健郎「洞天の基礎的考察」田中文雄、テリー・クリーマン（Terry Kleeman）編『道教と共生思想』大和書房、2009 年。
（5）　土屋昌明「第一大洞天王屋山の成立」（本書所収）。
（6）　三浦國雄「洞天福地小論」『東方宗教』67 号、1983 年、日本道教学会。後に『風水　中国人のトポス』1995 年、平凡社ライブラリー。
（7）　土屋昌明「第一大洞天王屋山洞の陽台観と紫微宮の現況」『洞天福地研究』第 3 号、35 〜 54 頁、2012 年 3 月 25 日。
（8）　陶金「茅山宗教空間の秩序・歴史的発展のコンテキストの探求と再建」土屋昌明訳『洞天福地研究』第 4 号、2013 年 6 月 18 日、69 〜 89 頁。
（9）　大形徹「南岳与洞天」（本書所収）、鈴木健郎「平成 23 年度第 2 回現地調査報告」（王屋山）『洞天福地研究』第 3 号、92 〜 107 頁、など。
（10）　土屋昌明「第八大洞天句曲山洞の現況と考察」『洞天福地研究』第 3 号、3 〜 23 頁。同「華陽洞天北門の認識から第三十二小洞天良常山洞へ」『洞天福地研

究』第 4 号、63 〜 68 頁。廣瀬直記「蘇州句容洞天福地調査記録」『洞天福地研究』第 4 号、27 〜 62 頁。
(11)　大形徹「洞天における山と洞穴——委羽山を例として」『洞天福地研究』第 1 号、10 〜 30 頁。
(12)　土屋昌明「2010 年夏期第 2 回洞天調査の概要—嵩山・華山・終南山」『洞天福地研究』第 2 号、3 〜 20 頁など。
(13)　Pierre Marsone（ピエール・マルソン）「The Dongtian/Fudi and the sacred places of the emerging Quanzhen Daoism」（本書所収）。
(14)　山下一夫「王屋山と無生老母」（本書所収）。無生老母については、茅君信仰との関わりがゴーサール氏によって指摘されている。注 15 を参照のこと。
(15)　ヴァンサン・ゴーサール「近代江南における三茅君——道教と宝巻講経における三茅君信仰と進香」（本書所収）。
(16)　山下一夫「王屋山と無生老母信仰」『洞天福地研究』第 4 号、2012 年 3 月 25 日、55 〜 65 頁。

目　次

巻頭口絵

まえがき ……………………………………………… 土屋昌明　i

第1部　聖地における道教と地方神

近代江南における三茅君――道教と宝巻講経における三茅君
信仰と進香 ……………ヴァンサン・ゴーサール／森由利亜訳　3
 はじめに ……………………………………………………… 3
 1.　三茅君信仰 ……………………………………………… 4
 2.　近代江南における三茅君信仰 ………………………… 8
 3.　三茅君についての近代の道士の文献 ………………… 13
 4.　三茅君の土着経典：『三茅宝巻』 ……………………… 15
 結論 ………………………………………………………… 23

武当山・龍虎山・仏山祖廟の元帥神について
………………………………………………… 二階堂善弘　33
 1.　雷法の発展と元帥神 …………………………………… 33
 2.　武当山と仏山祖廟の元帥神 …………………………… 36
 3.　龍虎山と蘇州玄妙観の元帥像 ………………………… 40

xvii

王屋山と無生老母 ……………………………… 山下一夫　45
　はじめに ……………………………………………………　45
　1. 民間教派の無生老母 ……………………………………　48
　2. 民間教派の十二老母 ……………………………………　52
　3. 王屋山の無生老母香会 …………………………………　56
　4. 民間教派の民間信仰化 …………………………………　60
　おわりに ……………………………………………………　63

江西西山への巡礼──地域ネットワークの中心
　　　　　　　……………………… イザベル・アン／趙婧雯訳　71
　1. 西山巡礼 …………………………………………………　72
　　儀式と道観の簡史／巡礼の起源と発展／現代の巡礼／巡回に参加する信者の団体／「龍会」／玉隆万寿宮の壁額／万寿宮の現代の管理／万寿宮の名声
　2. 游家村 ……………………………………………………　82
　　游家村の信者／游家村の「龍会」／会の年度儀式
　まとめ ………………………………………………………　89

Formation of a New Daoist community in the 19th century Lingnan area: Sacred places, networks and eschatology
　　　　　　　……………………………………… 志賀市子　93
　Introduction ………………………………………………　93
　1. Overview of Daoism in the late Qing Guangdong and rise of new spirit-writing organizations ………………………　95
　2. Rise of the Xianguan 仙館（觀）Movement ……………　99
　3. Spread of Daoist society Networks into Southeast Asia ……　106
　4. Spread of Eschatological Thoughts into Lingnan …………　110
　Conclusion …………………………………………………　118

第2部　聖地としての洞天とその史的変容

第一大洞天王屋山の成立 …………………………… 土屋昌明　133
  はじめに――第一大洞天王屋山 ………………………………… 133
  1.　王屋山が第一大洞天となった要因――景観 ……………… 135
  2.　王屋山の薬草と魏華存の薬方 ……………………………… 138
  3.　王屋山と王氏と魏夫人 ……………………………………… 146
  結論 ………………………………………………………………… 153

The Dongtian/Fudi and the sacred places of the emerging Quanzhen Daoism ………………………… ピエール・マルソン　161
  The Quanzhen and the Dongtian and fudi …………………… 162
  Sacred places …………………………………………………… 165
  Conclusion ……………………………………………………… 169

左命山三上司山続考 ………………………………… 横手裕　173
  はじめに …………………………………………………………… 173
  1.　廬山 …………………………………………………………… 176
  2.　灊山 …………………………………………………………… 184
  3.　青城山 ………………………………………………………… 187
  おわりに …………………………………………………………… 189

南岳衡山与洞天福地――既是五岳又是洞天
………………………………………… 大形徹／仇詩琪訳　191
  前言 ………………………………………………………………… 191
  1.　五岳之一 ……………………………………………………… 192
  2.　南岳的地理 …………………………………………………… 192
  3.　《南岳小录》的朱陵洞天与洞窟 …………………………… 193

4. 《南岳总胜集》 …………………………………………… 197
　　5. 五岳的洞天不能成为十大洞天的理由 …………………… 202
　　6. 洞天名称的原委 …………………………………………… 204
　　結語 ……………………………………………………………… 206

第３部　道教聖地の研究と文献

北宋東岳廟祀の伝播――山西定襄東岳廟碑初探
………………………………………………… 方玲／二ノ宮聡訳　213
　　はじめに ………………………………………………………… 213
　　1. 宋の真宗と泰山崇祀 ……………………………………… 214
　　2. 『大宋国忻州定襄県蒙山郷東霍社新建東岳廟碑銘』 …… 218
　　結論 ……………………………………………………………… 220

谢守灝《校正北斗本命延生经》之意义 …………… 三浦國雄　225
　　序 ………………………………………………………………… 225
　　1. 关于《北斗本命延生经》 ………………………………… 226
　　2. 若杉家藏《北斗本命延生经》的意义 …………………… 230
　　3. 若杉家藏《北斗本命延生经》与阴阳道的祭祀 ………… 234
　　4. 谢守灝《校正北斗本命延生经序》的活字化 …………… 236

雁蕩山と道教――道教と民間信仰との関係を兼ねて
………………………………………………… 潘君亮／廣瀬直記訳　243
　　背景 ……………………………………………………………… 243
　　1. 包雷淵と正一天師 ………………………………………… 244
　　2. 龍門派と雁蕩 ……………………………………………… 246
　　　　（1）北斗洞／（2）浄名道院／（3）羊角洞
　　結語 ……………………………………………………………… 259

あとがき …………………………………………………………… 編者 267
索引 ……………………………………………………………………… 273
　　事項索引　273／文献索引　279／人名・神名索引　282

口絵写真撮影者

- 口絵1～2　　鈴木健郎
- 口絵3　　　土屋昌明
- 口絵4　　　鈴木健郎
- 口絵5　　　土屋昌明
- 口絵6　　　横手裕
- 口絵7～8　　Isabelle ANG
- 口絵9～12　潘君亮

第1部 聖地における道教と地方神

近代江南における三茅君
——道教と宝巻講経における三茅君信仰と進香⁽¹⁾

ヴァンサン・ゴーサール Vincent GOOSSAERT（高萬桑）

（森由利亜訳）

はじめに

　茅山は江南の平野、南京の南東 50 キロメートル付近に低く連なる（最高 600 メートル程度の）連峰である。茅山という名はまた、歴史を通じて今日に至るまで、江南地域や全中国的な文化の中でいくつもの異なる響きをもって想起されてきたといえよう。道教史の研究者にとっては、茅山はなんと言っても 4 世紀における上清経の啓示という、中国宗教史において最も深い探求と尊崇の対象となった神秘的伝統の発祥地として記憶されている。やがて近世期に至ると、「茅山法」「茅山道士」といった黒魔術や恐ろしげな放浪の法師など、暗黒面での知名度も加わるようになる。さらに注目すべきことに、この連山は、全江南地域にわたって行われた最も重要な信仰のひとつである、茅氏の三兄弟に対する信仰、すなわち三茅真君信仰の本拠地である。
　これらの啓示と信仰と儀礼とが互いに絡み合う様子を語り、茅山の複雑な歴史と、それが中国の文化や宗教において果たしてきた役割を正しく解き明かすためには、何冊もの専門書が必要であろう。それは、二千年にわたって持続的に記録され、この 21 世紀においてもなお盛んに活動する地域信仰であり宗教者たちの伝統でもある、魅力あふれる事例なのである。本稿は、19 世紀から今日に至る江南地域社会における三茅君信仰、とりわけ茅山への巡礼〔以下、適宜「進香」と表記——訳者注〕に関する諸文献が地域信仰の中で発

揮する機能と、信仰や巡礼を形成する中ではたらく種々の行為者たち（道士・宝巻講経者・巫）の役割を見ることを通じて、これらの事柄を理解するためのささやかな貢献をなさんとするものである。

　本稿は多岐にわたる資料に基づいて記される。19世紀以来の道士や地域の宝巻講経者の儀礼的な文脈の中で使用されてきた諸文献や、進香に関する説話的、歴史的な資料、茅山もしくはその他の江南地域に居住する道士やそのほかの人々とのインタビューがそこに含まれる。本稿の共著者二人は各々民間芸能と道教の専門家である。ふたつの視点が結びついて、法師の権威と地域の解釈との間で生起する地域信仰のダイナミズムをよりよく理解する助けとなれば幸いである。

　本稿はまず三茅君信仰の初期の歴史と、最初期の資料に見える三茅君の伝記を扱う。それが必要なのは、今日まで続く三茅君信仰の伝承における基本的な要素はその頃に定着したからであり、また初期の資料の中にすでに道士と霊媒を含む地域信仰のリーダーたちの間で相互干渉が起こるさまが記されているからである。これから我々はざっと信仰の歴史を通観して現在の関心である19・20世紀へと視野を転じてゆくが、この基本要素はそのような長い期間にわたり持続するものなのである。しかし、三茅君信仰の伝承の拡散を独占的に担う新しいジャンルの登場によってもたらされる非継続的な要素をも見てゆくことになるであろう。

1．三茅君信仰

　三茅君は漢代に生きたとされる、茅盈・茅固・茅衷の三兄弟である。いくつかの初期の資料の中に茅兄弟に関する説話の起源を辿ることができる[2]。最も重要な初期の言及は、葛洪（284～364）『神仙伝』の中に見ることができる[3]。葛洪の伝の記載により、3世紀およびそれ以前において、すでに茅山に三茅君に対する地域信仰が存在していたことが知られる。それは370年代に始まった上清経の啓示――選ばれた人々を超越的な神霊世界へといざなうそ

の神体系の中に三茅君も含まれていた——よりも数十年早い。しかし結局、三茅君は上清経の環境下で新しい伝記を与えられることになる。最も重要な伝は、李遵（もしくは李道）による「太元真人東岳上卿司命真君伝」（「司命真君伝」と略称）である。初期の上清の仙伝であり、そこには上清経の実践者がそれによって真人の位を得ることができるような態度や方法が描かれている(5)。

　続く三茅君への言及は陶弘景（456～536）の『真誥』（499年成書）に見られる。そのうちの第4篇稽神枢（巻11～14）は茅山とその歴史の記述に割かれている。同篇の主要部分は定録君（中茅君）の啓示によるもので、李遵「司命真君伝」から引かれている。李のテキストは多くの後世の仙伝——そのうち最も完備しているのが1330年に編まれた『茅山志』巻5に含まれる——に資料を提供している。中世のいくつかの資料は茅盈を西王母信仰に結び付けている。『漢武帝内伝』は、無名氏による（おそらく6世紀の）小説で、西王母が漢武帝（在位前140～87）に光臨する伝説を描く。クリストファー・シペールは、その最も長い部分は「司命真君伝」からの流用であることを論じている(6)。

　多くの神格の伝を集めた同類の書と同じく、やはり三茅君を載せる『三教源流捜神大全』などに示されたあまたの伝についてはここでは触れないでおく。それらはみな概ね上に挙げた資料に基づいている。本稿ではむしろ、これらの初期の伝（4世紀から6世紀）がどのように三茅君を描くのかに注目したい。このようなアプローチを採るのには理由がある。上清経出現以前に三茅君信仰が存在したことは確かで、葛洪がそれについて書いている。しかし、葛洪の作品が〔一書としては亡んでしまい〕、上清経よりも後に出た文献の引用から再構成されねばならないため、葛洪の元々の説話に上清経の編集者たちが何を付け加えたかを細かく検出することが難しくなっているのである。上清の編者たちは、後の伝が行うように、三茅君の生誕日を設けてこそいないものの(7)、しかしながら、「司命真君伝」は茅盈が天から司命と認められた日と昇天の日については、これを哀帝の元寿2年（紀元前1世紀）とし

ている。
(8)

　葛洪によると、茅君（大茅君とも）の名は盈、字は叔申、咸陽（現陝西省）の生まれである。18歳のとき、恒山に入って道を学び、そこに暮らすこと20年、得道してから家に帰ってきた。戻ってくると、盈の父母は彼の不孝を非難する。茅盈は、自分の得道は天命によって定められたもので、家では孝養を果たさなかったとはいえ、霊的な達成によって父母の寿考と家門の平安を保証するのだと述べる。しかし、父の怒りはまだ解けなかったので、茅盈を杖で打つ。すると、杖は砕けてその破片が家の壁や柱に食い込んだという。これが同書で描かれる茅盈の最初の奇跡である。後に、父の要請に従い、彼は死者を蘇生させるなどの奇跡を示して、得道によって獲得された力を示してみせるのであった。

　葛洪はまた茅盈の二人の弟にも触れる。茅固（字は季偉）と茅衷（字は思和）はともに漢王朝の高官となる。茅盈は、句曲山（茅山の古名）に入る前に辞別の宴を催した時、兄弟たちに〔神霊の職を有する者としての〕自分の真価を示す。さらに宴の最中に起こった不思議が記される。茅山に入ると彼は洞窟に住む。山の麓に住む人々は彼のために廟を立てる。茅盈は、予知と奇跡によって有名になり、句曲山は彼の姓をとって茅山と呼ばれるようになる。

　茅固と茅衷とは、7、80歳になって官を退き家を離れて南に旅し、長江を渡って彼らの長兄を探す。茅山に着くと、茅盈は弟たちに神薬を与え、二人は若返る。茅固と茅衷は40年以上かけて修行し得道する。そこで、太上老君は茅盈に太元真人の号を授けて司命真君に任じ、呉越（江南地域）の生死の籙を司らせた。しかし、茅盈はすぐに昇天することは許されず、もう暫く地上に留まらねばならなかった。その間の彼の居所は安徽の潜山であり、そこでは現代に至るまで三茅君信仰が続いている。彼の弟たちも真人の称号を得た。茅固は定録君となり、茅衷は保命君となった。

　「司命真君伝」は基本的には葛洪の記述を伝えているであろうが、兄弟たちの祖先、茅盈の自己修養法、王君（後に王遠、字方平と同一視される）に師事したこと、茅盈が亀山を訪れて西王母に面会したことについては、さらな

る情報を加えているはずである。三茅君を神格に任じる天の詔勅も引用して加えたものであろう。特に『真誥』のような後世の言及の中では、三茅君が支配する冥界の官僚機構や、茅山のもとにある死者の運命を決定する役所が詳しく描かれる。[9]

唐から元にかけて、三茅君信仰は唐宋期における宮廷の大々的な援助や、徐々に形成されてきた宗師制、それに付随するエリート道士のネットワークを背景に、組織化された上清派の保護を受けつつ継続した。宋代には、(玉堂大法や童初大法などの)新しい道法が茅山に現れた。1330年の『茅山志』には、このような組織化についての晩くはあるが豊富な証言が集められている。明初までには、組織化された上清派は完全に消滅していた。彼らの文献や実践法は他の道教の諸伝統によって、あらゆる形に具現化され統合されていった。茅山は道教の主要な中心としての地位を保ってはいたが、もはや独立した伝統の中心地ではなくなった(勿論、特定の儀礼実践は維持されたではあろうが)。

清朝期までには、全真教が茅山に定着する。彼らは多くの道観を運営し、三茅君に対応する三峰にある三宮を管理する正一道士たちと同居するようになった。[10] これと連動して、全真道士や、より広くは、地元には馴染みが薄く、しばしば公衆の前で物乞いや売薬、呪術や武術を披露するような雲遊道士たちが、上海やその他の江南の諸都市で「茅山道士」と呼ばれるようになっていった。今日の茅山における全真と正一とは、イアン・ジョンソンが深く考察を加えたように、競争的な発展を遂げる過程で別々に居住する状態へと移行していった。山のひとつの側(主要な道観が存在する側で、句容県に属する)が正一の管轄となり、もうひとつの側(金壇県に属する)が全真の道姑等によって管理されている。[11] 句容側で非常に高価に設定された入場料のため(最高の「5A」に格付けされている観光地である)、茅山は沢山の旅客で賑わってはいるものの、地元の香客は1980・90年代に比べて大きく減っている。

そうした変化の一方で、上清が出現する以前からそこにあった三茅君は、組織化された上清派が消えてもなお存在しつづけ、帝政時代末期には、三茅

君信仰は、おそらく前代にはなかったほど栄えた。清朝期までに、新しい形態の信仰、——すなわち、類型的にはいくつかに分かれる諸々の宗教職能者や、いくつかの伝授や拡散の形式によって促される新しい形態の信仰が、茅山の周辺に出現したのだろうと、我々は考える。

2．近代江南における三茅君信仰

　近代江南における三茅真君信仰を印象づける最も顕著な信仰の様式は、茅山への大規模な進香である。4世紀から絶えることなく続く道士や士大夫を引きつけてきた茅山が、いつ頃から民間の信徒たちの間でもこれだけ人気を博するようになったかは明確でないが、明代の文学には茅山に進香する人々がしばしば触れられるようになる。(12) 19世紀までには、茅山への進香は江南全地域における最も大きな巡礼になっていた。杭州や普陀山への観音に匹敵するものであったといえよう。(13) 江蘇巡撫譚鈞培（1828～1894）が1880～81年にかけて江南の進香を禁止しようと試みた時、杭州と茅山の進香がその主たる標的とされたのだが、その効果もわずか2年しか持続しなかった。(14) 観音への進香と同様、茅山には毎年何百何千という数の香客が地域全土から訪れた。それは、宿や飲食の仕出し、運送などをまかなう、茅山周辺もしくは山と運河との間をつなぐ街道筋の数々の村にかなりの収入をもたらすほどの規模であった。

　種々の歴史記録や同時代の茅山の道士たちが記すように、伝統的には、巡礼の季節は、道士たちが開山する12月24日（月暦）からはじまる。——ただし、今では開山はもっと後にずらされて2月15日に設定され、しかも昔とは違い年間を通して香客を受け入れ、道士は彼らのために儀礼を行っている。期間の最終日であり、なおかつ最重要の日でもある3月18日に至るまで、進香は盛り上がりを増してゆく。(15) 3ヶ月にわたる香期の間、全山が完全に素食（精進料理）となり、肉料理は持ち込み禁止となる。

　香期の中心的な日である3月18日は、初期の上清文献によると、大茅君

が泰山（彼はそこで東岳上卿の役職を担っていた）から茅山へ至り、道教の真人たちを礼拝した日のひとつとされる（もう一日は12月2日）。おそらく、この祝日はとても早くから祝われたものであろう。というのも、茅兄弟は鶴に乗るか、もしくは鶴に変身するとされているが、3月18日の行事は、唐代までには「鶴会」と呼ばれているからである。宋代までは、どの程度大規模なものかは不明にしても、世俗の人々が鶴会のために毎年茅山に趣いたことが筆記類に記されている。後には、祭日は残りはするものの、大茅君（もしくは三茅君）が昇天した日（初期の記録では8月18日とされる）と混同され、記事によっては、初期にはより小さな規模でしか行われていなかった10月3日の茅盈の生誕日すら混同されるようになる。

茅山に参詣する香客は、地元にある三茅君を祀る宮観祠廟に拠点を置き、自分たちの三茅君の神像を持って山を訪れる。これらの宮観祠廟は、「三茅観」「三茅宮」「三茅行宮」「三茅庵」「茅山殿」「茅山堂」等と名づけられることが多かった。これらは通例3月18日に祭を行い、その日はしばしば地域の生活の中でも最も活気に満ちた祭日のひとつとして描かれる。例えば、揚州の三茅会（三星会）と行列はとても有名であった。この進香は、男女二組に分かれた盲目の占い師たちの組織（ギルド）によって組織されていた。帝政末期と民国期において、この三茅君の組織は非常に大きく緊密だったが、現今の改革期を通じて彼らの組織が再興されることはほとんどなかった。

地方志によって辿ることのできるこれらの宮観祠廟の分布状況に鑑みると、三茅君信仰が最も集中して見られる地域は、南は上海から北は揚州・南京へと広がっていたようである。さらに、これら中核的地域の外側の江蘇（蘇北）・安徽・浙江、およびより遠隔の地域にも、宮観祠廟が存在したことがわかる。また明らかに、三茅君はとりわけ南京の人々と強く結びついており、ほかの諸都市にある南京の旅人が逗留する会館には時として茅山祠が備わっていることもあった。

ほかのいくつかの主たる巡礼地と同様、遠くの山に参詣する代わりに近く

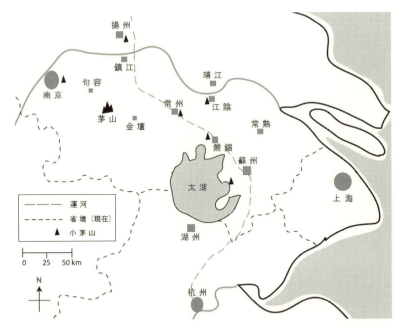

茅山と小茅山

で礼拝することのできる「小茅山」が徐々に発達していった。長い旅の出来ない、あるいはそれを望まない女性たちが特にこれを好んだ。こうした〔"本山"に対する〕"支山"とでもいうべき山々の名を載せる公式なリストを見たことはないが、茅山の道士や種々の資料によると、特に重視されるのは、蘇州に近い穹窿山(22)、無錫の真北にある恵山（より正確には西膠山）(23)、南京の鍾山（特にその上にある霊谷）(24)、揚州(25)・常州(26)・江陰(27)の小茅山等である。これらの場所は、茅山そのものと同様、三峰を有するのが特徴で、それぞれの峰が三茅君のうちのどれかに関連づけられ、名づけられていた。すなわち、大茅峰、二茅峰、三もしくは小茅峰という具合である。(28)（**地図参照**）

　江南の官僚社会における三茅信仰の評判は、すべてが芳しいものではなかった。その理由のひとつが、霊媒との関係である。諸々の新聞記事によると、1870年から1880年の間にどれほど沢山の茅山祠が閉鎖されたかが分かる。有志男女が同席し霊媒による豪勢な治癒の集会が行われたことが閉鎖の

理由だった。ある江蘇の役人は、1879年に全県で禁止すべき有志の宗教団体の一類型として三茅会を挙げている。

こうして見ると、三茅君信仰は特殊な状況に置かれていたといえる。江南地域の主たる信仰と異なり、茅山信仰は明清期には国家の祀典に加えられることはなかった。宋元の王朝は三茅君を承認していたが、その後の王朝はそれを継承せず、法的には違法な存在にしてしまった。実際には信仰は許容されており、——茅君信仰が禁圧されたことを示唆するようなものは見たことがない——結果的に、三茅君信仰は祀典にも入れられず弾圧もされない、つまり国家にとってそれほど直接的な改革の対象とはいえないが、さりとて見逃されているわけでもない、広大なグレイ・ゾーンのなかに位置づけられた。巡撫譚鈞培は1880年に進香を禁止した際、もし彼らが香客を迎えた場合には、彼らの祠廟を淫祠と見なして破壊すると警告した。しかし、旱魃のような場合には官僚たちは三茅君に祈禱を行いもした。

他方、道士たちは三茅君を非常に位の高い神として昇進させた。九天司命や東岳上卿といった号は、三茅君の地位の高さを示している。三茅君はまた、解天餉を受ける。これは江南の地域共同体が天界の官僚体制への忠誠を新たにするため最高位の神々に対して年ごとに支払う天の租税である。ある資料は、三茅君は彼らに従属するとされるほかの神々の庇護者であるともされ、「茅山部下之昭天侯楊元帥」として楊元帥信仰の成長が茅山の権威のもとでなされたと論ずるものもある。

しかし、道教神としての高い地位にもかかわらず、三茅君は活気に満ちた霊媒信仰の中心にいる神でもある。「茅山道士」という語は上海語では安心させるというよりむしろ恐い印象をもたらし、又「茅山法」といえば黒魔術のことであるが、三茅君自身もまたトランス状態や荒ぶるさまと広く関連づけられている。上海では、「跳茅山神」といえば、憑依された若い男性が自己を変容させて、赤く熱した鉄の棒でパフォーマンスを行うなど、むしろ中華世界のほかの地域でよく知られている類の曲芸を行うさまを指した。人々を治癒するまた別の霊媒に「茅山仙人」と呼ばれる者があった。1919年蘇

州では、ある霊媒が自房を改めて三茅堂と為し、毎年茅山に進香する何百もの信徒を組織したとされる。(39)

　これは2012年に至るもなお行われているやり方である。茅山を訪れる香客たちは（1980・90年代に比して現在は減っているものの）往々にして（男性もしくは女性の）香頭と呼ばれる地域の宗教職能者によって組織される。香頭は基本的に霊媒であった。道士達は彼らと友好的に接しており、正月頃になると、彼らと良い関係を維持するため、また新年の予定、とりわけ進香の予定の詳細を調節するため、香頭のもとに挨拶に訪れた。これは19世紀末においてすでに行われていたしきたりである。(40)香頭のほかに、沢山の集団が宝巻講経者を従えていた――江南地域の至る所でこれら宝巻講経者と香頭との間には密接な仕事上の関係が結ばれていた。(41)講経者は進香の最中に、進香の集団が道士達に依頼する儀礼と平行して、宝巻（『三茅宝巻』が含まれる）を誦える。茅山乾元観の女性道院の尹道長が私たちに語ったところでは、宝巻講経者と道士の間には霊的な世界における分業があるという。道長の話では、宝巻講経者は普通はテキストを誦唱して、城隍・土地といった低い地位にある神々に対応し、娯楽的な物語を扱っているという。他方、道士たちはより高位の神々に対して儀礼を行う。尹道長は、三茅君を前者の中に置くのである。実際、茅山の正一道士たちとは正反対に、尹道長の周りに集う全真の道姑たちは三茅懺よりも玉皇懺を誦えることを好む。それでもなお、三茅君は乾元観において独立した堂の中に祀られており、重要な信仰対象としての地位を失うことはない。

　道士が統括する中核的な信仰の中心（即ち茅山）と、霊媒により統括される地域の祠廟の間で結ばれるこのような協調関係は、実に長きにわたって培われてきたものである。早くも5世紀末には、陶弘景が三茅君の祠廟が巫女たちによって経営され血食祭祀を行っていると不平を述べている。(42)全中国的な宗教の標準とは言えないにせよ、江南とそのほかの地域においてこれは極めてありふれた様式であった。しかし、（霊媒とは異なって）テキストを生成するものの、しかも（道士とは異なって）地域の村落共同体の中に完全に埋め

込まれた第三の宗教職能者の働きは、研究者によってこれまで充分に論じられてこなかった。

3．三茅君についての近代の道士の文献

　ここで我々は、近代および現代における三茅君信仰（儀礼・伝説・図像を含む）の広汎な地域への拡散をよりよく理解するために、この信仰についての文献を作成し、伝承した二種類の主要な職能者の類型を見てゆくこととしよう。すなわち、道士と宝巻講経者である。先に見たように、道士たちは二千年以上の長きにわたり三茅君に関する大量の伝記を生成してきた。しかし、伝記的な作品だけでは信仰の広がりを充分説明することはできない。最も重要な文献は、儀礼的な文脈において世俗の観衆の前で頻繁に演じられるものである。特に、道教信仰の枠組みとして最も一般的なのは、経と懺とである。

　三茅君は長く道教の神体系の中に組み入れられ、唐代以降はあらゆる種類の大規模な儀礼の中で請召され祭祀されてきたにもかかわらず、彼らだけに献げられた独自の儀礼が比較的少ないという事実は注目される[43]。三茅君の場合、その経と懺とは非常に最近になって登場したものと思われる。経は、『九天霊宝金華沖慧度人保命茅君真経』と呼ばれる。懺としては二種類が現存する。そのうち『太上三清応化三茅祖師霊感法懺』は、19世紀への変わり目に北京で乩書として啓示されたもので、有名な『道蔵輯要』の中の主要な道教神を対象とする非常に大きな懺の枠組みの中に入れられている。しかし、それが別の場所で再版されたりするのを見たことはなく、江南で何らかの役割を演じた形跡もない。現在茅山と江南のほかの祠廟で用いられているのは、『祖師九天司命三茅真君滅罪宝懺』である。こちらは、三茅君の手下として中世の上清経の神々を長々と連ねている（実際、これこそ現在の茅山での信仰と実践における最も際立った上清経の伝統的要素であるといえる）。

　これら経と懺の最も早い版は、『三茅帝君宝懺』という、杭州の万善宏済

社と上海の恤縁壇という二つの扶乩結社が出資して、1924 年に上海で刊行されたものである。同じ年の茅山関連の記述が、茅山のほかの廟祠で別種の活動をする非常に多くの乩壇の活動に触れていることに注意したい。該書の編者の一人が寄せた「書後」には、常州清涼万寿寺における降乩儀礼の最中に、三茅君が「帝君」の地位に昇進させられたことや、また別の上海の道院の支部では更なる規範化が決定されたことを記している。経と懺のほかに、該書にはどれも一様に短い三茅君の種々の「宝号」と、押韻した「垂訓文」が収められる。後者は、明確な言及があるわけではないものの、降乩によるものである可能性が高い。1924 年の「書後」の撰者は、全ての内容が啓示によるものと見なしている。

　本書には蔣大治なる人物による 1761 年の序が付されている。儒者である蔣は、茅山を訪れた後、かつての三茅君たちの修行を継承するとされる道士たちの自己修養を崇敬するようになり、彼らの経典を広めることに務めたという。この序が著者の真撰であることを疑う理由は特になく、さらに、明末の書に一部が引用されているため、この三茅君の経典はそれ以前より流通していたに違いない。しかし、帝政末期の版の中に経も懺も残っていない事実からすると、それによって茅山における文献喪失の規模が推し量られるのと同時に、信仰の拡散の過程で主要な働きを担ったのがほかの種類の文献であったことをも窺い知れよう。文献の喪失については、生涯茅山に居した道士である張鶴峰によって著された序文において更に際立つ。彼は、1860 年の太平天国による茅山諸宮観の破壊が、どれほど諸本の破壊をもたらしたのか（彼自身、安全のためにその経典を埋めたが、戦争後に見出すことはできなかったと述べる）を説明し、〔同書の刊行にあたって彼は〕その内容を記憶から起こすしかなく、1864 年以降に再版すべく資金を募ったことを記す。しかし、本は相変わらず稀少であり、1924 年の「書後」の著者は、杭州・南京・揚州の諸経房をめぐっても本を見つけられなかったという。今日の茅山の道士達は、1924 年の版本が、儀礼で使用するものと信徒たちへ拡散するものとの双方を含め、彼らが広く用いているテキストの唯一の底本であることを認め

ている。

　懺も経も、ともに三茅君が天上の官僚世界で非常な高位を占めていること、その立場は彼が人間世界にいた頃の激しい修行によって達成されたものであることにおよぶ。ただし、それらの修行内容は中世の上清経よりは近世の内丹に近い。生涯隠遁の修行者として過ごした大茅君と、道士になる前は官僚として生きた二人の弟たちの間の人生の違いは、世俗・脱俗いずれの道を選んでも共に解脱へ至ることができる点で同等の価値を有していることを証するものとして効果的に描かれる。因みに、この対照は図像を通じても信徒に明らかにされており、そこで大茅君はいつも総角を結った若者として描かれ、他方二人の弟たちは厳かな官僚として描かれる。しかし、これらの道教典籍の主要な焦点は、三君が共に「九天司命」として応報の管理をする点に注がれている。彼らは天の兵卒に命じ、人間に対して天罰を与えるべく彼らを派遣する。下に見るように、このような表現は三茅君を題材とした別のジャンルの経典の中にも採用されているものである。

4．三茅君の土着経典：『三茅宝巻』

　帝政末期（少なくとも19世紀の後半期）、三茅君の物語はしばしば口頭で講じられた。ここでは、このような口頭伝承の一形態、とりわけ宝巻の講経にかかわるものに対象を絞って論じてゆきたい。宝巻は、世俗の聴衆の前で講説するために作られた文献であり、しばしば民間の宗教的なキャラクターの伝記を題材にする。14世紀から作られており、地方によっては今でも続いている。現存する版本から知られる限り、三茅君についての宝巻は19世紀の後半頃に長江下流沿岸地域に現れたようである。これは、先述の如く、太平天国以降と民国期における信仰と進香の重要さについてのほかの歴史的な資料を裏付ける。この宝巻には、19世紀末から20世紀にかけて江南で流通したいくつかの異本がある。

　最も初期の紀年をもつ本は、長江下流域のいくつかの都市で印行された木

版本である。車錫倫の目録によると、『三茅宝巻』の最初期の本は1873年に上海の善書出版である翼化堂で刊行され、河北省図書館と厦門大学図書館に所蔵されるというが、筆者未見である。我々が入手できたもので最も成書の早い本が、1877年に蘇州玄妙観に蔵された得見斎によって編まれたもので、とびらに『三茅真君宝巻』と題され、さらに『三茅真君宣化度世宝巻』という具名が付けられている。この本と実質的には同じ内容を有する本は沢山ある。1903年（もしくは1907年）に蘇州で李鋭芳により印行されたもの、1910年・1916年に九如香舗から出たもの、1925年に上海の宏大善書局より出たもの、その他である。『三茅宝巻』の分布は大変広汎で、発行地は上海・南京・蘇州・鎮江・常州におよぶ。これは信仰の広がりを反映するものといえよう。南京・鎮江・常州は茅山に近く、上海・蘇州はやや遠い。信仰とそれに関連する物語が南に拡散していることを物語る。

　日本や中国の学者たちは、三茅君に関する異なる宝巻について研究している。澤田瑞穂は、その宝巻に関する研究の中で彼のコレクション（現在は早稲田大学図書館所蔵）におさめる一本について梗概を載せている[48]。車錫倫と陸永峰とは、靖江における宝巻の実演と関連する、異なるバージョンの物語を載せる宝巻が存在したことを指摘している[49]。実際、靖江ではこの伝統がなお生きている。ここで私たちが"靖江本"と呼ぶのは、「講経」のための実演用のテキストである。講経は、靖江では「仏頭」と呼ばれる職業的な講経者によって、特別な宗教行事の集まりが行われる際に、現在では大抵個人の家屋内で行われる宗教的講経である[50]。ロスティスラヴ・ベルツキンは、2009年4月に靖江にほど近い村で講経を実見した。また、数人の老仏頭等（ほとんどが非識字者である）によって実演された口頭のバージョンが、1986年に録音されている[51]。

　かつて我々は別の著作の中で、ロスティスラヴ・ベルツキンの研究に基づいていくつかの異なる『三茅宝巻』の諸本を分析し、これらの道教神のイメージが、世俗の人々のために作られた土着的なテキストの中で次第に変容し、段々と道教説話から離れていったさまを示した[52]。我々が扱う宝巻の諸本

にはいくつかの重要な違いがあるが、その反面でそれらには、とりわけ思想や価値観という点で、多くの共通点がある。そこには、これらの講経を聴く一般信徒たちの興味や志向が明らかに反映されているといえる。この点について、以下にいくつか指摘してゆこう。

　第一に、三茅君についての宝巻の特徴として挙げられるのは、仏教・道教およびその他の宗教的な思想の混成状態である。この状態は、19世紀末の宝巻においては典型的といえる。1877年版『三茅真君宝巻』には、「『修行』の二文字には、修仙・念仏を問わず、総て実際の修行法がある。道理は同じなのである」と述べる。この宝巻は、道教神の自己修養を題材にしているにもかかわらず、巻末には念仏の方法を長々と記す箇所がある。1893年版と靖江本では、異なる出自をもつ神々がひとつのテーマを奏でている。注目すべきことに、靖江本には観音と観音についての経典までもが登場する。後者は女性の貞操に関連するもので、王慈真と彼女の義理の母が手鈔して唱えている。これに関連して注目すべきは、三茅君と、三種のバージョン全てに登場する女神信仰との関係である。これら三本の中で、西王母が重要な役割を演じているが、これは明らかに、西王母が三茅君を大事にしたという道教の三茅君説話にある話を継承するものである。靖江本では、女神である観音が三茅を助けたとされるが、これはその地域で観音が有力な信仰対象となっていることに関連するであろう。「老母」という観音の号が明らかに「無生老母」と関連している点も注意されるべきであろう。靖江本における虚無老祖も、習合的な信仰において信奉された名残を留めている。それ故、靖江本に見える宗教的な要素は、これらの宗教から影響を受けているといえる。

　このような三教合一の思想は、『三茅宝巻』の全ての諸本において、父母に対する孝と個人救済への欲求との間の矛盾を解決する中で表現されてゆく。この矛盾から脱出する方法として宝巻で示されるのは次のようなものである。すなわち、自己修養と成仙とは、父母を救うための最善の方法であるとするのがそれで、三茅君は得道すると、1887年版の場合のように、両親によりよい再生をもたらすことによって、もしくは1893年版と靖江本のよ

うに、両親に自己修養の方法を伝授することによって、まず自分たちの父母を救うのである。1877年版では、茅盈は父母を救済するまでは昇天しないことを誓う(55)。また、三茅君は天帝から称号を得た後、まず地下世界へ下りて行き、そこで両親の霊魂と遇い彼らを茅山へ送り、平安と供養を得られるようにするとされるのである。靖江本では、三茅君は最初に『三官経』によって父母を地獄の苦から救抜できることを知り、両親に功徳を回向するために誦経と瞑想を行ったのだとする。両親が生きている間の誦経は彼らの寿命を延ばし、死後の誦経は地下世界における罪の赦しを得させるという(56)。

　主人公に課された家の義務と彼個人の救済への願いの間にある葛藤や、後者による前者の超克といったモチーフは、主人公の精神的な完成の過程を描く類の宝巻においては典型的な物語といえるであろう。ふたつの価値体系の間では、孝こそが両者を調定する要素となる。このような矛盾の調定法の有効性は、初期の中国撰述仏典において検証済みであるといえよう。ほかにも同じテーマを含む文献がいくつかある。とりわけ『香山宝巻』がよく知られている(57)。

　第二に、すべての宝巻はいずれも教訓的である。例えば、1877年版『三茅真君宣化度世宝巻』の第2冊は、丸々「三茅宮三十六戒」の解説に割かれている。この戒は、一度死を経て再生を経験した江左（即ち江南）の陳某によって明らかにされたとされる。三茅君への熱心な帰依によって、茅盈は親しく彼を蘇生させ、彼に自己の罪を浄化させる機会を与えた。そのための条件が、三十六戒を世に伝えるという事だったとされるのである。（40葉を超える）詳細な解説が、各戒ごとに散文と韻文とで展開される。これらの戒の内容は、同時代の文献における倫理的な言説に比しても非常に正統的というべきもので、孝徳や淫戒、身体や墓への畏敬の念、畜生（牛・犬・蛙を特筆）や書かれた文字および穀物への哀惜、商売で正直であるべきこと、女嬰殺しや非道徳的で淫猥な劇や歌を聴くこと・悪態・賭博・訴訟の禁止などにおよぶ。

　この特徴によって、我々が扱っている『三茅真君宝巻』はとりわけ善書に

近づいているといえよう。宝巻は、晩くとも 19 世紀初期から善書と結びついている。『三茅真君宝巻』の中の各戒の説明は、清朝の国家の側からモラルを講ずる文章である聖諭の説明を彷彿とさせる。それ故、『三茅真君宝巻』のなかに長く教訓的な文章が含まれているさまは、この手の文献の典型といえる。教訓的な教説が含まれていることで、『三茅真君宝巻』のこの本（テキスト）やその他の諸本がなぜ上海の翼化堂や宏大、蘇州の得見斎、南京の一得斎、常州の楽善・培本堂、鎮江の宝善堂といった善書の出版所で発行されているのかがよく理解できる。しかし、これはまた司命として人の善悪に酬いる三茅君が担う役割の延長上で解することもまた可能である。靖江本の冒頭には「勧善書」と銘打たれている。靖江の口承経典における教訓的な機能は非常に重要で、「勧善書」という語はそこで実演されるほかの宝巻にも現れるものである。宝巻の教訓的な機能は、三茅君の孝徳の模範者としての描写とも密接に関連している。

　最後に重要な事として、印刷された宝巻は茅山への進香に深く関連している。例えば、1877 年本には次のような言葉が表紙に示される。

　　この巻はひとつひとつの文字は素朴で誠実、苦心して人々を点化しようとするものであるが故に、世道にとってじつに有益な書である。凡そ焼香の信士は、務めて必ず多く幾本を請いて持ち帰り、四方の親友に伝送して、時時に宜しく誦せしめるべきである、そうすれば焼香の功徳は、格外に加倍することであろう。

この宝巻はこのように茅山やその他の場所にある三茅君ゆかりの祠廟や進香地に頒布され、香客たちはそこでこれらを無料で入手することができたわけである。宝巻の本文は直接この山とそこにある諸もろの聖地に向けられている。その導入部には次のようにある。

　　各位、ご静粛に、わたしが講じるのをお聴きなさい。わが江南江寧府句

容県に一山有り、名を句曲山と申します。此の山こそは、我が三茅君の修仙上昇の地、またの名を茅山と申します。わが真君は、世を治め、人を救い、人を教化して善を為さしめます。その霊験は、かの護法神王天君にも増してあらたかと。およそ焼香する者は、かならず心をこめて誠意をこめねばなりません。もしわずかでも悪念が動けば、たちどころに応報を見ます。それゆえ、毎年進香に訪れる善信たち、千里の遠方よりやってくる者たちがおり、その数は量り知れません。ただし、ご焼香におもむくとあらば、三茅真君の身の上や事跡についても、その一、二についてあらまし知らないわけにもいきますまい。真君が白日昇天されたわけはといえば、もともと真君のご先祖が十分修行をお積みになり、さらにまた真君ご自身も十分孝養を尽くしたうえで実現し、ひとつの果報をもたらしたのでございまして、このようなことを知るのは容易なことではございません。わたしが詳しく述べるまで、しばしお待ちください。

1903年本の序も、やはり茅山への進香の描写から始まっている。そこでは、三茅信仰が沢山の信徒を有し、茅山への進香が盛んであったことが述べられる。印刷に出資する一人である李登鰲は、三茅君の完全な伝を書物の形では見たことがなかったという。彼は、1903年に、蘇州の書店でこの宝巻の旧版を得て、それが完璧であり、なおかつ「女・子供」にも理解できるものであることを知った。そこでこの宝巻を刊行することを助け、この書が広く読まれ誦されることを期したという。

上海・宏大善書局本に寄せられた、華陽小隠葛佩文なる人物による1923年と1925年の2篇の序には、この書の重版が茅山の道士たちによってなされたと記してある[63]。それは二度にわたって行われ、最初は1923年に頂宮（九霄宮）にある怡雲院の方丈滕瑞芝によって、二度目は1925年頃、九霄宮にある遠秀院の王雲錦―京江（いまの鎮江）出身―によってなされた。滕瑞芝の意図が、この書を刊行することによって三茅君の伝を世に広めることにあ

るのに対し、王雲錦の場合は、亡くなった自分の父母を救抜する祈りを込めて、ほかの経典や善書とともに一千部を印刷すべく出資したという。滕瑞芝は1923年の序のなかで、この書が広く流布し、中国や海外にまで広がって、異なる人々がそれを読み、善なる気が天を満たし、全世界が自然に華胥（仙境）に変わるよう、この書を印刷することを誓っている。さらに、滕瑞芝はこの書を貴重なものと見、その一句一言が金玉真珠のようであるとする。彼は朝夕にこれを誦するのである。滕瑞芝はまた同書を校正し、あれこれ編集を加えてもいる。例えば、三茅君を呼ぶのに伝統的な「真君」でなく、「帝君」の号を採用している。道士たちが、1924年頃に三茅君に対して帝君号を用いるようになったことは、先述の通りである。また、この版には、茅山の主要な聖地の版画が施されている。1923年に、民益熒記によって上海で出版された石印本『三茅宝巻』には、1924年、茅山元符宮道士龍沢厚によって付せられた序を載せる。(64) これらのことは茅山の道士たちもこの宝巻を重視し、これを印刷に付して普及させようとしていたことを示す。一般的には、道観道士は宝巻を印行したり唱えたりはしないので、これは宝巻が道士と連携する珍しい事例であるといえよう。このようなことになった理由としては、1924年と1925年の本が、いずれも道教側の三茅君伝に最も近い1877年の版本の内容を踏襲していたという点に求められよう。民間での変容を施された諸本に比べ、これらのテキストは道士にとって受け入れ易いものであった。ここにもまた、宝巻を形成し伝授していた、道士と在俗の宗教家たちの間のダイナミックな関係を見ることができる。

　他方、道士たちが茅山への進香に関連して『三茅宝巻』を刊行して広めることは、彼らがそれらを私的な法会において用いることとも矛盾しない。今日の靖江では口頭による『三茅宝巻』の講経は、大抵、私的な法会で実践されるものではあるが、この口語本には、過去においてはこの地域にも茅山への進香が存在したことを示す証拠が含まれている。車錫倫と陸永峰によると、『三茅宝巻』の趙氏の鈔本の最初に次のようなくだりがあるという。

むかしの敬虔な斎主が茅山へ進香することについてどのように考えたかについて話そう。いかんせん、道は長く山は遠く、旅に出ることは非常に難しかった。にもかかわらず、彼は思う。「もし誠意があるなら、仏陀は彼に応えてくれるはず。もし神々を拝そうという意志があるのなら、どうして遠い場所に求める必要があるだろうか？この場所がすでにそのまま霊山なのだ」と。遠い霊山に仏陀を求める必要はない。霊山はすでに心の中にある。だれもが霊山の仏塔を有しているのだ、この塔のもとで自己を完成させればよい。
　この故に、斎主は日を占って部屋を掃除してこれを経堂に仕上げ、金顔の三茅君の神像画に供物を捧げ、古仏の経堂を用意して小弟子（私）を呼んだ。『三茅宝巻』の読誦に奉仕することは、茅山に行って自己の誓願を満たす（了願心）よりも一層すぐれている。⁽⁶⁵⁾

　この一段は靖江における宝巻講経の文脈を明確に伝えている。ここで『三茅宝巻』の読誦は茅山への進香と同一視されている。靖江の人々も、かつては茅山への進香に出て誓願を満たすことを行っていたもののようである。しかし、距離と出費などの困難から、茅山への進香はやがて自宅で三茅会を組織して講経する形に取って代わられた。上の文章では、斎主の家に「経堂」が施設されることが言われているが、これは現在の靖江における講経の状況とよく合致する。通例、講経は家の居間にある常設の三茅君像とその他の諸神を祀る壇の前で行われる。文中の「小弟子」とは仏頭の自称である。また、講経においては霊山・経堂・仏弟子、そして仏頭など、仏教的なイメージが重要な役割を果たしていることも注目される。これらは靖江の講経に見える宗教的な習合を表現しているといえる。
　三茅に関する諸宝巻は、オーソドックスな道徳上の原則を説き、さらに文学的に掘り下げられることで、一般の人々にとっての教育や娯楽として機能してきた。この点において、それは初期の伝や後世の儀礼書をも含む道士の著作とは異なものといえる。宝巻講経の伝統は大衆的な進香と密接に結びつ

いて発展し、しかも茅山の道士によって是認されていた。しかしながら、茅山の諸宝巻は三茅信仰における別の〔茅山の道士が直接的に関与しない〕側面をも表現している。すなわち、それは茅山から離れた農村地域をも含む、民間の信徒たちの環境下でとりわけ顕著になるような、異なる宗教伝統を組み合わせた土着的な経と儀礼の伝統をも形成しているのである。

結　論

　以上、19世紀中葉以来の信仰と文献に焦点を当てながら、二千年を超える三茅真君についての歴史を手短かに概観することで、最初期の文献に現れた信仰が現在に至るまで発展を遂げるという、茅君信仰の強固な持続性を明確にすることができたであろう。清朝期までに、茅山およびその周辺地域において新しい信仰が形成され、それは大規模な巡礼という形態をとるようになった。この信仰を形成するのは道士、霊媒、宝巻講経者という三つのタイプの宗教職能者たちである。彼らは現在の茅山においても観察できるような〔特に道士と霊媒の間に顕著な〕競合関係と協調関係の両方に関与してきた。

　道士と三茅君宝巻の共存を理解するための観点は色々ある。近代の茅山によって見るならば、そこには平行的な儀礼〔の共存関係〕があるといえよう。すなわち、道士たちによる古典的な儀礼と、宝巻講経者たちが行う土着的な儀礼〔の平行的な共存関係〕である。どちらの伝統も、おそくとも19世紀末以来印行・伝承されてきた文字文献を有している。民国期までには〔同じく文献的伝統に属する〕扶乩の伝統も加わって、これら道士と宝巻双方の儀礼の語彙に影響をもたらすようになる。しかし、道士の経典的伝統においても宝巻の伝統においても、口頭による伝承と実演がまた重要な〔役割を果たす〕のである。かくて、二つの文献的な伝統は、書面語的要素と口語的要素との相互交渉の様相を呈し、両方の要素が結合することで〔ふたつの伝統はそれぞれに〕宗教の真に"生きている"かたちを構成することになったといえるであろう。

（道士の経典的伝統と宝巻の伝統という）二種類の文献生成の伝統は、両者の相互交渉へと発展した。第一に、晩期の宝巻の内容は信仰の最初の発展期にまで遡る古い時代の道教の仙伝に深く依存している。葛洪の仙伝から現代の宝巻に至るまで、それらの言説は孝徳、官としての奉仕と名誉、そして道教の自己修養による神化と〔いう三者〕の間における葛藤をめぐってつづられている。三君の物語は、種々のジャンルの中で展開しながらも、（罪の贖いによる）家族の救済と道徳的な処世というテーマを説きつづける。『三茅宝巻』の諸本は、三真君に対する道士の視点を包摂すると同時に、世俗的かつ地方的な関心をも付け加えているということを、我々の研究は明らかにした。

第二に、道士たちが宝巻を重刊し、同時に彼らがそれをより大きな正統性に即するような方向へと編修を加えて行くような場合がある。〔しかし〕ヴァンサン・デュラン＝ダステが全真教団の諸真についての諸小説（と宝巻と）に関して指摘したように、諸真に関する通俗文学的な言説を矯正しようとするそのような教団道士側の試みは、なかなか成功しない。教団的な正統性を宣揚することによって、より大衆的かつ娯楽的なバージョンを排除することは無理なのである。(66)

茅山の状況は孤立的な現象ではない。わけても対比にふさわしく思われるのは、真武（玄天上帝）信仰である。(67) 時代的には下るものの、真武信仰は、三茅君信仰と同様、道士によって宣揚され、〔真武ゆかりの〕伝記や儀礼や経、そして天上の官僚世界における高い地位〔への真武の位置づけ〕といったことが想定された。さらに三茅君と同様、真武も武当山という中心的な巡礼地を有し、やはり三茅君と同様に、霊媒と宝巻とを擁している。(68) 三茅君同様、真武は人間の運命と応報とを司る神である。しかし、（真武に関連する経・儀礼・乩示がいずれも非常に豊富なレパートリーを有しているのに比べ）茅山と三茅君における特徴と思われるのは、道教文献における露出が比較的少なく、むしろ宝巻が豊富である点であろう。多くの文献が失われ、破壊されてきた状況下で、文献の欠如に立脚して議論するのはとても危険なことは認めなくてはならないが、しかし以上のような状況によって、地域信仰の形成と

伝承において宝巻講経者たちが大きな役割を果たすという、江南特有の宗教的生態系の存在が示唆されているものと、我々は考えるのである。

【参考文献】
一次資料

『長生詮経』洪応明（ca. 1600）『道蔵』[SN1466]

『（光緒重修）丹徒縣志』何紹章、1885年

『茅山上清派皈依弟子念寐誦集』、茅山道教文化研究叢書、2011年

『茅山志』劉大彬、1330年、『道蔵』[SN304]

『茅山志』笪蟾光（1623〜1692）1898年、中国道観志叢刊、南京：江蘇古籍出版社、2000年、第12〜13冊。

『三茅帝君宝懺』上海、1924年（上海図書館によるコピー版を使用）

『三茅真君加封事典』1267年、『道蔵』[SN172]

『九天三茅司命仙燈儀』、『道蔵』[SN204]

『申報』上海：申報館、日刊、1872〜1949年

『神仙伝校釈』北京：中華書局、2010年

『太平広記』李昉、北京：中華書局、2008年（初版1961）

『太平御覧』李昉、上海：上海古籍出版社、2008年

『太上三清応化三茅祖師霊感法懺』、懺法大観に所収、『道蔵輯要』

『緯書集成』安居香山・中村璋八編、石家荘：河北人民出版社、1994年

『雲笈七籤』、『道蔵』[SN1032]

『真誥』、『道蔵』[SN1016]

二次資料

BENDER, Mark. "A Description of 'Jiangjing' (Telling Scriptures) Services in Jingjiang, China," *Asian Folklore Studies*, 60 (1), 2001, pp. 101-133.

BEREZKIN, Rostislav. "An Analysis of "Telling Scriptures" (*jiangjing*) during Temple Festivals in Gangkou (Zhangjiagang), with Special Attention to the Status of the Performers", *CHINOPERL papers*, 30, 2011, pp. 25-76.

CAMPANY, Robert Ford. *To Live as Long as Heaven and Earth: a Translation and Study of Ge Hong's Traditions of Divine Transcendents*. Berkeley: University of California Press, 2002.

CHAO Shin-yi. *Daoist Ritual, State Religion, and Popular Practices: Zhenwu Worship from Song to Ming (960-1644)*. London: Routledge, 2011.
車錫倫『中国宝巻総目』北京：燕山書局、2000年
車錫倫『中国宝巻研究』桂林：広西師範大学出版社、2009年
車錫倫「清末民国間常州刊印的宝巻」『民俗研究』4、2011年、128～140頁
車錫倫「江蘇靖江的做会講経」『中国宝巻研究』に所収、279～333頁
陳国符『道蔵源流考』北京：中華書局、1963年
DE Bruyn, Pierre-Henry. *Le Wudang shan : histoire des récits fondateurs*. Paris: Les Indes savantes, 2010.
DURAND-DASTES, Vincent. "The Qizhen 七真 vernacular novels of the late Qing in the context of the Ming-Qing hagiographical novels." In *Quanzhen Daoism in Modern Chinese History and Society*, Vincent Goossaert & Liu Xun, ed. Berkeley: Institute of East Asian Studies, forthcoming.
GOOSSAERT, Vincent. "Daoism and Local Cults in Modern Suzhou. A Case Study of Qionglongshan," *Chinese and European Perspectives on the Study of Chinese Popular Religion(s)* 中國民間宗教民間信仰研究之中欧視角. In Philip Clart, ed., Taipei: Boyang, 2012, pp. 199-228.
GOOSSAERT, Vincent. "Irrepressible Female Piety. Late Imperial Bans on Women Visiting Temples," *Nan Nü. Men, Women and Gender in China*, 10 (2), 2008, pp. 212-241.
GOOSSAERT, Vincent. "The Destruction of Immoral Temples in Qing China," *ICS Visiting Professor Lectures Series*, 2. Hong Kong: Chinese University Press, 2009 (Journal of Chinese Studies Special Issue), pp. 131-153.
GOOSSAERT, Vincent & Rostislav Berezkin. "The Three Mao Lords in modern Jiangnan. Cult and Pilgrimage between Daoism and *baojuan* recitation", *Bulletin de l'EFEO*, in press.
GRANT, Beata & Wilt L. Idema, transl., intro. *Escape from Blood Pond Hell: the Tales of Mulian and Woman Huang*. Seattle: University of Washington Press, 2011.
JOHNSON, Ian. "Two Sides of a Mountain. The Modern Transformation of Maoshan." *Journal of Daoist Studies*, 5, 2012, pp. 89-116.
LIU Xun. *Daoist Modern: Innovation, Lay Practice, and the Community of Inner Alchemy in Republican Shanghai*. Cambridge: Harvard University Asia Center,

2009.

劉振宇編『靖江講経』20 DVD. 北京：中国国際広播映像出版社、2007 年

陸満祥編、呉根元、郭寿明、繆炳林録編『三茅宝卷』揚州：江蘇省民間文学集成辨公室、1988 年

陸永峰・車錫倫『靖江宝卷研究』北京：社会科学文献出版社、2008 年

丘慧瑩「江蘇常熟白茆地区宣卷活動調査報告」『民俗曲芸』169、2010 年、183～247 頁

ROBINET, Isabelle. *La révélation du Shangqing dans l'histoire du taoïsme*. Paris: Ecole française d'Extrême-Orient, 1984.

酒井忠夫『中国善書研究（増補版）』劉嶽兵訳、南京：江蘇人民出版社、2010 年、もと『中国善書の研究』復刻版、東京：弘文堂、1999 年

澤田瑞穂『増補宝卷の研究』東京：国書刊行会、1975 年

SCHAFER, Edward H. *Mao Shan in T'ang times*, Society for the Study of Chinese Religions, 1980.

SCHAFER, Edward H. "The Cranes of Mao shan." In Michel Strickmann, ed., *Tantric and Taoist Studies in Honour of Rolf A. Stein*, 2: 372-93. Bruxelles: Institut Belge des Hautes Études Chinoises.

SCHIPPER, Kristofer M. *L'empereur Wou des Han dans la légende taoïste*. Paris: Ecole Française d'Extrême-Orient, 1965.

STRICKMANN, Michel. "The Mao-shan revelations: Taoism and the aristocracy," *T'oung Pao* 63(1), 1977, pp. 1-64.

陶金「茅山宗教空間の秩序——歴史的発展のコンテキストの探求と再建」『洞天福地研究』4、2013 年、69～89 頁

楊世華、潘一徳『茅山道教志』武漢：華中師範大学出版社、2007 年

尤紅『中国靖江宝宝卷』南京：江蘇文化出版社、2007 年

YOU Zi'an (YAU Chi-on) 游子安「従講経聖諭到説善書：近代勧善方式之伝承」『文化遺産』2、2008 年、49～58 頁

游子安『勧化金箴：清代善書研究』天津：天津人民出版社、1999 年

游子安『善与人同：明清以来的慈善与教化』北京：中華書局、2005 年

遠鴻「茅山香期廟会考」『中国道教』4、1987 年、32～34 頁

【注】

（１）　本稿はロスティスラヴ・ベルツキン（Rostislav Berezkin）と筆者の共著にな

る論文（Goossaert & Berezkin, "The Three Mao Lords in modern Jiangnan"）に基づく。筆者の名前でこの文章を使うことを許して下さったベルツキン博士に謝意を表します。また、2012年1月に私たちを茅山に迎え、貴重な文献を提供し質問に答えて下さった陶金氏、楊世華氏、尹信慧氏に感謝します。

（2）　この信仰への最初の言及は漢代緯書『尚書帝験期』まで遡り得るかも知れない（失われたが、後世の道教の百科全書である『雲笈七籤』の中に引かれている）。『緯書集成』巻1、387頁所引。本書の起源については同書巻1、31頁参照。

（3）　『神仙伝校釈』182～189頁。同伝の再構成には『太平広記』巻13、87～88頁所収佚文を参照。Campany, *To Live as Long as Heaven and Earth*, pp.326-28.

（4）　『雲笈七籤』巻104および『太平御覧』巻661「太元真人茅君内伝」の題で収められる（全文ではない）。

（5）　陳国符『道蔵源流考』8～14頁、及び Strickmann, "The Mao-shan revelations"; Robinet, *La révélation du Shangqing dans l'histoire du taoïsme*, 1. pp.51-57, 2. pp.365-405.

（6）　Schipper, *L'empereur Wou des Han dans la légende taoïste*, pp.11-19 をも参照のこと。

（7）　劉大彬『茅山志』巻5には、茅盈は景帝5年（前145）中元の生まれとされる。とすれば、天官に補せられたのは145歳の頃となる。

（8）　『雲笈七籤』巻104。

（9）　『真誥』巻13～14。

（10）　明清民国期および1978年以降の寺廟史の詳細は、楊世華・潘一徳編『茅山道教史』参照。

（11）　Johnson, "Two Sides of a Mountain."

（12）　茅山への進香は、『警世通言』巻26を、また該山とその神々については『三宝太監西洋記』巻9～10参照。1536年の碑文には香客の混雑を記す。笪蟾光『茅山志』巻5、58a～59b参照。

（13）　例えば、『申報』1896年8月6日「随苑新蛍」、1922年3月19日「家庭祭祀宜裁減」参照。

（14）　『申報』1885年5月11日「憲示照録」参照。譚鈞培の政策については、Goossaert, "Irrepressible Female Piety" 参照。

（15）　遠鴻「茅山香期廟会考」参照。1949年以前の進香の描写としては「詞話」（『申報』1917年1月3日）、又「茅山遊記」同1924年6月9日～10日参照。

（16） 『真誥』巻11、13 a 及び劉大彬『茅山志』巻5、6、10、20、32 参照。
（17） Schafer, "The Cranes of Mao Shan."
（18） 丹徒における祭日を豊かに描いた例として「禁止賽会」『申報』1917年4月27日と『光緒重刊丹徒県志』巻29・5 a 参照。
（19） 「憲示照録」『申報』1885年5月11日、「盲人会」同1889年7月10日、「瞎子会」同1893年4月30日、「三星会」同1896年4月21日参照。
（20） 茅山周辺の言葉は南京と基本的に同じで、更に南方や蘇州周辺の言葉とは非常に異なる。
（21） 「老人被火焚斃」『申報』1918年1月25日。
（22） 穹窿山については、Goossaert, "Daoism and Local Cults in Modern Suzhou" 参照。
（23） 「無錫」『申報』1924年4月15日、「無錫」同27日、「無錫」同1935年4月22日では、無錫から進香に出向く諸もろの三茅会の間にあるライバル意識に触れる。
（24） 「霊谷奇案」『申報』1887年6月25日、「白門瑣語」同1895年4月7日、「記新都新年之小茅山」同1928年1月29日参照。霊谷は仏僧により運営されていた。「鍾山香市」（『申報』1894年4月16日）では、茅山へ進香に趣く南京の人々が、まずこの地元の小茅山に趣くことを言う。
（25） 「揚州」『申報』1911年8月30日。
（26） 「小茅山作集惨劇」『申報』1923年5月4日。
（27） 「江陰玉皇廟被焚燬」『申報』1947年12月18日。
（28） 茅山の聖地としての地形については、陶金「茅山宗教空間の秩序」参照。
（29） 「述茅山殿始末事実」『申報』1872年7月13日、「神像□移」同1878年8月29日。
（30） 「厳禁左道惑人」『申報』1879年10月29日。
（31） 1249年の祀典化についての詳細な記録は『三茅真君加封事典』に収められる。
（32） 「邢水錦鱗」『申報』1886年5月12日には、祀典に列しない神への進香が大規模になることの矛盾に触れている。
（33） 「遣勇封山」『申報』1880年3月29日。清朝における毀廟の警告（時にその実施）については Goossaert, "The Destruction of Immoral Temples in Qing China" 参照。
（34） 「白門喜雨」『申報』1892年8月7日。
（35） 茅山への香客（多くは上海からの）が天餉を納めることに触れる記事として、

「三茅会」『申報』1877年4月9日、「三茅神回申」同30日、「解餉茅山」同1878年3月9日がある。
(36) 「楊元帥開光」『申報』1876年10月30日。
(37) 「淫祠惑人」『申報』1876年3月20日、「串月紀盛」同1876年10月13日、「請神医病」1878年6月7日、「禁異端論」同1890年3月3日。1905年に上海で著された迷信打破の小説『掃迷帚』巻18にも「跳茅山」に言及する。
(38) 例えば「妖巫不法」『申報』1911年8月6日。
(39) 「蘇州」『申報』1919年3月21日。巫師が香信等を結会させる事例については、「遣勇封山」同1880年3月29日参照。
(40) 「申禁茅山香会示」『申報』1880年8月11日。
(41) 江南のいくつかの地域における道士・宝巻講経者・巫の交流については、丘慧瑩「江蘇常熟白茆地区宣巻活動調査報告」189～192頁、Berezkin, "An analysis of "telling scriptures"", pp.60～62参照。
(42) 『真誥』巻11、9左。
(43) 『道蔵』にはおそらく元から明初の頃の三茅君のためのごく短い灯儀『九天三茅司命仙灯儀』が納められる。
(44) 「茅山游記」『申報』1924年6月9日～10日。
(45) 『長生詮経』5左。引用箇所は現行本の文字に一致する。
(46) 江南では、このような出版所は一般的であった。それらは道仏その他の宗教職能者が儀礼で用いる経・儀礼書・文書類を印刷して売っていた。
(47) 楊世華、潘一徳編『茅山道教史』92～94頁。『茅山上清派帰依弟子念誦集』と題された茅山の正一道士の世俗弟子に与えられる文献のなかは、これらの三茅経典が他の一般的道教文献とともに載せられる。
(48) 澤田『増補・宝巻の研究』143頁。
(49) 車錫倫「江蘇靖江的做会講経」305～306頁。陸永峰・車錫倫『靖江宝巻研究』47～49頁。
(50) 靖江の講経については「江蘇靖江的做会講経」(もとは1977年出版)『中国宝巻研究』279～333頁参照。また、Bender, "A Description of 'Jiangjing' (Telling Scriptures)"陸永峰・車錫倫『靖江宝巻研究』所収参照。
(51) 内部出版物である陸満祥等『三茅宝巻』参照。同書は尤紅等編『中国靖江宝巻』1章、3～134頁に再録。これと殆ど同一内容の口頭伝承版も、DVD記録版とセットで出版された劉振宇編『靖江講経』に含まれる。同地の学者によれば、このヴァージョンはテレビでも放映されたとのこと。

(52) 注1参照。
(53) 『三茅真君化度世宝巻』蘇州・得見斎、1877年、42～43頁。
(54) 同上47～48頁。
(55) 『三茅真君化度世宝巻』37頁。
(56) 陸満祥等『三茅宝巻』105頁。
(57) Grant & Idema, Escape from Blood Pond Hell, 26-31.
(58) 澤田『増補・宝巻の研究』37頁。別の見解は、酒井忠夫著・劉嶽兵等訳『中国善書研究（増補版）』708～714頁参照。
(59) これらの聖諭講経については、游子安「従講経聖諭到説善書：近代勧善方式之伝承」参照。宝巻と聖諭講経の関係については、車錫倫『中国宝巻研究』556～559頁参照。
(60) 上海における善書の出版者、特に翼化堂については、游子安『勧化金箴』153～154頁、同『善与人同』71～87頁、Liu Xun, Daoist Modern, pp.234-241参照。常州の善書出版による宝巻の刊行については、車錫倫「清末民国間常州地区刊印的宝巻」128～140頁参照。
(61) 陸満祥等『三茅宝巻』一頁。
(62) 陸永峰・車錫倫『靖江宝巻研究』376～395頁。
(63) 『三茅宝巻』上海、宏大書局、1925年。
(64) この人物は『三茅真君宝巻』（1924年版）の後序も書いている。
(65) 陸永峰・車錫倫『靖江宝巻研究』143頁。この文章は陸満祥等『三茅宝巻』として出版された箇所からは削除されている。
(66) Durand-Dastès, "The Qizhen 七真 vernacular novels."
(67) 許遜信仰と南昌に近い西山の巡礼地についてはイザベル・アン氏が本書において詳細に論じており、比較のための豊かな材料を提供している。
(68) De Bruyn, Le Wudang shan; Chao Shin-yi, Daoist Ritual, State Religion, and Popular Practices. 真武は江南においても常州虞山において活気に満ちた進香が行われており、そこでは真武の宝巻も実演されていることに注意する必要がある。

武当山・龍虎山・仏山祖廟の元帥神について

二階堂善弘

1．雷法の発展と元帥神

　宋代以前の道教信仰においては、武神の地位はそれほど高くなかった。しかし北宋期に雷法が発展してより、大量の武神が道教神の神列に加わり、その地位についても変化があった。宋代以降は、玄天上帝や関聖帝君などの武神でかつ高い地位を有する神々というものも一般的になっていく。

　宋・元の時期の雷法を集めた『道法会元』『法海遺珠』などの経典においては、数多くの「某元帥」「某天君」「某霊官」「某使者」という名称の神々が見えている。これらの武神を筆者は「元帥神」と称している。

　これらの元帥神の姿は、それまでの道教の神とは明確に異なっている。これらの神々は時に三眼や五目であったり、頭が三つや六つであったり、六本、八本の腕を持つなど多目・多頭・多臂であったりする。また様々な猛獣や奇獣、或いは車輪などに乗っていることが多い。さらに身に有する武器や法器も、非常に特殊なものである。

　例を挙げれば、趙元帥は黒い虎に跨がり、手に鞭という武器を持ち、魁偉な容貌をしている。馬元帥は三目で、手に金磚と白蛇槍という武器を持ち、風火輪に乗り、秀麗な容貌をしている。殷元帥は手に金鈴を持ち、首に髑髏の瓔珞を着け、三頭六臂に変化する。このような姿は、それまでの道教神には少なく、恐らくは密教の影響を受けて民間信仰で発達した神々を取り込んだものと推察される。

　『道法会元』『法海遺珠』に見えるおびただしい数の元帥神は、その後は信

仰が発展するとともにどんどん整理されていく。そして明代以降の資料に見える「四大元帥」「十二天君」「三十六元帥」といった天将のグループを形成するようになる。このような変化については、筆者はすでに別に論じている。明代の『三教源流捜神大全』に記載されている元帥神の名は、次のようなものである。

　　趙元帥、王元帥、謝天君、混炁龐元帥、李元帥、劉天君、王高二元帥、田華畢元帥、田呂元帥、党元帥、石元帥、副応元帥、楊元帥、高元帥、霊官馬元帥、孚祐温元帥、朱元帥、張元帥、辛興苟元帥、鉄元帥、太歳殷元帥、斬鬼張真君、康元帥、風火院田元帥、孟元帥

これに加えて「義勇武安王」の称号を持つ関元帥がある。関羽は、宋代においては元帥神の一つであるにすぎないが、元の時期には義勇武安王に封ぜられ、さらに明代には関聖帝君となり、その地位は玄天上帝にも及ぶものとなった。

　また元帥神の中でも馬元帥は後に華光大帝として信仰が発展し、趙元帥は趙玄壇として独自の信仰を持つようになった。これらの神々は、元帥神という範疇を超えて広く道教・民間信仰に展開していき、その地位も徐々に高くなっていった。

　明代の小説である『北遊記』には、玄天上帝と三十六座の元帥神が玉皇大帝によって天界の武将として封じられる場面がある。その様子は以下のようなものである。

　　趙公明は、都掌金輪如意趙元帥に封ずる。
　　関羽は、封じて顕霊関元帥とする。
　　龍興王と田華は、封じて苟・畢二元帥とする。
　　亀・蛇の二将軍は、封じて水火の二将とする。
　　張健は、封じて尽忠張元帥とする。

龐喬は、封じて混炁龐元帥とする。
副応は、封じて糾察副元帥とする。
華光は、正一霊官馬元帥とする。
朱彦夫は封じて管打不信道朱元帥とする。
催・盧の二将軍に封ずる。
李伏龍は、封じて先鋒李元帥とする。
両田は、封じて降妖辟邪両元帥とする。
鄧成・辛江・張安は、封じて鄧・辛・張元帥とする。
汪無別と寧世誇は、封じて汪・寧の二太保とする。
劉俊は、封じて玉府劉天君とする。
雷瓊は、封じて威霊瘟元帥とする。
石成は、封じて神霄石元帥とする。
広沢は、封じて風輪周元帥とする。
謝仕栄は、封じて火徳謝元帥とする。
離婁・師曠は、封じて聡明二賢とする。
康席は、封じて仁聖康元帥とする。
高員は、封じて降生高元帥とする。
孟山は、封じて酆都孟元帥とする。
王鉄と高銅は、封じて虎丘王・高二元帥とする。
王忠は、封じて九州豁洛王元帥とする。
雷公は、封じて九天霹靂大将軍とする。
楊彪は、封じて楊元帥とする。
殷高は、封じて地司太歳殷元帥とする。
鉄頭は、封じて猛烈鉄元帥とする。
朱佩娘は、封じて雷都電母とする。
朱孛娘は、封じて月孛天君とする。

この段に登場する元帥は、実際には三十六名を上まわっている。この場合の

三十六元帥とは、単に概数に過ぎない。また元帥以外の雷部の神々も入っている。

『封神榜』では、有名な二十四天君がある。これはすべて雷声普化天尊である聞仲の部下とされている。多くの資料で三十六天君と記されるのに対し、ここでは二十四天君である。その二十四天君は以下の通りである。

 鄧天君忠、辛天君環、張天君節、陶天君栄、龐天君洪、劉天君甫、苟天君章、畢天君環、秦天君完、趙天君江、董天君全、袁天君角、李天君徳、孫天君良、栢天君礼、王天君変、姚天君賓、張天君紹、黄天君庚、金天君素、吉天君立、余天君慶、閃電神（金光聖母）、助風神（菡芝仙）

これ以外にも、『平妖伝』では鄧、辛、張、陶、苟、畢、馬、趙、温、関元帥が登場し、『三宝太監西洋記』では、温、関、馬、趙、龐、劉、苟、畢元帥に王霊官が加わる。元明期の文学関連の資料においては、元帥神の組織はかなり異なっている。また道教経典においても、その記載には多くの差異がある。

2．武当山と仏山祖廟の元帥神

現在中国大陸の道観や廟において、元帥神を祀っている所は少なくない。

まず大部分の全真教の道観では、前殿として「霊官殿」を配置して、そこに王霊官の像を祀るのが一般的である。

例えば、北京白雲観であるが、霊官殿の中心には王霊官を祀る。そして周囲に温元帥・趙元帥・馬元帥・岳元帥の四大元帥像を掛ける。玉皇殿には三十六元帥の絵を掲げ、雷祖殿には鄧天君などの雷部の元帥像を掲げる。北京の東嶽廟の瞻岱門においては、温元帥をはじめとする「十太保」の像を祀る。上海白雲観においては、明代の像である王霊官・殷元帥・趙元帥・岳天君・馬霊官などの像を祀る。これらの神像は、ただ「天界の武将」として配

されているのみであって、雷法との関連については、あまり強い関係を持つとは言い難い。

また福建南部と台湾において祭祀されている保生大帝の三十六官将については、これは三十六元帥と似たような名称であり、かつ殷元帥・趙元帥・岳元帥などのメンバーの部分的な一致があるものの、別の組織と考えるべきである。三十六官将の場合、張聖者・蕭聖者・紀仙姑・金舎人などの保生大帝に関係した神々が入る。これらは雷部の神々ではない。

現在、道観の一部では雷法の伝統

上海白雲観の王霊官

を伝えている。これらの道観では「十二天君」などとして元帥神を祀ることが多い。筆者が個人的に見聞した範囲では、湖北の武当山の諸宮観、広東の仏山の祖廟、江西の龍虎山天師府、それに江蘇蘇州の玄妙観などの幾つかの道観がそれに該当すると考える。

武当山は有名な玄天上帝（真武大帝）の聖地である。北宋の時期には、真武は天蓬元帥・天猷元帥・黒煞神と共に北極四聖の一員を構成していた。元代より徐々にその地位は上がり、ついには四聖を脱して玄天上帝として祭祀されるようになった。明朝の皇帝は玄天上帝を重視し、永楽帝は武当山に大規模な宮観群を構築した。現在でも武当山には、太和宮、紫霄宮、太子坡、南岩、浄楽宮などの数多くの宮観がある。この武当山の元帥などの神像については、宋晶氏が明代初期の状況を解説している。[1]

　　明代の皇室が武当山の各宮観に鍍金の銅像を設置した中には、必ず雷部の元帥の神像があった。成化九年、明の憲宗帝は太監の陳喜等に命じ

武当山紫霄宮の温元帥と馬元帥

て、真武大帝の聖像二体を太和・玉虚の二宮に安置するためその送付を監督させた。太和宮の金殿の一堂の聖像の周囲には元帥神十尊を配置した。その十尊とは、鄧、辛、張、陶、苟、畢の六天君と馬、趙、温、関の四大元帥の像である。馬、趙、温、関の四大元帥は、武当山道教において、道場において祈禱する時に招来する駆邪の神将である。またこれは同時に雷部の天君でもある。弘治七年、明の孝宗は、太監扶安などに命じて南岩宮正殿の聖像を奉納させた。その神将は十二尊であった。内訳は、鄧天君が一尊、辛天君が一尊、張天君が一尊、陶天君が一尊、龐天君が一尊、劉天君が一尊、苟天君が一尊、畢天君が一尊、馬元帥が一尊、趙元帥が一尊、温元帥が一尊、関元帥が一尊である。これらの後に奉納された元帥の像が十二体であり、合わせて「真武十二帥行神」と呼ばれることになった。この他、明の皇帝はさらに命じて殷元帥、孟元帥などの神像を武当山の宮観に奉納させた。

これらの元帥像は、明らかに十二天君を主とするものである。

現在、武当山の太和宮には、鄧天君、馬天君、辛天君、関天君の立像が安置されている。また紫霄宮には温天君、関天君、馬天君、趙天君の四大元帥の像が配されている。

広東仏山祖廟の陳元帥と温元帥

　広東の仏山の祖廟は、伝承によれば最も早い時期の玄天上帝廟であるとされる。その創建は北宋の元豊年間で、明代に改建された。その中心となるのは、明の景泰年間に造られたという玄天上帝の銅像である。そして、その前には龐元帥、崔元帥、康元帥、馬元帥、周元帥、温元帥、竇元帥、鄧元帥、辛元帥、盧元帥、鄧元帥、趙元帥、陳元帥、畢元帥、王元帥、朱元帥、劉元帥の神像が並んでいる。

　これらの元帥の組み合わせは、『北遊記』に見える組織に近い面がある。但し一方で、この元帥神像に崔・鄧・盧・竇の四大神将が含まれるということは非常に重要である。これら四将は『水滸伝』に記載があるものである。

　　ここに早朝開啓が行われた。無佞太保康元帥、九天霊符監斎使者が斎儀を厳に監視する。次に文書が奉られ、正法馬・趙・温・関の四大元帥と、崔・盧・鄧・竇の四大天君が呼ばれ、法壇に臨んで斎醮の場を監視する。

ここの鄧元帥は、雷公の鄧天君とは別の神であることに注意すべきである。そのため仏山祖廟の鄧元帥は二つの像がある。これは仏山の元帥神像が、現在の武当山のものよりもより古い伝統を保っていることを示すものである。もっとも、武当山には六甲・六丁神の古い像なども残っていて、それはまた古い伝統を保つものである。

3. 龍虎山と蘇州玄妙観の元帥像

　江西の龍虎山は長い歴史のある正一教の総本山である。但し、事実上張天師が龍虎山において活動を開始した時期はそれほど早くなく、恐らく五代以降のことと推察される。雷法に最も強い影響を与えたのは、第三十代天師の張虚靖である。この張虚靖と雷法の関係については、筆者はかつて論じたことがある。[2]

　江西貴渓の龍虎山は、武当山のような高山ではない。前方に奇岩・巨岩が数多く展開し、まことに仙境のような空間を形成する区域である。これは地質公園として世界遺産にも登録されている。ただ、この区域には道教関連の建築は少なく、正一観など幾つかがあるのみである。

　後方の上清鎮の方には、多くの宮観が建てられている。ただ多くは2000年以降に改建されたものである。上清宮には玄天上帝を祀るが、その奥の方には伏魔殿がある。伏魔殿は、明らかに『水滸伝』の影響によって造られたものである。『水滸伝』の冒頭、天子が張虚靖天師に疫病を祓う祈願を依頼し、そこに洪大尉が派遣される話があるが、そこで魔星を誤って解き放ってしまう。この話があまりに有名であったためであろうか、本当に伏魔殿を作ってしまったわけである。ただ、恐らくこの話自体が虚構であり、もともと龍虎山には伏魔殿は存在していなかったと考えられる。

　これに比して天師府の方は比較的伝統的な宮観群を保持していると考えられる。天師府には、玉皇殿、私第、三省堂、万法宗壇、天師殿、三清殿、真

武殿、雷祖殿等などの建物がある。このうち雷法と関連を持つのは、玉皇殿、真武殿、雷祖殿などの建物である。

雷祖殿には九天雷声普化天尊と雷部の神将を祀り、真武殿には玄天上帝と三十六元帥を祀り、玉皇殿には十二天君を祭祀する。その十二天君の人員は以下の通りである。

龍虎山天師府

鄧天君忠、温天君瓊、殷天君郊、畢天君環、劉天君甫、陶天君栄、辛天君環、朱天君彦、苟天君興、龐天君喬、張天君驕、岳天君飛

この神将群は明代武当山の南岩の十二天君に近いと考えられる。南岩の十二天君とは、鄧、辛、張、陶、龐、劉、苟、畢、馬、趙、温、関の十二員である。龍虎山の十二天君は鄧、温、殷、畢、劉、陶、辛、朱、苟、龐、張、岳の十二員である。この二者の神将群のうち、鄧、辛、張、陶、龐、劉、苟、畢天君の八天君は共通する。

この八天君は、『封神榜』の二十四天君のうちの前の八天君と一致する。恐らく、十二天君の場合、基本となるのは鄧、辛、張、陶、龐、劉、苟、畢の八将であり、これにあと四名の神将を加えるのであろう。武当山の場合、この八天君に温・関・馬・趙の四大元帥を加えており、龍虎山の場合、温・殷・朱・岳の四天君を加えている。

さらにもう一つ、重要な道観がある。それは蘇州の玄妙観である。現在、

41

蘇州玄妙観山門

玄妙観は蘇州の中心に位置している。伝統のある大規模な道観であり、現在でも雷法の伝統を保持していると言われる。(3)

玄妙観の三清殿は規模も大きく、元始天尊・霊宝天尊・太上老君の三清が中心に祭祀されている。この三清殿に十二天君の像が配されている。その構成は、鄧、辛、張、陶、龐、劉、苟、畢、温、殷、朱、岳天君となっている。

この構成は、龍虎山の十二天君とほぼ等しい。もっとも、玄妙観は本来鄧・辛・張・陶の四天君のみを祀り、その後に変化したものと考えられる。或いは、その過程で龍虎山の十二天君を模した可能性も高い。

十二天君のうち、岳天君を除く各天君については、ほぼ『道法会元』『法海遺珠』の中に記載がある。そして『北遊記』『封神榜』を見ても、岳天君に関する記載はほぼ見えない。恐らく、岳天君は比較的遅く元帥神の構成員に加わったものであると考えられる。

岳天君は、南宋期の有名な「抗金」の武将岳飛である。その故事は『説岳全伝』などの通俗小説によってもよく知られている。その「説岳」故事が広まっていくのは明清期のことである。

北京の白雲観には四大元帥像を掲げるが、これは温・馬・趙・岳という四大元帥である。また上海白雲観に祀られる神将像は王・殷・趙・岳・馬元帥

という構成である。いずれにせよ関元帥がおらず、代わりに岳元帥を加えている。

恐らく、関元帥は明清期においては、その地位はどんどん高くなっていき、そのため元帥神の構成員からは外れたものと考えられる。明代以降は「関聖帝君」と称され、普化天尊や玄天上帝に比しても劣らないほどの地位を保有し、さらに清代以降は、孔子と比肩するほどの高い地位となる。このよ

上海白雲観の岳天君像

うな関帝の地位の変化により、元帥神においては、関元帥を抜き、代わりに岳元帥を加えることが行われるようになったと考えられる。

もっとも地域によっては、岳元帥ではなく、康元帥を加えることもある。現在、台湾地域で四大元帥の像を見ると、温・趙・馬・康の各元帥が構成員であることが多い。すなわち、必ずしも岳元帥を加えるわけではない。ただ、岳元帥が加わった時期がやや遅れるとはいえ、武当山の十二天君はやはり雷法の伝統を保持するものと考えたい。

【注】
（1）　宋晶「武当山玄天上帝神系概述続」『鄖陽師範高等専科学校学報』第29巻1期2009年、1頁。
（2）　二階堂善弘「張虚靖と酆都地祇法」『関西大学文学論集』第54巻3号2005年217〜230頁。
（3）　蘇州玄妙観については、董寿琪・薄建華『蘇州玄妙観』（中国旅遊出版2005年）を参照のこと。

王屋山と無生老母

山下一夫

はじめに

　王屋山は河南省済源市の西北約 45 km に位置し、一般には『列子』の「愚公移山」の故事の舞台として知られている。ここはまた早い段階から神聖視された場所でもあり、特に唐の司馬承禎がここの「王屋山洞」を「第一洞天」としたことで、全国の洞天福地の首位に立つ特別な「道教聖地」となった。(1)

　この王屋山の洞天は、幾つかの神仙と関連づけられている。唐の司馬承禎の『天地宮府図』では、ここの「王屋山洞」は西城王君、すなわち茅君の師である王遠が治めるとしている。しかし唐末の杜光庭の『洞天福地岳瀆名山記』では、西城王君は第三洞天に移され、かわってこちらは魏華存の師・王褒が治めるとし、(2)さらにこれとは別に『天壇王屋山聖跡叙』で西王母との関連も述べられている。(3)

　西城王君や王褒といった神仙は上清経を奉じる立場と関係が深く、それが唐代における洞天福地説の背景をなすことが想像されるが、そうした構想は後世になると解らなくなり、王屋山の洞天といえばもっぱら西王母ということになり、宋代になると山頂の洞窟も「王母洞」という名前に変わっている。実際 2011 年の調査では、現在でも山中に西王母が祀られていることや、付近の道観や廟にも「王母殿」が多く付設され、王屋山一帯は西王母信仰が盛んであることなどが解った。

　ところが一方で、現在王母洞内には無生老母という別の神が祀られている。(4)真新しい供物やペナントから、不便な場所にあるのにも関わらず参拝客が訪

王屋山の無生老母

老母殿

れていることが解る。またペナントの「送子有功」の文字は、子宝祈願が行われていることを表している。

　無生老母が祀られているのは王母洞内だけではない。他に、山頂に向かう参道の入口付近にも無生老母の廟がある。索道の入口近くの「千年銀杏」のすぐ裏にある「老母殿」である。(5)

　中には13幅の掛軸が掛けられ、中央に無生老母を祀り、これを取り囲むように「王母娘娘」「送子観音」など12の女仙を配する。また無生老母の掛け軸の向かいには、「無生老母、求学有成」と書かれたペナントがあった。「吉利区張金花」という名が見え、済源市内に居住する女性が合格祈願を行ったものと思われた。

　廟の管理に関わっている老婦人に、「この無生老母は西王母と同じものか」と聞くと、「無生老母は無生老母、西王母は西王母、その他の神もそれぞれ全く異なる神」という答えが返ってきた。こうした左に6名、右に6名の女仙＝老母が並び、中央の無生老母を拝する形式は、「十二老母朝無生」

と称されるという。

　調査に同行していただいた済源文物局の馮氏によれば、河南省一帯には無生老母を祀った廟が非常に多く分布するという。農村部などの廟は当局の認可を受けていないことも想定され、存在を把握することは難しいが、その後知り得た河南の無生老母廟には以下のようなものがある。

- 河南省済源市思礼鎮の武山。山上に無生老母廟があり、付近一帯における無生老母信仰の中心地となっている。
- 河南省洛陽市嵩県の羅漢寺。大雄宝殿の東側に、無生老母を祀る「老母殿」があり、「十二老母朝無生」の塑像が安置されている。
- 河南省新郷市輝縣市の九蓮山西蓮寺。やはり無生老母を祀る「十二老母殿」がある。
- 河南省濮陽市徐鎮の舜帝祠。「十二老母殿」に、托山老母・黎山老母・地母・普賢老母・文殊老母・観音老母・王母・無生老母・西天老母・九龍老母・眼光老母・薬母を祀る。
- 河南省鄭州市登封市嵩山の老母洞。無極老母を中心に、太極老母・皇極老母を祀る。
- 河南省洛陽市老城区の霊官洞。主殿である王霊官を祀る霊官廟の裏に、無生老母を祀る「安陽宮」があり、「十二老母朝無生」の塑像が安置されている。

　上の例を見ると、単独で祀られているケースと、仏寺や道観に付属して行われているケースがある。無生老母の名は『道蔵』には一度も現れず、一般に道教の神仙譜系に属するものとは見なされない。それがなぜ王屋山頂の洞内という、歴史的に見て「第一の道教聖地」とされる場所で祀られているのだろうか。また、河南各地で行われている「十二老母朝無生」はそもそもどのような信仰なのだろうか。本稿ではこうした問題について検討し、またそこから中国の聖地研究について若干の考察を加えてみたいと思う。

1. 民間教派の無生老母

　無生老母は、一般には明代以来多数出現した「民間教派」で崇拝される神として知られる。これは歴史的には「白蓮教」と呼ばれてきたもので、仏教や道教と違い国家の公認を得られなかった諸教団の総称である。民間教派の「民間」は、この語の一般的なニュアンスから連想される「民衆の間で行われた」という意味ではなく非公認であることを示し、研究者によっては「民間宗教」や「秘密宗教」といった語が用いられるが、意味するところは同じである。例えば民国期に民間教派の「一貫道」の活動状況を調査した李世瑜は、かれらの主神である無生老母を以下のように紹介している。

　　　無生老母。完全な名前は「明明上帝無量清虚至尊至聖三界十方万霊真宰」である。また「無極老母」「育化聖母」「維皇上帝」「明明上帝」とも言い、普通には「老母」と称する。…（略）…老母は宇宙を創造した主宰神であり、「無極理天」に住んでいる。一貫道の主な崇拝対象であり、信者が最終的に赴くところなので、「根ニ帰リ母ヲ認ム」と言う。東方の人民はすべて彼女の子どもだが、故郷を忘れ道に迷い、永遠に輪廻転生の苦しみを受けている。そこで彼女は大いなる道を設けて救おうとしており、この大いなる道が「真大道」である。

　一貫道では、無生老母はすべての神々の頂点に立つ世界の創造主であり、信者を死後その住まう無極理天に引き揚げてくれる女神だと信じられている。こうした無生老母信仰は一貫道に限らず、黄天道・弘陽教・聞香教・大乗円頓教・八卦教・先天道・帰根道・九宮道など、多くの民間教派にも共通している。無生老母による救済は、一方で「三回の劫において無生老母の信徒のみが救済される」という、一種のカタストロフィ説となる「三期末劫」と表裏一体で説かれることが多く、民衆叛乱とも結びつきやすい性質を持っ

ている。実際、明清時代の「白蓮教徒の乱」と呼ばれるものは、そうしたロジックから発生したものも多い。

　なお、各教派はそれぞれが単に国家の公認を受けなかった諸教団であるに過ぎず、全体として統一的な教義を有していたわけではない。ただ、互いに全く関連性がなかったという訳でもなく、同様に「民間」の立場に置かれたことで、教義や修行法が互いに浸透してゆくという側面もあった。無生老母信仰もその一つで、明代中葉以降に多くの民間教派が取り上げ、共有していくことで発展し、受け継がれていったものなのである。

　最初に無生老母という名称を用いたのは、明代の民間教派の一つで、嘉靖32年（1553）に李賓（普明仏）が創始した黄天道だと言われている。黄天道の経典『普明如来無為了儀宝巻』には以下のようにある。

　　　我が無生老母にまみえ、母の懐に抱かれた。母と子は泣き叫び、霊山
　　　で離ればなれになっていった。なぜなら私は貪欲の心を捨てられなかっ
　　　たからで、輪廻をまわり、帰り着くことがありませんでした。しかしい
　　　ま老母の経典にめぐりあい、ようやく無上の価値のある宝を得ました。
　　　老母よ聞いて下さい、衆生を荒波の中からお救い下さいますよう。老母
　　　よ聞いて下さい、無上の真経こそは最高のものです。（無垢如来分第十一）

さらに遡ると、羅教の教主である羅祖が明の正徳年間に記した『苦功悟道巻』には、無生老母に似た「無生父母」という表現が何度か使われている。

　　　一言「無生父母」と唱えても、阿弥陀仏には聞こえないのではないか
　　　と恐れる。（第三参）
　　　（人びとは）「阿弥陀仏」の四文字を唱えるのが遅いと、かの国の天上
　　　の「無生父母」が聞こえないのではないかと恐れる。（第四参）

羅教は多くの民間教派に影響を与えた側面があるため、無生老母について

もかつては「羅祖が無生父母という神格を創出し、それが明末の各民間教派で無生老母となった」とする説が唱えられた[13]。これに対し、王見川は上記の『苦功悟道巻』の記述を「当時の阿弥陀を信仰する宗教結社が唱えた真言」を引用したに過ぎないとして羅祖起源説を否定したが[14]、かといって羅祖に先行する無生父母説がどのようなものであったかは不明のままである。

ところがこれについて近年、孔慶茂が以下の資料を挙げて、宋代仏教には「無生殿」を擁する伽藍があり、これが無生父母の源流で、さらに王屋山の無生老母にも接続するという説を発表した[15]。

(弟子が)聞いた。「恥じ入ることのない人とはどのような方ですか。」師は言った。「空王が無生殿に鎮座せず、迦葉堂の前で灯に明かりを点けない(人だ)」。(『景徳伝灯録』巻第十六「洪州建昌鳳棲山同安和尚」[16])

ひとたび念じれば西方に触れ、無生殿にいれば無生を悟り、本覚の位にあれば正覚を仰ぎ見る。(『普庵印粛禅師語録』巻一[17])

孔慶茂はこの「空王が無生殿に鎮座せず」について、空王は空王仏、すなわち唐代の雲峰寺の田志超で、山西省介休などにある空王殿に鎮座すべきであるから、無生殿については『未来星宿劫千仏名経』[18]に見える無生仏が祀られていたと主張する。

孔慶茂の説く以上のような説は、幾つかの問題がある。まず、空王仏は、唐代には確かに田志超をその「転生」とする説が行われたが、本来は過去仏の一つとして仏典に見える尊格である[19]。『妙法蓮華経』「授学無学人記品第九」[20]では釈尊と阿難の前世における師となっているが、『仏説仏三昧海経』「本行品第八」[21]では以下のように阿弥陀仏の師である。

私はかつて空王仏の所で出家して道を学んだ。この時、四人の比丘が同輩で、ともに三世諸仏の正法を学んだ。…(略)…東方に妙喜という国があり、そこに阿閦という仏がいるが、それがその時の一人目の比丘

である。南方に歓喜という国があり、そこに実相という仏がいるが、それが二人目の比丘である。西方に極楽という国があり、そこに無量寿という仏がいるが、それが三人目の比丘である。北方に蓮華荘厳という国があり、そこに微妙声という仏がいるが、それが四人目の仏である。

　この『仏説仏三昧海経』のくだりは、そこで説かれる禅観とともに唐の善導の『観念阿弥陀仏相海三昧功徳法門』(『観念法門』)で言及されたことで、空王仏が一般に知られるようになった。(22)ただ空王仏は、孔慶茂の挙げている山西省介休の雲峰寺のほかはほとんど見られず、空王殿と同列に扱っている無生殿に至っては実例が皆無となる。そのため「空王が無生殿に鎮座せず」は、禅語であることを考えても、実際の建築物を念頭に置いているのではなく、何らかの比喩的表現とした方が妥当だろう。そこで注目されるのが、『観念法門』で『仏説仏三昧海経』の引用の後に続いて説かれる以下のような内容である。(23)

　　阿弥陀仏の本願によって、女人は阿弥陀仏の名を称えれば、まさに命が終った時、女の身体を転じて男性とすることができる。阿弥陀仏が手をとり、菩薩が身をたすけて宝華の上に坐らせ、そこで阿弥陀仏に随って浄土に往生し、仏の説法の大会に加わり、無生を悟るのである。

　先に引用した「無生殿にいれば無生を悟り」という表現は、この「宝華の上に坐」して「無生を悟る」という内容が念頭にあるものだろう。「空王が無生殿に鎮座せず」というのも、孔慶茂は「空王仏は空王殿に、無生仏は無生殿に鎮座するべきなのに、そうなっていない」と解釈しているようだが、ここは阿弥陀仏の師であることを踏まえ、空王仏は「宝華の上に坐」して「無生を悟る」無生殿の人々の眼前にいるべき、と捉えるのが自然だろう。『未来星宿劫千仏名経』に至っては、多くの概念を如来として尊格化して名を挙げる中にたまたま出てきたものに過ぎず、これが後の無生老母信仰に接

続するとは考えられない。

　ただ、『観念法門』以来中国の浄土信仰で好まれた「無生」という表現が、明代に羅祖が引用した「阿弥陀を信仰する宗教結社が唱える真言」と関わりがあることは充分に考えられる。この表現自体が利用されて無生父母という称号が生まれ、さらにそれが黄天道で女神信仰へと変わったというのが、無生老母の形成の大まかな経路であると思われる。

2．民間教派の十二老母

　次に十二老母について考えてみたい。西王母や観音はともかく、地蔵や普賢、文殊などもすべて女性神となっていることには奇異の念を抱くが、これも明代以来の民間教派で形成されたものである。

　最初に十二老母の概念を明確に打ち出したのは、明代の民間教派の一つで、韓太湖（飄高祖）が万暦22年（1594）に創始した弘陽教だと思われる。『混元弘陽臨凡飄高経』「霊山如意仏臨凡品第九」に以下のような表現がある。[24]

> 十二母が凡間に転生した
> 霊山を離れて観音とともにみな凡間にいる
> 三人の老祖がいずれも天盤から下った。誰が収円にもっとも功績があるか、誰が霊山に坐するか、凡間に転生してそれぞれ法を伝えようと、大いなる無生とともに凡間に降りた。

　収円とは、無生老母が凡間にいる自らの「子どもたち」の魂を救済することを意味する。「玄天六祖臨凡品第八」では「番天母」・「折地母」・「二無母」、「霊山如意仏臨凡品第九」では「遮天母」の名前が挙がっているが、「十二母」すべてについては記されていない。おそらく、無生老母に仕える女神の数として、内容よりも十二という表現が先行としているものと思われ

る。
　また明末の三極同生教の『仏説皇極結果宝巻』には、以下のように「観音母」や「地蔵母」といった表現がある(25)。

　　観音母の　十二願は　ただ衆生のため
　　地蔵母は　衆生のために　七十二願あり(26)

　さらに明代の民間教派の思想を集大成した大乗円頓教の弓長祖の『古仏天真考証龍華宝経』(『龍華宝巻』)(27)の巻頭では、「観音老母」・「地蔵老母」・「文殊老母」・「普賢老母」といった名前が列挙され、同書「排造法船品第二十一」で無生老母の「法船」にこれらの「母」が乗っていることが記されている(28)(29)。

　　船の先頭には観音母が乗り、慈悲によって苦しみから救う
　　船の後方には地蔵仏が侍り、船の舵を操る
　　船の左の部屋には文殊母がおり、風輪が動かないようにし
　　船の右の部屋には普賢母がおり、水輪を御する
　　三世仏が法船を操り、棹を動かし船を漕ぐ
　　天真仏が大いに収源を行い、子どもたちを救う
　　金花母が船の上から光を照らして導き、娑婆の臨終の願いを救う

　収源は先に述べた収円と同じである。これらの「母」は、法船に乗ることで凡間にいる「子どもたち」を救済しているから、『混元弘陽臨凡飄高経』の「十二母」と同一の存在と考えられる。
　『龍華宝巻』には「十二老母朝無生」とも関わると思われる記述がある。同書の冒頭、神仏が無生老母の住まう「家郷」にやってきて「龍華の会」に参集する場面の以下のような表現である。

収源が実を結ぶ龍華の会、『龍華真経』において三乗が試される
家郷の聖なる景色の龍華の会、諸々の仏が無生さまに朝見する(30)

　十二老母のメンバーに仏菩薩が多いことや、『龍華宝巻』の後世における影響力を考えると、「十二老母朝無生」の造像自体がこの場面を念頭に置いているものとも考えられるだろう。
　清代の民間教派の一つである先天道の黄徳輝の『開示経』においては、入信の際に「十二老母」による救済を告白することが指示されている(31)。なおここで出てくる瑶池金母とは、先天道で無生老母の化身ないし同一の神格として解釈される神格である。

瑶池金母の大いなる道に四たび叩頭する。今は皇清嘉慶△年△月△日△時△分前後、現在△省△府△県△地△氏門中の男女児某等、瑶池金母、天地老爺に跪き、蓮台のもとで超生を願う。四たび叩頭して香を焚き、それぞれ真心をもって願い出た後、四たび叩頭してみなが立ち上がり、帰依者が席に着き、四たび叩頭して香を抓み、跪いて下文を聞く。
十二老母が南関より下り、中央から末劫にあたって先賢が呼ばれる
娑婆の世界で普度を成し、菩提の彼岸から慈船を引き寄せる

　『開示経』が最初に作られたのは康熙 6 年（1667）だが、このテキストは先天道から分派した帰根道でも「瑶池金母」を無生老母の別称である「無極聖母」に改めたテキストが伝承されているし、また同じく先天道から分派した一貫道では 20 世紀になっても用いられ続けてきた。
　また乾隆 5 年（1740）に河南省伊陽県で取締を受けた女教主「一枝花」率いる民間教派でも「十二老母」が奉じられていたことが、以下の檔案資料から解る(32)。

〔乾隆五年正月十七日、河南巡撫・雅爾図の上奏〕河南省の民は愚かで野蛮

な者が多く、争いを好んで拳法や棒術を学ぶか、邪教を信じて神仏を拝むという状況にあります。…（略）…私は先に命を奉じて伊陽県の梁朝鳳の件を調べ、心に留めて観察して参りましたが、河南省の邪教は梁朝鳳のみではなく、これとともに牛山に潜伏し未だ正体の明らかでない女教主がおり、妖言によって民衆を惑わしていることが解りました。愚かな民の中にはこの者に惑わされている者がたいへん多く、早急に取り除かなければ後の憂いとなり得ることを、私は実情に基づいてここに報告たします。赴任後、再び調べましたところ、女教主一名、綽名を一枝花と申す者のことを探し当てました。民の間では「一枝の花、一七八、よく千軍万馬に敵す」などといった言葉が伝わっているようです。…（略）…この者は祖師に弟子入りをしたなどとデタラメを唱え、人々の崇拝を受けて女総領と呼ばれております。扇動されて追随した者がたいへん多く、王や大臣の地位を侵そうとしていることを自供しており、また郝氏や郝成児らは玉蘭老母と称したり上神爺と称したりし、邪術を具えております。奉じている邪神は三教祖母、十二老母、九龍聖母などで、地域の民を騙して毎月一日と十五日に焼香に出向かせ入信させています。

先に触れた一貫道でも、「第十七祖」路中一（1849〜1925）が教主だった時期に製作されたとされる『混元布袋真経』に「十二老母」の記述が見える(33)。

　初め混沌のときに残された弥勒の布袋は、無始の時より今に至るまで未だに開けられていない。この布袋を開けなければ天地は壊れないが、この布袋を開ければすべての土地が災いに遭う。…（略）…人々が開けない理由は気持ちよく暮らそうとするためで、その時になって後悔しても誰も救ってはくれない。観音母が青獅に乗って水を噴きながら現れ、あらゆるものを水没させて世界を滅ぼす災いが起こる。文殊母は梅鹿に

乗って海や山を焼き、山や川や建物をすべて焼き尽くす。普賢母は白象に乗って大風を引き起こし、世界と天地とを吹き飛ばして粉々にしてしまう。この三つの災いは世界の平安を一掃し、三人の母は天の命を奉じて道を助ける。十二母は南関から下って人々を救済し、三期末劫の後にすべてを収束させる。地蔵母は地獄から引き上げて天に戻り、発した七十二の誓願を実現させる。弥勒仏は四十八の誓願を天宮で拝命し、娑婆の国は蓮華に変わってもはや空虚の訪れることはなくなる。

以上を纏めると、民間教派はまず阿弥陀仏＝無生父母を無生老母として「女性化」し、次に既存の女神を取り込んだり、仏教の尊格にも同様の操作を行ったりしてその「眷属」を増やすとともに、同じロジックで数字先行の形で成立させた「十二老母」にこれを当て嵌めてゆき、これが次第に固定化され清代以降の各教派でも伝承されていったということになろう。すなわち「十二老母朝無生」は、明清の民間教派の展開の産物であると言える。

3．王屋山の無生老母香会

話を王屋山に戻そう。王屋山の無生老母信仰の担い手となっているのは、現地の「香会」という組織である。これは、年に二回王屋山の王母洞に行って無生老母の参拝を行うほか、十数回設定されている「節日」に組織の「会首」の家で「做功活動」を行う、というものである。現地で調査を行った范明燕は以下のように述べている。

> 香会の分布地域は、筆者の調査によれば、主に懐慶府（温県、孟県、沁陽、博愛、済源などがかつて懐慶府と称された）、および王屋山に隣接した山西省垣曲県である。香会組織は大仏、二仏、三仏の三系統があり、二仏と三仏はどちらも大仏から分かれた。香会組織は王屋山の現地の伝統で、会に入っていない家はほとんど無い。例えば筆者の調査によれば、

安溝村は会に入っている割合が100%である。…（略）…一定の条件を備えた後、香会組織は自らの組織活動を始める。香会のメンバーは普段は特に行き来はしておらず、組織活動の時だけ集まる。香会は一年に十七回、集まって活動を行う節日がある。…（略）…二月と九月は山に登って参拝するが、他はいずれも夜間に会首の家で行う。

会首は「做功活動の際に神懸かりになる」というからシャーマンの類だと思われ、また香会はかれを核として行われる土着の「習俗」としての「民間信仰」であることがうかがえる。この点で、教団組織を有し教義を宣揚する「創唱的成立宗教」としての民間教派とは一線を画する存在となっている。

ただ香会にはかつて民間教派であったことを示す「痕跡」も残っている。まず一つ目が、無生老母の性質や三期末劫などの概念である。范明燕が現地で採集した「神話」では、以下のように述べられている。

　　天地が混沌となる初め、水は天に連なり、姑父が天上で大きな権力を握っていた。盤古は天が混沌となることを予知して一隻の大船を作り、三十二人の家族全員を連れて乗船し、天に昇った。かれは姑父に「天と地の間には地球があり、地球にはあらゆる物がある」と告げた。そこで姑父は霊霄殿に皆を招いて会合を開き、地球の水災を治め新たに天球と地球とを分け直すことができるものはいないかと尋ねた。会合は三年の間開かれたが、誰も名乗り出るものはいなかった。その時無極老母が姑父に自分の三つの条件を呑んでくれるなら行うことができると申し出た。一つ目が治世老君と一緒に行かせてくれること、二つ目が水災を治めた後は彼女が主人となること、三つ目が姑父の劈天斧を貸してくれることだった。姑父が無極老母の条件を呑んだため、無極老母は地球の水災を治め、さらに天球と地球を分けたので、約束通り無極老母は地球を管理し始めた。地球は草木がすでに破壊されていたので、無極老母は長

男の牟尼を遣わして草木を造らせた。いま我々が経を唱え焼香するのは牟尼の温情を忘れないためである。後に無極老母と治世老君は人類や動物を造り、さらに神農氏に命じて五穀を造らせ、そのうえ次男の宝僧から人類に火の使い方を教えさせた。後の人々はこのために宝僧を火神爺と尊んでいる。何年もの間、人々は平穏な毎日を過ごしていたが、無極老母は人々が根本を忘れたことを知り、牟尼、宝僧、弥勒の三人の息子と、秋雲、秋連、秋香の三人の娘を使わして人類を救うため北天に向かわせた。…（略）…後に、無生老母は弥勒に文書を与えて秋連とともに人々を救わせた。その時は弥勒は孟津の柳溝にある陳という姓の家に転生した。…（略）…清朝になって、無生老母は今度は孟津の韓という姓の貧乏な家に生まれ変わった。彼女は社会において人々に教育を施し、善行を行った。孟県の県長は親孝行者だったが、かれの母親が病気になり、どうしても直すことができなかったため、無生老母に看病を頼もうとした。県長はボロボロの服を着た婦人が家の中で綿を紡いでいるのを見て言った。「私の母親が病気になってしまったので、あなたに看病をお願いしたい。」婦人は言った。「では先に帰っていて下さい、私もすぐに参りますから。」県長は先に戻ったが、まだ家に着かないうちに無生がすでにやって来ていた。彼女は県長の母親を診た後、丸薬を一つ取り出して飲ませた。すると県長の母親はすぐさま良くなった。いま我々が尊んでいる薬はこの時から伝えられているものである。県長は無生老母に感謝するために廟を建てて彼女を祀った。無生老母の娘の秋連が彼女の重孫に転生し、人々を組織したが、これが長秋会で、また無生老母を老奶奶と呼んだ。彼女の作った決まりはこの時から盛んになった。

最初に述べられている姑父が招集した会合云々というのは、『龍華宝巻』で述べられている龍華会そのものであろう。また、話の根幹となっている無生老母（無極老母）による三度の救済とカタストロフィも、明らかに三期末劫のことを指している。天球や地球などと言うとあまりに「近代的」な印象

を受けるが、これは三期末劫説で言う天盤と地盤を言い換えたものだと思われる。

二つ目として挙げられるのが「合同」である。これは民間教派に特有の教義で、死後に魂が無生老母の「家郷」に赴く際、「関門」で信徒であることを証明するためのものである。(39)

「合同号」は焼くことで無生老母に対し死者が門人であることを告げ、老母に照らし合わせてもらうためのものである。弟子の家族が引き継ぐ場合でも、赤い布に「合同号」を書いて、無生老母に弟子の身分の証明として認めてもらう。人が亡くなった時の「合同号」は以下の通りである。

一支の合同、二支の合同、家族中の合同で家を守る。無生老祖が照らし合わせ、一字の真心が腹中で伝わる。一支の合同、二支の合同、三支の合同と、三つの関所で合同号を告げる、四十八の仏道の家。魔王は鉄の口に鋼の歯を持つが、魔王を突破すれば関所を通るのは易しい。太行山にある黄帝廟の中には、遙か昔から合同号が置かれている。宝の合同号を身につけていれば、老祖は私に五関を通過させてくれる。天壇山の上には黄色い花が咲いており、老祖はもとより蓮台に坐す。総宮院△△宮　分宮院△△宮　△△省△△市△△郷△△村　老師△△　引進師△△　弟子△△

「老師」は入信にあたって儀礼を行った人物、「引進師」は入信の際に紹介者となった人物のことで、いずれも道教や仏教、一般の民間信仰には無く、民間教派に特有の制度である。范明燕は先に引用した部分で「香会組織は王屋山の現地の伝統で、会に入っていない家はほとんど無い」と言っており、地域住民全体がこの信仰を有していることからすると、本来「引進師」を設定する必要など無い。にもかかわらずこのような用語が用いられているのは、かつて民間教派であった時の名残としか解釈できないものとなる。

4．民間教派の民間信仰化

さて、中国の民間信仰では一般に観音や呂洞賓などがよく登場するが、これらは本来は仏教や道教の神格であり、いわば「創唱的成立宗教」に属するものが民間信仰に「引きずり下ろされた」結果であるといえる。民間教派は仏教や道教とは異なる存在だが、一般大衆にとっては、整備された教義や組織を有するという点であまり違いは無く、同様の事態が起こってもおかしくはない。「民間教派の民間信仰化」などというと奇異に感じられるかも知れないが、むしろ民間教派は民間信仰に近い位置にいる分、そこに取り込まれやすいとすら言える。

例えば、無生老母の概念を最初に作った民間教派として先に紹介した黄天道も、教団の本拠地のあった河北省万全県では、20世紀の段階では土着化して村落の信仰に変わってしまったことが知られている。近年現地で調査を行った曹新宇は以下のように述べている[40]。

> 普明崇拝は「地方性」に向かって変化することで完成したようである。黄天道の教祖は膳房堡の「許家の娘婿」として伝えられている。傑出した宗教家だったかれの妻の王氏も「普明奶奶」という曖昧な名前に変わっており、また代々道統の継承者となっていったかれの女系の子孫たちも、順序が曖昧になっている上、名前も「米姑姑」、「面姑姑」、「糠姑姑」などに変わっている。…（略）…廟は十八の村によって財産が管理されており、和尚もかれらによって招聘されているほか、張北獅子村で黄経堂を経営し有名になっていた門氏兄弟が呼ばれて廟の共同管理を任されていた。許献策の回想によれば、「当時、廟には大和尚と二和尚がおり、また作男、参拝の管理係、炊事係、家畜の管理係、収穫係もいた。さらに現地や外部の土地にたくさんの参拝地も持っていた」という。十八村の寺主が廟を管轄していた時期、黄天道はもはや明らかに

「新興教派」ではなくなっており、普明の伝説も遠い歴史となり、村の多くの人々はかれのことを道を修めて真人となった和尚だと思い込んでいた。

　黄天道は、乾隆28年（1763）に王朝転覆を謀る「逆詞」を所持していたという嫌疑を掛けられ、万全県の普仏寺が当局によって破壊された。しかし教団は滅んだわけではなく、地下に潜伏して勢力を維持し続け、光緒年間に至って黄天道の信徒である志明という人物が雨乞いを名目に寺を再建した。1947年に調査を行った李世瑜は、当時多くの黄天道の経典を現地で収集しているので、少なくとも当時はまだ教派のテキストが保管されていたのは確かだが、一方で当時すでにそれらの内容は村民には理解されておらず、上記資料に見えるような土着の民間信仰化が進行してしまっていた。

　同様の事態は王屋山のある河南省でも起こっている。まず、道光18年（1838）に河南省汲県（現在の新郷市衛輝市）で起こった「無生老母廟事件」について、『清史稿』巻388「桂良列伝」では以下のように記されている。[41]

> 嘉慶年間に起こった林清・李文成らの八卦教の乱はすでに鎮圧されたのにも関わらず、汲県潞州屯では墳墓や塔に「無生老母」と記して祀り、多くの者がこの教えを習っている。そこで御史の黄爵滋は桂良に命じて取り締まり、その墳や廟を壊させた。調査した結果、河南には無生廟が三十九カ所もあったので、いずれも破壊した。地方官は監督不行届につき、譴責のうえ降級とした。

　一般的な「白蓮教案」は、首謀者の供述や使用されていた宝巻の押収によって、どの民間教派組織が起こしたのかが判明することが多いが、この事件は少々様子が異なっている。『清史稿』では嘉慶18（1813）年に叛乱を起こした林清・李文成の残党であるかのように書かれ、実際に当時天理教が河南の滑県で騒乱を起こした際、用いられた刀鎗が汲県の鉄舗・張老一の作っ[42]

たものだったため、一応はこれに関連した事件ということになる。しかしそれから25年も経っている上、宝巻も押収されておらず、首謀者として捕縛された廟主の郝発文という人物の以下の供述からも、特定の教派との関わりは見えない。

　潞州屯の廟は先の王朝の時に作られ、長い歴史を有する。廟門の扁額はもともと「三蔵庵」と書かれていた。廟内に並ぶ四番目の女性像が無生老母と称すると伝えられるため、この廟を老母廟と呼ぶものもいた。毎年正月初八日に、付近の住民が廟にやってきて焼香し、中には銅鑼や太鼓を持って巡回するものもいるが、昼にはいなくなる。読経を行い、夜中に集まるなどということは、今まで見たことがない。廟の墳墓はすでに亡くなった僧侶の墓と聞いており、参拝者などこれまで全く来ていない。

もちろん、供述では上手く逃れたが、郝発文はやはり八卦教の信者で、39カ所の廟もすべてこれに関係し、宝巻も単に偶然押収を免れただけ、という可能性もある。しかし本当に郝発文の供述通りだとすれば、ここにあったのは現在の王屋山や一帯の無生老母廟とも似た、いわば「普通の廟」に過ぎない。なお潞州屯の廟の由来について、取り締まった黄爵滋が調査結果を「邪教根源実蹟」として纏め、おおむね以下のような内容を書き残している。

　明代に滑県の何氏という女性が無生老母の転生を名乗り、これと飄高祖と称する山西の高揚という者が結託して経典を作って、宦官と通じた。明の潞王朱翊鏐は宦官を信用し、したい放題にさせたため、宦官は自分の奉じる無生老母の墳墓と廟を建てた。後者は扁額に「三蔵庵」と記す。

飄高祖は前に述べたとおり弘陽教の教主で、万暦22年（1594）に開教し、「民間」でありながら北京の宮廷に支持者を得て、万暦26年（1598）に没した。朱翊鏐は隆慶帝の第四子、万暦帝の弟で、万暦17年（1589）以降、北京から汲県に移って潞王府を構え、万暦42年（1614）に没した。そうすると、潞王府の宦官の中に弘陽教の信者がいて、これが北京から無生老母信仰を汲県に持ち込んで廟を建てた、ということになるだろう。

　道光年間はそれから200年以上経っている。潞王はその後朱翊鏐の子・朱常涝が嗣いだが、崇禎17年（1644）の李自成軍による汲県占領に際し、一族とともに杭州に逃れた。潞王府は消滅したにもかかわらず、無生老母の墳墓と廟が残ったことは、郝発文の供述や黄爵滋の調査からも解るが、同時にそこに弘陽教らしき要素も見出せないので、恐らくこれは土着化して地域の民間信仰となったと思われる。そうして「危険性」は無くなったのにもかかわらず、「無生老母＝白蓮教」と思い込んだ黄爵滋が廟を取り締まり、河南中の無生老母廟も壊して回ったというのが、この事件の真相だったように思われる。

おわりに

　王屋山の香会の「神話」からは、無生老母の娘・秋連の転生を名乗る人物が河南省孟津にやってきて教団を組織したこと、教団の名称は長秋会であったこと、病気治しによって信者を獲得したこと、県長の支持を得て無生老母の廟が建てられたられたことなどが推測される。明代に王屋山に登り、王母洞の様子を記した遊記の類は幾つかあるが、無生老母について触れているものは無い[46]。「邪教の神」ということで、敢えて触れられなかった可能性も無いわけではないが、恐らく当時は本当に無生老母は祀られていなかったのだろう。それが清代のある時期に秋連の教団が孟津から入り込んできて[47]、王屋山を無生老母の聖地として活動を始め、最終的に土着化し民間信仰となったものと思われる。

この点で参考となるのが山東省平度市の大沢山の事例である。ここの日照庵という廟は、もともと泰山の女神である碧霞元君を祀っていたが、民国21年（1932）に民間教派の一つである九宮道が入り込み、無生老母を持ち込んで大沢山の信仰を塗り替えた。調査を行った任双霞は以下のように述べている。
(48)

　これ以後、日照庵の主神は大老母（泰山老母碧霞元君）と小老母（無生老母）の二つに変わった。二つの老母は同じ庵堂で並んで主神となったが、無生老母はある面では碧霞元君よりもさらに目立っており、大沢山の廟会のピークも碧霞元君生誕の3月18日から、無生老母生誕の3月26日に変わってしまった。これは信仰の面では大きな変化である。

　碧霞元君はすでに様々な民間教派で取り上げられてきており、嘉靖年間の浄空教の『天仙聖母源流泰山宝巻』、万暦年間の黄天道の『霊応泰山娘娘宝巻』、清初の南無教の『泰山聖母苦海宝巻』などでいずれも無生老母の顕現ないし眷属とされてきた。清末に成立した九宮道が同じ発想を持ったのも、民間教派としての性質を考えればある意味で当然である。数ある碧霞元君廟の中で大沢山を選んだのは、ここが神秘的な姿を持ち、漢代以来様々な宗教を引きつけた聖山であったためであろう。
(49)

　そしてそれは、王屋山についても同じことが言える。王屋山の神秘的な姿は「聖地」として誰の眼にも解りやすいし、また従来祀られてきた西王母も、領袖的地位にある女神という点で無生老母と性質がよく似ていて、実際戦後の台湾では両者は習合している。ただ、無生老母信仰の側で「十二老母朝無生」の枠組で西王母を従属的地位に取り込んだためもあって、西王母信仰は無生老母に塗りつぶされることなく別に存続し、その結果「西王母と無生老母は別」となっているのだろう。

　これは見方を変えれば、民間教派に由来する民間信仰が「道教」を乗っ取ったということでもある。王屋山は「道教第一洞天」ではあっても、唐代

の洞天福地説が一般に理解されなくなったため、今度はそこに民間教派の系統が入り込んできて、これと置き換わったのだろう。それにしても、第一洞天として道教聖地の頂点に立っていた王屋山が、神々の頂点に立つ無生老母の居所に変わったというのは、実に上手くしたものだと思う。

　中国の聖地は、一つの場所に道教や仏教、民間信仰など、様々な宗教が重層的に関わりながら展開してきたものが多い。従来の中国の聖地研究では、そうした中に民間教派も含み得ることはほとんど検討されて来なかったが、特に明清以降、中国では民間教派が様々に展開し、それがつい最近まで続いてきたことを考えると、これが現在の聖地の状況と関わっている場合も決して少なくないのではないだろうか。

【注】
（１）　十大洞天のうち、第二洞天以下が序列と関わりがあるのかどうかは不明だが、少なくとも王屋山を第一洞天としたことについては、明確な意図があったものと思われる。鈴木健郎「「洞天」の基礎的考察」、『道教と共生思想』（田中文雄・テリー＝クリーマン編、大河書房、2009年）所収、223頁参照。
（２）　大形徹「洞天における山と洞穴――委羽山を例として」（『洞天福地研究』第１号、2011年、10〜30頁）参照。
（３）　『正統道蔵』本、SN969。
（４）　なお、筆者が参加した2011年８月の調査では洞内まで行くことができなかったため、洞内の様子や写真等は2011年11月の土屋・鈴木の調査に基づく。
（５）　2011年８月の土屋・山下の調査に基づく。
（６）　民間教派についての筆者の考え方については、拙稿「台湾における一貫道の展開と変容」（田島英一・山本純一編著『協働体主義　中韓組織が開くオルタナティブ』、慶應義塾大学出版会、2009年、75〜94頁）を参照。
（７）　無生老母。全名叫：「明明上帝無量清虚至尊至聖三界十方万霊真宰」；又叫無極老母、育化聖母、維皇上帝、明明上帝；簡称老母。…（略）…老母是創造宇宙的主宰、常住「無極理天」。為一貫道中心崇拝、即道徒的最終趨向、所謂「帰根認母」。所有東土的人民、都是她的児女、只因失郷迷路、永在輪廻受苦。現在她設下大道来挽救、這大道是「真大道」。（『現代華北秘密宗教』（増訂版）、蘭台

出版社、2007 年、78 頁）

（8） 喩松青『明清白蓮教研究』（四川人民出版社、1987 年）103 頁、荘吉発『真空家郷・清代民間秘密宗教史研究』（文史哲出版社、2002 年）428 ～ 432 頁など。
（9） 見了我得無生老母、撲在娘懐裏抱。子母們、哭哮啕、従霊山失散了。因為我貪心不捨、串輪迴、無帰落、今遇著老母家書也、纔得了無価宝。老母你是聴著、普度衆生出波淘。老母你聴著、無上真経最為高。（『民間宝巻』第二冊所収明刻本、黄山書社、2005 年）
（10） 『民間宝巻』第一冊所収清刻本、黄山書社、2005 年。
（11） 叫一声無生父母、恐怕我弥陀仏不得聴聞。
（12） 単念四字阿弥陀仏、念得慢了、又怕彼国天上無生父母、不得聴聞。
（13） 鄭志明、『無生老母信仰溯源』、文史哲出版社、1985 年。
（14） 『台湾的斎教与鸞堂』、南天書局、1996 年、4 頁。
（15） 『中国民間宗教芸術──無生老母神像研究』、南京大学出版社、2012 年、10 ～ 11 頁。
（16） 問：如何是大勿慚愧底人。師曰：空王不坐無生殿。迦葉堂前不点燈。（大正蔵 No.2076）
（17） 一念而触目西方。無生殿裡悟無生。本覚位中瞻正覚。（卍続蔵 No.1356）
（18） 大正蔵 No.448b。
（19） 「空王」はもともと仏陀の雅称であったが、後に過去仏の一とされた。手島一真「六～七世紀の山西・綿山における空王仏信仰」（『印度学仏教学研究』第 55 巻第 2 号、2007 年、548 ～ 551 頁）および同「唐代文献における「空王仏」と「空王」」（『宗教研究』第 81 巻第 4 号、2008 年、1042 ～ 1044 頁）を参照。
（20） 大正蔵 No.262。
（21） 我念昔曾空王仏所出家学道、時四比丘共為同学、習学三世諸仏正法。…（略）…東方有国、国名妙喜、彼土有仏、号曰阿閦、即第一比丘是。南方有国、国名日歓喜、仏号宝相、即第二比丘是。西方有国、国名極楽、仏号無量寿、第三比丘是。北方有国、国名蓮華荘厳、仏号微妙声、第四比丘是。（大正蔵 No.643）
（22） 前掲手島一真「唐代文献における「空王仏」と「空王」」参照。
（23） 由弥陀本願力故、女人称仏名号、正命終時、即転女得成男子。弥陀接手、菩薩扶身、坐宝華上、随仏往生、入仏大会、證悟無生。（大正蔵 No.1959）
（24） 十二母 住凡間 投胎転化 想離山 共観音 都在凡間 三位老祖同下天盤、偺今去収元誰有功労、誰坐霊山、凡間転化、各把法伝、共大無生同去落凡間。（『民間宝巻』第五冊所収影印本、522 頁）

(25) 『民間宝巻』第一冊所収影印本、33頁「四時香火真誠品第四」。なお『仏説皇極結果宝巻』は宣徳5年（1430）の紀年があり、これを信じれば最初期の宝巻資料ということになるが、内容的に羅祖その他の影響を受けていることから、実際には明末のものと思われる。また三極同生教については詳細は解っていない。車錫倫「明三極同生教『仏説皇極結果宝巻』」（『民間文学与民間信仰』、博楊文化、309～320頁）参照。

(26) 観音母、十二願、只為衆生。地蔵母、為衆生、七十二願。

(27) 『龍華経』については、浅井紀「『龍華経』の成立についての一考察」（『明代中国の歴史的位相』、汲古書院、2007年、317～337頁）を参照。

(28) 『明清民間宗教経巻文献』第五冊所収影印本、新文豊出版公司、1999年、643頁。

(29) 船頭上観音母慈悲救苦、船後稍地蔵仏掌舵稍公。船左艙文殊母風輪不動、船右艙普賢母駕定水輪。三世仏駕法船搖橹挙棹、天真仏大收源救度児孫。金花母船上辺垂光接引、度尽了閻浮世願満平生。（『明清民間宗教経巻文献』第五冊所収影印本、728頁）

(30) 收源結果龍華会、龍華真経考三乘。家郷聖景龍華会、諸仏朝見老無生。（『明清民間宗教経巻文献』第五冊所収影印本、647頁）

(31) 瑤池金母大道。四叩起。今拠皇清嘉慶　年　月　日　時　分前後現在　省　府　県　地　氏門中男女児某等跪在瑤池金母。天地老爺蓮台之下討超生。四叩上香領叩各挙真心報名誓願畢。四叩衆起飯依人就位四叩拈香跪聴下文。十二老母下南関、中央末劫鈞先賢。娑婆世上成普度、菩提彼岸攬慈船。（林万伝編著『先天大道系統研究』、蕭巨書局、276～277頁）

(32) 〔乾隆五年正月十七日、河南巡撫雅爾図奏〕伏査豫省民情愚悍、非学習拳棒、好勇闘狠、即崇信邪教、拝仏求神、…（略）…臣前奉命審理伊陽県梁朝鳳一案、留心訪察、知豫省之邪教、不僅梁朝鳳一起尚有伏牛山内未経破露之女教主、妖言惑衆、愚民受其蠱惑者頗多、若不急為剪除、恐致日久滋事、経臣拠実奏明在案。到任後、復密加査察、訪有女教主一名、緯号一枝花、民間謠言：「一枝花、十七八、能敵千軍万馬」等語。…（略）…伊妄称系祖師所度之人、衆人崇奉、呼為女総領、其所煽惑附和者頗多、並供出要犯王国臣、郝氏、郝成児等、或称玉蘭老母、或称上神爺、倶有邪術、所奉邪神系三教祖母、十二老母、九龍聖母、朔望哄騙郷民焼香、勾引入教。（『康雍乾時期城郷人民反抗闘争資料』、中華書局、1979年、620頁）

(33) 初混沌留伝下弥勒布袋、従無始到於今未曾解開。不解開這布袋天地不壞、解

開了這布袋遍地遭災。…（略）…衆男女不解意只図爽快、到那時落后悔誰人救来。観音母騎青獅噴水出現、湝乾坤滅世界都要遭災。文殊母乗梅鹿火焼山海、焼山川焼房屋一概焼来。普賢母騎白象大風扯起、把世界天和吹倒塵埃。這三災掃過去世界康泰、三位母来助道奉天欽差。十二母下南関普渡衆生、但等候三期至乾坤收来。地藏母撤地獄回天交代、発下了七二願豈能空来。弥勒仏四八願天宮領命、娑婆国改蓮花永不虚来。(『救苦真経・混元布袋真経・心経・済公活仏救世真経・清浄経・道徳経・往生経・桃園明聖真経』、升建印刷企業天橋印経処、出版年不明)

(34) 喩松青「明清時期民間秘密宗教中的女性」、馬西沙主編『当代中国宗教研究精選叢書・民間宗教巻』、民族出版社、2008年、315〜330頁。

(35) 香会分布区域、根拠筆者的調査、主要在懐慶府（温県、孟県、沁陽、博愛、済源等在過去称為懐慶府）、和王屋山隣近的山西省的垣曲県。香会組織分為大仏、二仏和三仏三個系統、二仏和三仏都是由大仏分出来的。香会組織是王屋山当地的传统、几乎没有不在会的家庭。筆者通過調査得到、安溝村在会的占到100％。…（略）…具備一定的条件後、香会組織可以開始自己的組織活動。香会成員平時并不来往只有在組織活動時才聚到一起。香会一年有十七個節要聚到一起進行做功活動。…（略）…除了二月和九月要到山上朝拜以外、其余的都是在晩上到会首家里進行。(范明燕『王屋山地区的民間香会組織研究』、河南大学研究生碩士学位論文、2006年、9〜20頁)

(36) 『王屋山地区的民間香会組織研究』、15頁。

(37) 「創唱的成立宗教」と「民間信仰」の区分については、拙稿「台湾社会の持続的発展における民間信仰の意義——媽祖信徒組織を例として」(厳網林・田島英一編著『アジアの持続可能な発展に向けて 環境・経済・社会の視点から』、慶應義塾大学出版会、2013年、199〜212頁）を参照。

(38) 天地混沌之初、水天相連、姑父在天上執掌大権。由于盤古預知天要混沌了、就造了一艘大船、帯領全家32口乗船上了天。他告訴姑父天地間有個地球、地球上応有尽有。于是姑父在霊霄殿召集大家開会、詢問誰能治理地球上的水患并重新分出天球和地球。会開了三年也無人敢去、這時無極老母説她能弁到、但要姑父答応自己三個条件：一由治世老君和她同去；二水患治理之後由她当家；三借姑父的劈天斧一用。姑父答応了無極老母的条件、果然無極老母順利的治理好了地球上的水患、并使天球和地球分離。按照約定、無極老母開始管理地球。由于地球上原来的樹木林草已経毀壊、無極老母就派她的大児子牟尼来造樹木林草。我們現在唱経焼香就是為了銘記牟尼的恩情。後来無極老母和治世老君又造出了

人類、動物、還命神農氏造出五穀、幷讓自己的二儿子宝僧教人類学会了使用火。後世的人們因此尊宝僧為火神爺。多年以後、人們習慣了終日無所事事。無極老母看到人們忘了根本、就派她的三個儿子牟尼、宝僧、弥勒和三個女儿秋云、秋連、秋香去渡化人類、寻找北天。…（略）…後来、無生老母又派弥勒拿着宮文和秋連開始渡人、這一次弥勒投胎在孟津的柳溝姓陳家。…（略）…到了清朝的時候、無生老母又投到孟津的姓韓家做了窮人。她在社会上教育人都要弁好事、行善。孟県的県長是個孝子、他娘有病了怎么都看不好。県長没弁法去找無生老母給他看病。県長看見一個穿的破爛的老婆正在屋里紡棉花、他对老太太説："我娘病了想讓你去看看。"老婆説："你先回去吧、我一会就到。県長先走了、還没到家的時候、無生已経到了。她給県長的娘看了之後給了一丸薬、県長的娘一喫很快就好了。我們現在敬神拝的薬都是従那時留伝下来的。県長為了感謝無生老母盖了一座廟来供奉她。無生老母的女儿秋連投成了她的重孫、把人組織起来叫做長秋会。也把無生老母称做老奶奶。她的規矩也是従那時開始興盛起来的。（『王屋山地区的民間香会組織研究』、10～12頁）

(39) 一份「合同号」則要焼掉来告訴無生老母死者是門人、讓無生老母来对号。如果弟子家人愿意接替、也要用紅布写「合同号」這是讓無生老母認同弟子身份的凭証。人去世的「合同号」如：一支同、二支合同全家合同保家因、無生老祖朱対号、一字真心腹内伝。一支合支合、二支合、三支合同、三関口上掛上号、四十八家仏家道、鉄嘴鋼牙魔王口、闖過魔王好過関、太行山上黄帝廟、黄帝廟内合同号、年深月久不計年、合同宝号在身辺、老祖領我過五関。天壇山上黄花開、老祖本是坐蓮台。　総宮院××宮　分宮院××宮　××省××市××乡××村　老師××　引進師××　弟子××（『王屋山地区的民間香会組織研究』、30頁）

(40) 関于普明的崇拝、也似乎完成了其"地方性"的遷移：黄天道的教祖、伝説為膳房堡"許家的女婿"。他原本的妻子、那位出色的宗教家王氏、也被模糊称作"普明奶奶"、他那些女性後裔的道統継承者、也模糊了次序、被改称為"米姑姑"、"面姑姑"、"糠姑姑"。…（略）…廟帰十八村、而管理廟産的、却是延請来的和尚、門氏兄弟就是因在張北獅子村経営黄経堂出名、被延請来寺協理廟務。拠許献策回憶、"当時廟里有大和尚、二和尚、還有長工、有管焼香的、炊事員、有管牲畜的、打籽的。還有很多香火地、本地和口外的都有。"十八村寺主掌廟的時期、黄天道顕然已不再是什么"新興教派"了、関于普明的伝説也似乎越来越走進遥远的歴史、很多村里人以為他是一個修道成真的和尚。（「膳房堡歴史上的宗姓与村廟：華北農村田野調査手記」、『中華読書報・文化周刊』第195期、2013年、13頁）

(41) 嘉慶中、林清、李文成等以八卦教倡乱、既誅、而汲県潞州屯墳塔猶祀其神曰「無生老母」、習教者猶衆。御史黃爵滋 以為言、命桂良察治、毀其墳廟、廉得河南境内無生廟三十九所、並毀之；地方官失察、譴黜有差。

(42) 『清史稿』で「八卦教」と言っているのは、天理教が八卦教に由来するためである。無論、同名の日本の宗教団体とは関係がない。

(43) 荘吉発『真空家郷・清代民間秘密宗教史研究』、文史哲出版社、2002年、436頁。

(44) 潞州屯廟宇、創自前期、由来已久、廟門扁額、原係三蔵庵、因廟内第四進供奉女像、相伝呼為無生老母、亦有称此為老母廟者、毎年正月初八日、附近郷人、来廟焼香、間或携帯鑼鼓、此往彼来、不過晌午倶散、従未見有作会誦経、夜聚暁散之事、其廟墳塋、伝聞係已故僧人墳墓、歴年以来、並無祭掃之人。(台北故宮博物院所蔵『奏摺檔』「道光一八年一〇月河南巡撫桂良奏摺」、『真空家郷・清代民間秘密宗教史研究』、438頁)

(45) 『真空家郷・清代民間秘密宗教史研究』、438頁。

(46) 王圻・王思義「王屋山」、李濂「游王屋山記」、何瑭「王屋山天壇玉皇廟記」、都穆「游王屋山記」、唐樞「游王屋山録」など。いずれも『済源市志1990〜2000』(中州古籍出版社、2011年)、下巻1082〜1087頁に収録。

(47) 前稿では地理的に近い汲県の無生老母信仰の残党がやってきた可能性も検討したが、本稿で検討してきた内容からすると成立しがたいものとなる。

(48) 此後、日照庵的主神変成両個：大老母(泰山老母碧霞元君)和小老母(無生老母)。両個老母在同一所庵堂幷立為主神、而且無生老母在某些方面比碧霞元君更風光、甚至連大沢山的廟会期的高潮都従是碧霞元君誕辰三月十八改至三月二十六無生老母誕辰。這是個信仰方面的巨変。(任双霞「清末泰山信仰在海岱間的伝俌——以青山碧霞宮与大沢山日照庵為中心」、『泰山学院学報』2010年第5期)

(49) 車錫倫『民間信仰与民間文学』、博揚文化、2007年、363頁。

江西西山への巡礼
―― 地域ネットワークの中心

イザベル・アン Isabell ANG（洪怡沙）
（趙婧雯訳）

　玉隆万寿宮（以後、万寿宮）は、江西の主神である許遜（字は敬之、239～336/374?）信仰の巡礼の中心とされる。この巨大な道観は新建県の市場の町である西山鎮にあり、鎮は江西省の省都である南昌の南西方向約30キロメートルの所に位置する。毎年、数万人もの信徒が万寿宮に集まり、ほぼ一ヶ月もの間、許遜の天界への昇天をお祝いする。この信仰は地域社会の活動組織に支持され、また強化されながら、農村、都市を問わず、万寿宮を中心として何世紀にもわたって発展しつづけた。巡礼する者たちの流れは、この聖地のまわりの神の領域の輪郭線を形成し、巡礼はその宗教集団に対する信者の帰属意識を強化しつづけた。

　本稿は、まず簡単に信仰と巡礼の歴史を概括したうえで、現在、一年を通して許遜信仰が活発な村―游家村での経験に焦点をあてる。游家村は豊城市から約5キロメートルのところに位置し、南昌の南方向の60キロメートルぐらいのところにある。この村は西山巡礼に参加している何百もの村々のうちの一つである。これらの村々の巡礼者たちは、少なくとも清朝の末期から、「会」と呼ばれる西山信仰の組織を創設し、参加した。私たちの見るかぎり、許遜の信仰に特化したこの「会」の儀式としての活動は、それぞれの村の多くの「会」の内部や相互の結束、団結力、道徳観を強固にすることに役立った。このようにして「会」とそのメンバーたちは、今に至るまで、かれらの伝統力を強化することができたのである。

1. 西山巡礼

儀式と道観の簡史

　初期の伝記の原文では、許遜は医者、鬼遣（おにやらい）、伏龍者および孝道の模範として尊敬されていたことを明らかにしている。伝記によると、許遜は若い頃、鄱陽湖あたりの聖人である呉猛（？～374?）の弟子となった。呉猛は医者および蛇と龍を操る者として知られていた。つまり、かれは大蛇を殺す能力を持っており、また洪水を引き起こす龍を制御することができたのである。二人はある日、孝道に精通しているという伝説をもつ諶母に出会い、彼女の教えを受けた。彼女は許遜を跡継ぎに選び、呉猛が許遜の弟子になった。のちに許遜は長い間、旌陽の県令をつとめたが、かれは誠実であり、人々の福利を気にかけ、また治療家としての腕前があるということで、高く評価され役人の模範とされた。かれが西山にもどったとき、洪水をおこす龍を手懐けることができる能力で人に知られた。伝説によると、3世紀のある8月15日、かれは万寿宮の境内から一族に見守られて昇天した。

　東晋時代（317～420）の初期、許遜が神格化されてよりまもなく、かれの旧居のあった所に、地域の聖人としての信仰の目印のために、許仙祠が建てられた。その後、その祠は道観に昇格し、空を飛ぶカーテンという意味の游帷観に改名した。名の由来は許遜が師である諶母にささげた帷（とばり）に関わる。伝説によればこの帷は、許遜の住居に戻る前に、松湖に舞い降りたが、松湖は諶母の道観、黄堂宮の境内にあり、西山の東南方向20キロメートルに位置している。これらの信仰の高まりは7世紀の初頭、游帷観が廃墟となるまで続いた。その後、この道観は初唐（618～907）を画した高宗皇帝の永淳年間（682～683）の統治の間に復元された。683年、道士の胡恵超（？～703）が道観を改築し、許遜を鼻祖とした孝道を復興させた。13世紀の末期まで、この教団は忠と孝の浄（きよ）らかで明るい道（浄明忠孝道）という名のもとで発展しつづけた。

宋（960〜1279）代に許遜信仰の教団はさらに拡大し、道観も大きくなった。1010年、游帷観は宮に昇格し、翡翠（玉）の繁栄（興隆）の宮殿という名の玉隆宮に改称した。1116年、宋の徽宗（1100〜1125）は、それに玉隆万寿宮という新しい名を授け、扁額に宸筆で題した。同時に徽宗は許遜に神功妙済真君（神のような功績と神妙な救済をおこなう真正の君主）の称号を与えて、かれの歴史的そして宗教的な意義を允可した。その時までに道観には、六つの大殿、五つの閣、十二の小殿、七つの塔、七つの門と三つの回廊を備えていた。

それ以後、万寿宮は周期的に破壊と再建をくりかえした。金代（1115〜1234）、金（女真族）軍が南昌を占領していた時に万寿宮は破壊された。明（1368〜1644）代の1582年から1584年の間に、道観は完全に再建された。1737年、道観の境域は拡大し、これを記念した石碑に刻まれている行事は今もまだそこで行われている。太平天国時期（1850〜1864）、道観は再び破壊され、1867年に再建されて、第二次日中戦争（1931〜1945）の時にまた半壊した。1952年から1960年の間、江西省政府は道観の修復のために頻繁に資金援助をしたが、建物は1960年代と1970年代の文化大革命の間に、すべて破壊された。1983年、新建県政府は万寿宮を観光スポットにし、それから8年間、殿とそれに付随する建築物の修復のために、絶え間なく資金を供給すると宣言した。今、万寿宮には八ヶ所の大殿と、要人を歓迎するための小殿、信者用の殿をふくむ二階建ての建物、道観が数年前に購入した食堂と道教関係者用の事務室をふくむ四階建ての建物がある。

巡礼の起源と発展

今日まで巡礼の歴史に関する詳細な記録はない。巡礼の起源は、いまだ明らかになっていない。しかし儀式に関してわずかな文献だけが、さまざまな宗教および歴史文書に言及している。唐代より地元や遠方からの信者たちが游帷観に集まり、許遜の昇天を祝い、道士を招いて儀式を遂行した。すでにそのとき、「西山の祭祀は大規模な宗教組織のアピール」であった。13世紀

の初頭、白玉蟾（1194〜1229?）は許遜信仰に関するいくつかの重要な行事に言及した。白玉蟾の記載によれば、聖人の生誕をお祝いするため、地域のたくさんの人々がこの道観に集まる。村人たちのなかで、あるものたちは醮の儀式を行い、またあるものたちは神輿を担いで聖人を尊崇し、さらにあるものたちは祈年と厄除けのために道観のまわりを「数十里」も巡り歩いた。そして白玉蟾は夏の最後の一ヶ月に行われる「割瓜」と呼ばれる、もう一つの儀式について描写している。儀式の一部分として、大集団の長であり、社神の祭主である社首は、許遜を祭る正殿の前に瓜を献げて、そのときの聖人に知らせ、かれらがいつ聖人をかれらの地域に招こうとするのかを告げる。それから、その後の二ヶ月間、人々は太鼓の楽団、揚げられた旗、香、花とともに道観に参詣する。かれらは許遜の六つの像のうちの四つ（道観から持ち出すことができるもの）をもって、かれら自身の地域へと行列をなしながら、もっていく——おそらく、もどる——のである。かれらは「洪」と「瑞」（現在の南昌と高安市）という、周囲にある二つの「境」の81の地域からやってくるといわれている。そのあと、かれらはともに許遜の道観に行き、そこで「醮」の儀式が行なわれる。

　もう一つ重要な儀式が、白玉蟾の文献の中に記されているが、8月1日からはじまり、2ヶ月間つづく。この時期、何千人もの信者たちが、地域をこえ、旗を揚げながら、許遜を祭るために道観に集まってきたが、そのことにより、商人、茶坊、屋台が入りこむことになった。この行事が許遜の昇天と関係があるかどうかについては、白玉蟾ははっきりと記していないが、かれが描いたようすは現在の巡礼活動に似ている。

　白玉蟾はまた「尊崇をこめて南を訪れる（南朝＝南に朝う）」とよばれる信仰活動に言及した。8月初めに行われるこの活動は、許遜の師、諶母の道観である黄堂宮に参詣することにある。

　白玉蟾はただ「不死へのエスコートである（仙仗）」を描いただけである。この活動の具体的な記録は19世紀末からの日付のある『南朝紀事』に見られる。この書物によれば、「尊崇をこめて南を訪れる」は8月3日から始ま

り、そのとき、村人たちは許遜の像を持って黄堂宮に行進する。

『南朝記事』には「同社首事者，惟金田、泉珠十五姓輪行之，約三年一挙。迄明万暦間，社析為二：金田上下十姓為東社；泉珠左右五姓為西社，輪行屓蹕」と記されていた。

現在、「南朝」の儀式は続いていないが、黄堂宮は現代の参拝者が巡礼で訪れる最初の聖なる目的地である。

明朝の巡礼は更に発展して、新たな段階に入った。1583年の日付のある資料である『万寿宮通志』に記録されている。この資料によると、村人の長である「党正」たちは、聖人の誕生をお祝いするために、万寿宮を復元しようと、南昌の知事の認可を請願した。請願書では、党正は許遜の忠誠およびかれが江西省の人々に繁栄と福を与えることを強調した。知事は請求を許可し、復興の計画に数百両の銀を与えた。道士と会首が、敬虔な一般のまた位の高い信者から資金を集めることを知事が許可した記録があった。注意すべきことは、この記録から道士と会首の密接な連携がわかるのである。会首とは一体、どのような人物であったのだろう。資料では詳細はわからないが、かれらはおそらく地域の許遜信仰組織のリーダーたちだろう。

これらの資料はすべて、ごく初期の大規模な行事である西山への巡礼の機構とみなされる地域的な組織のリーダーの重要性を指摘している。私は当時のこれらのリーダーである社首および会首の役割は、現代の「香りの筆頭（頭香　以下参照）」に似ていると示唆したい。

もう一つのはっきりした特徴は、聖人の許遜が自分たちの地域を巡視するという訪問で、これは洪と瑞からなる81の地域のそれぞれの地方の共同体を満足させている。

今日、正殿には許遜の像が二つある。小さい方は行進に連れていくことができるが、この種の行事は今はもう許されていない。後文では、今日ではいかにして聖人の領地に境界が引かれたかをみることができる。

『南朝紀事』（前掲参照）の語り手は、少年のころ「南朝」に4回も参加したと言い、最後に「由晋迄今千五百歳，乃人之従奉許公者千載如一日、万姓

如一人」と述べた。つまり許遜の信者にとって、千載は一日の如く、万姓は一人の如し、なのである。

この文章は万寿宮の巡礼が信者にとってどのような意味をもっているかをみごとに明らかにしている。儀式の細かいところは時とともに変化したけれども、地域の団体の組織はつづいて残ってきた。これらの幸運によって、幾千の信者たちが、ぞろぞろとまるで一つの身体であるかのようにみえる西山の巡礼に参加できたのである。

現代の巡礼

1980年代の改革開放から、玉隆万寿宮はますます多くの信者をひきよせるようになった。万寿宮への巡礼は旧暦の7月中旬からはじまり、旧暦の9月のはじめまでである。もっとも忙しい期間は、「高潮」として知られているが、旧暦の7月20日から8月1日までのあいだである。8月1日は、許遜が玉皇大帝に召されて昇天した日である。前日の夕方から当日の朝まで、道観は最も大勢の信者たちの群衆を迎える。20日に、許遜の殿である賢者の殿とよばれる「高明殿」の門は撤去される。これは人々が万寿宮の中で宿泊できるというサインでもある。許遜の像の周りは鉄柵で囲まれる。それは信者の流れが供物を神像の足もとに置かないようにするものである。

万寿宮につくと、巡礼者たちはみな、日夜、たえまない流れをつくりながら、同じ巡行コースにそって参拝するのである。まずかれらは許遜殿の前で焼香し、それから7ヶ所の殿、関帝殿、(三名の役人の)三官殿、諶母殿、(三名の純粋な神である)三清殿、(許遜の)夫人殿、(玉の皇帝である)玉皇殿、財神殿をめぐる。かれらはそれぞれの神の前で祈り、それぞれの香炉で焼香し、万寿宮の入口の前にある巨大な金炉で紙銭を燃やし、そして数多の賽銭箱に金を入れる。一方、かれらの楽団が演奏し続け、それぞれの殿の前で爆竹を鳴らす。

それから許遜の殿にもどる。その後、その他の人たちが道観やその周囲で数時間を過ごしている間、その場をはなれていくグループもある。

玉隆万寿宮で一夜を過ごすのは信者にとって非常に楽しい時間である。許遜の万寿宮が、新年を迎えるにあたり、かれらは夜をどのようにして守るかを知っているので、リラックスしている。かれらは神に献げる音楽会と劇に参加し、踊って、歌って、そして皆や神と過ごした貴重な時間を本当に楽しむのである。おもに女性である巫女（神漢と相生）は人前でトランス状態に陥り、人々はかれらの周りに集まり、からかったり、笑ったりしながら許遜や他の神々に問うが、許遜たちは巫女の声を通じて大声で答えるのである。
　これらの人たちが道観の同じ巡行コースにしたがって、同じ情熱をもって同じ身振り手振りをするのを見ると、かりにかれらに言葉などによる伝達がなくとも、それぞれがお互いに心を通いあわせることができているようにみえた。

巡回に参加する信者の団体
　祭祀に参加するさまざまな種類の巡礼のグループは、本籍、血縁関係および、それらの大きさで何種類かにわけられる。何百人もいるグループもあれば、10名そこそこのグループもある。私がみたあるグループは千名を超えていた。巡礼グループの特性や構成から分析すると、三種類に区別することができる。巡礼のグループの第一のタイプは家族や友人の少人数からなり、かれらの大半は南昌や近隣の県からやってきて、道観ではあまり時間をかけない。それらの小さなグループのいくつかには高級官員とその妻子たちで組織されたものもあり、かれらはピークの前にピカピカのリムジンでやってくる。
　第二のタイプは江西省の市や県、たとえば豊城、樟樹、贛州、高安、安義、宜春、鄱陽など、あるいは他の省から参加する道観組織である。1987年の紀年のある石碑には巡礼に参加したことのある15の省の人々の名前が載せられている。名簿には近くの省、たとえば福建、浙江、湖北、湖南、広西だけでなく、遠くの省、たとえば河北、広東、貴州も含まれている。このような道観の団体は、しばしば信者の組織のために儀式を行う道士あるいは

仏教の僧侶に連れられて到着する。

　巡礼グループの第三のタイプは豊城市の農民で組織されている。それぞれのグループはすべて特有の旗と木製の龍をもっているため、私はかれらを「龍会」と称している。1994年、私がはじめて巡礼に参加した時、「龍会」のほとんどは、小作農の巡礼で構成されていた。しかし、その後の数十年間、「龍会」の構成は変化し、農民たちの多くは、近くの町や他の省で農業をするようになった。今も村に住んでいる人々は組織の巡礼や儀式に参加している。遠いところで働いている人たちは今も組織の一員だが、新年を祝う時に戻るだけである。

「龍会」

　道観には2007年から2009年までの詳細な記録があり、「龍会」の一部として万寿宮に参詣した巡礼の資料を備えている。この二年間、玉隆万寿宮の道士は事務室で登録させるためにかれらに尋ねた。かれは来年からの会の到着を公平に区分しやすくするために、会の名前、住所、到着の日にち、参加した人数、リーダーの住所と電話番号を書きとめた。この過程で、かれは249組、合計1万7771人の構成員を記録した。これらの記録に2009年以降のものはないが、我々は現存の資料を通して、聖人の領地に対して、全体的な洞察を分析することができる。同じ道士はまた2009年には、500から600組、(4万から5万人) の信者が巡礼に参加した、と私に告げた。

　これらの資料により、これらのグループの大半は、江西省北部の農村から来たことがわかる。かれらの大半は豊城市からきている。あるいは樟樹市の大きなグループ、または鄱陽湖地域からきたかなり大きなグループである。これらのグループは共通点をもっている。かれらは贛江に沿っているか近くであり、広くはりめぐらされた水路のネットワークにつながっている贛江の水域に位置している。

　「龍会」は通常、村の男女の年長者、龍を挙げる人もしくは頭香 (先頭で香を捧げる人)、旗 (旗の先頭に、会の名前がみえ、上から下に「万寿進香」の四文字

がある。それは長寿をねがい万寿宮に香を献げる、という意味である)、神像（許遜、時には自身の村の神々）を担ぐ人、赤い旗を挙げる人、伝統的な音楽家たちの楽団（銅鑼、鼓、鐃鈸、嗩吶、二胡、笛）、時には女たちが構成した金管楽器や鼓の楽団、そして一般的な信者を含んでいる。人々はみな、「万寿進香」と書かれた赤または黄の兜肚をつけている。女たちはしばしば髪に、許遜自ら植えたとされる、許遜殿の前にある巨大な 1680 年の樹齢を持つ柏の枝を飾る。

　「龍会」は、たいてい万寿宮で何時間も過ごす。2012 年、私がある会についていったとき、私たちは午後 2 時に到着し、14 時間後にやっとそこを離れた。信者たちは大量の香、紙銭、爆竹、ばかでかい蠟燭、その他、および油・果物・タバコなどの供物をもっていく。万寿宮に巡行するやいなや、かれらは自分たちの龍を高く挙げて、横断幕とかれらの神像を神の足元に置いた。そして、身の回りのものを壁に沿って置き、外に出て晩ご飯を食べる。そして道観で夜を過ごすためにもどってくる。許遜の殿に場所が足りなかったら、他の殿に行く。かれらの話によると、万寿宮で長い時間を過ごすほど、より多くの利益を得られるという。

玉隆万寿宮の壁額

　巡礼に参加する会は、かれらの宗教的そして社会的伝統を代々伝えてきたが、私たちが自由に使える資料は 20 世紀の初期までしか遡れない。400 個を超える石の壁額が万寿宮にある 8 箇所の殿の外壁に飾られている。最も古いものは 1908 年のもので、もっとも新しいのは 2010 年のものである。もっとも古い壁額には団体（以後、会と称す）の名前しか書いていないが、平均すると、一つの石板には 132（33 列 4 行）の名前が書かれている。一方、最近の壁額には寄付した人の名前を目立つようにしている。全部の壁額に、寄付した人がどの会に属するかと、寄付の金額が書かれている。注目すべきは、道士によって記された 2007 年から 2009 年の記録に、壁額にみえる、たくさんの会の名前を見ることができる点である。

これらの記録によって、それらの会は、前の世紀には宗教の信者と活動を迫害する事件が絶えなかったかにもかかわらず、少なくとも20世紀の初頭にすでに存在していたことが証明できる。壁額には、村で作られた会の名とは別に、経済的な観点とそれと同じくらい政治的な観点からの、プロの会社であり、強力なギルドである会の名前も含まれている。乾隆（1736～1796）時代から、強力な商人と数多くのギルドが玉隆万寿宮の拡張と継続的な修復に活躍していた。これらのギルドは、まったく独自の方法で商売をし、地元の信者団体と広範囲につながっていた。「開帮会」と称する商人たちの協会の本拠地は豊城市にあった。このギルドは西山への巡礼も組織している近くの信仰の会を統一した。ギルドはそれぞれの会が西山に到着する時間帯を調整し、万寿宮の治安の維持の管理をまかせていた。1949年からギルドは禁止された。しかし信仰の会は、まだ存在し、活発に活動している。私の行っている游家村についての研究（後述）が、この事実の成因を理解することに役立つと思う。

万寿宮の現代の管理

　万寿宮への巡礼は1984年の復活から、着実に人気が増してきた。復元プロジェクトが始まってから、多くの人が寄付し、かれらの名前が石に刻みこまれた。道観の修復と再開放の公表は、新聞はもちろんのこと、メディアやテレビによってなされた。1990年代から2011年までの間、道観の管理者はすべて南昌の政府で役人を勤めてきた共産党員であり、道観を管理するために西山に派遣された者たちであった。2011年、道士が新たな管理者となった。すなわち、道士が万寿宮の代表となっているのは、西山の道士が外国に招かれるのと同じぐらい、とくに西山で重要な催し（たとえば外国の道教徒の代表団の訪問などの儀式）があるときには重要である、ということなのである。道士が管理者になったのは、宗教政策の変化および道教が中国の伝統と文化の基本的な要素として認識されることを援助している中国の正式な道教協会の努力とも明白に関連している。

約20人の道士が道観に所属している。道士たちは村の会と宗族の宗教的な集まりのために儀式を主催する。この中の数人がまた道観を経営する。かれらは許遜を鼻祖とする浄明道派に属する。かれらは道観に住まず、結婚もできる。道士たちのあるものは会のリーダーと関係を保っている。かれらは時々、会のリーダーを訪ね、万寿宮に参詣することを勧める。

万寿宮の名声

万寿宮は積極的な宗教復興の原動力である。この復興は当地と省の政府から道徳的にまた精神的に激励された。つまり宗教活動が合法化されたということである。巡礼者からもたらされる莫大な寄付金のほとんどを受けとるができ、それは非常にありがたいものである。このお金の一部分で万寿宮を修繕し、その荘厳さはいや増しに増した。寄付などを募ることは、1年を通して行われ、とりわけ贈り物や儀式の作法、小さな装飾品が売買される巡礼の時期は、非常に重要な活動である。道観の管理者は、雑役をする人たち（道士を除いて約20人いる）に払ったり、道観の維持と修復に用いる金銭を管理する。管理者の役割は、南昌や新建県の政府、宗教の事務局、警察署と友好な関係を維持することにもある。

道観が何世紀にもわたって人気を博していたという名声こそが、くり返し破壊される期間があったにもかかわらず、また修復されるということの本質的な要素なのである。強力な神であり、同時に鬼遣、医者、洪水の神、および孔子の価値観に影響を受けた道教学派の鼻祖の崇拝の場所として、ここは健康、治療、商売繁盛、豊作をそれぞれ祈る、または会のメンバーの夢を叶えるように祈る重要な場所である。唐代以来、道観は皇帝に允可されている。当時、勢力のあった道教徒の努力、そして現代の道教徒による近隣の会や組織の人々への儀式の提供の結果、この道観は魅力を増した。最後に遅くとも明代以来、道観は信仰もしくは貿易の重要なネットワークの中心であり、数千の村と道教協会をふくむ「神の領域」の拡大を促進した。それこそが我々が後文にみえる、信者団体がこの復興を通して生き返る方法を検証す

る際の、地域の生命力の強さのポイントである。

2．游家村

游家村の信者

　游家村の村人たちの経験は、巡礼が信者の生活の中で行われる重要性を証明する手助けになる。

　私は1994年の巡礼中にこの村の人々に会った。かれらは印象的な横断幕と龍をもった数百人の老若男女たちだった。かれらは密集した群衆の中を、許遜の殿に駆け上がるように階段を上がった。かれらに招待されたとき、私はほんの少しもためらわなかった。しかし、これらの最初の非常に強い印象よりも、いくつかの「龍会」があったことが、この村を選んだ理由である。游家村は豊城市地域の最も大きい村の一つであり、市街から5キロメートル離れているが、かれらがいうところの「第一の村」である。村は贛江の右岸にある。かつて贛江は堂々とした大河であった。今日では、かつての幅の十分の一に減ってしまった。唯一の長所は洪水が少なくなったことである。ほぼ反対の対岸には、緑におおわれた剣の邑の万寿宮（剣邑万寿宮）がみえる。伝統的な住宅のいくつかは百年前に建てられており、そのほかはもっと新しく1970年から1980年の間に建てられているが、しだいに現代的な建築に囲まれるようになった。

　1987年に復刻された堂々とした家譜（36巻もの厚さがある）によると、游氏の一族は6000人以上おり、1485年からここに住みついている。それぞれ36世代にわたって連綿と続いている。游氏一族は現在13房（支族）で構成されている。游氏は、村の南大門にある新築の巨大な先祖の寺（祠堂）に先祖を祭る。その建築費用は5～800万元に及んだ。地方政府はその事業に融資することに合意し、村の男たちはみな寄付する義務があった。地元の神々と許遜を祭る道観は、贛江の岸に沿った村の東側に位置している。

　1990年代まで、村人たちのおもな仕事は農業、漁業と川に沿っての荷物

の運搬であった。いまは仕事として土地を耕す農民はほとんどおらず、村民は「年寄りだけが、まだ土地を耕やしている」と言っている。しかし、実際は村人はみな多かれ少なかれ、自分で食べるものをつくるためのわずかな土地をもっている。漁船の数は激減した。川に沿っての運搬は川底で砂を採掘することと関わり、村で働いている男たちのおもな仕事となっている。男たち（300 から 400 人）の多くは出稼ぎに行き、とりわけ広東省や海南島で衣類の行商をする。しかし、かれらは、ふつう三世代の家族が住むことのできる数階建ての家を建てるために游家村にもどってくる。村の発展は、この 20 年に満たない期間の変化によってはっきりとわかる、ということに気づく。

游家村の「龍会」

　游氏の一族には五つの龍会がある。原則として各家族（戸）の最年長の男性が戸の代表者で、会への参加はかれの選択で決められる。女性は入会を認められていない。村の約 90％の戸は会に属している。それぞれの会は、その会のチーフである会長によって指導されるが、香のチーフでもある「頭香」とも呼ばれ、年ごとに交代する。

　会を構成している戸は、それぞれのチーム（班）に分散している。会の記録簿（会譜）には戸の代表者の名が記録され、交替で頭香になる班によって一覧表にされた。たとえば、もし会がそれぞれ 24 戸を含む二つの班を持つならば、会長が回ってくるのに 48 年間かかることになる。戸の代表者が亡くなったときは年長の息子が跡を引き継ぐ。

　それぞれの会で各チーム（班）は、会長の家で開かれる儀式と宴会の準備を、まわりもちで任される。会長がリーダーシップをとる間、その家は祭壇の上に像と龍を置く許遜の像の家になる。会長は神に香とさまざまな供物を供える責任を負う。会長は、また宴会、村の信者の世話、西山へ行くためのバスのレンタル、巡礼者たちへの食事の提供の支払いをしなければならない。班のメンバーも儀式の活動のためにちょっとした寄付をしなければならない。それぞれの会の中での規則には、会長は宗教活動の組織に責任があ

り、喧嘩をしないようになど高潔にふるまわなければならない、と定められている。そのかわり許遜は、たとえば会長を自分の息子と認めることによって、かれのよい行為に報いるだろう。その上、かれの戸のメンバーもまたこの一年間、許遜の庇護のもとにあるのである。会の長であることは、班や村の中で名誉あることだという効果をもつ。会長は、お金、責任の自覚、組織化させるための才能をもたねばならない。会長もちまわり制のおかげで、村のほとんど全ての戸は会長になりうる特権を得るが、それはたしかに経済的で社会的な刺激である。

儀式の活動の中での五つの会の順位は、それぞれの会がいつ創られたかという日付けにもとづいている。最も古いものは、永遠の平和の会という意味の游永寧会である。この会は300年以上の歴史があるとされ、104戸ある。第三の会は、永遠の至福の会という意味の游永福会だが、最も大きい会であり、5つの班で175戸ある。第四の会は、永遠の生命の会という意味の游永生会であり、おもに漁師たちで構成される。このため、ふだんは村人たちから漁師の会、「漁民会」とも呼ばれている。漁民会以外の他の会は、みなが同じ職業のメンバーからなりたっていない。

游家村の近くには、千人を超える大きな信者の団体、王氏がある。王氏は、游氏と同じ時期に、そこに住み着いたといわれている。游氏と同様に、王氏も自らの龍会である王永勝会（王氏の永遠に勝れた会）がある。いくつかの100戸以上の戸を含むこの会は4つの班に分けられ、王氏の会は村の中では六番目にランクされる。会は独自に活動をしており、游氏一族の会の活動には干渉しない。

会の年度儀式

会には一年につぎの四つの重要な行事がある。1）春の祭祀（春節）　2）玉皇の生誕　3）許遜の生誕および　4）許遜の昇天。

1）　春節

この日、会員は朝5時に起き、家でそれぞれの祖先を祀ってから会長の家に行き、許遜に敬意を表する。メンバーは香木、蠟燭、紙銭をもっていく。会長はタバコ、ビスケット、お菓子などを会員たちに提供する。これは、会長の家で行われるその年の最も重要な行事である。

2）　玉皇大帝の生誕

　玉皇大帝の誕生日は旧暦の1月9日である。村全体が、許遜を除いて、村内を神輿で運ばれる道観の神々の、年に一度の行進に参加する。行進のコースは一族の年長者によって決められる。行進の始まる前に、神々の輿は村の中心に当たる神聖な池（神塘）の前、村の四角い広場に置かれる。会にとって班の交替が行われている期間は重要な日である。游家村の五つの会は、許遜の像の移動と会長の交替をとりおこなうために、四角い広場に行く。新旧会長は、会員全員と一緒になって、他の神々の輿の後ろ一列に、許遜像が置かれるテーブルを設置する。聖なる池に面して、五つの会は左から右に年齢の順、つまり創立の年月にしたがってならぶ。会員たちが香をささげ、鉦や太鼓をたたき、そして村の神々にお辞儀する。そして会員たちは、神々の行列が村の小道を通り抜けはじめるあいだ、許遜の像、楽器を持って、かれらの会の新しい会長の家に行く。

3）　許遜の誕生日

　許遜の生誕のお祝いは1月25日の夕方からはじまるが、その食品の購入、音楽、テーブル、料理を計画するため、会長の家で準備の会議が行われる。宴会は許遜の誕生日である27日に開催されるが、会長はその経費のすべてを支払う。

　27日の朝、会の横断幕は会長の家の前に貼り付けられ、香炉と紙銭を燃やすための容器が部屋の外に置かれる。班のメンバーは許遜のための香、蠟燭、紙銭、爆竹と元宝（インゴット）を持って行く。部屋の中には、木製の龍が壁に掛けられ、宴会用のテーブルが設置されている。許遜の像は一年間

テーブルに置かれ、その間、会長は毎日焼香する責任がある。記念行事の間、村の道士は五つの游氏の会と一つの王氏の会を、最も古いものから順に訪ねる。

会長の家で「ひしゃく（斗）の崇拝」（拝斗）と呼ばれる儀式を行うが、会長は許遜の祭壇に果物、調理した豚肉と魚、ご飯、蠟燭、香などの供物を置いておく。テーブルの一隅に会の記録（会譜）を置く。会の4、5人のメンバーが儀式に同行するため、鉦や太鼓を演奏する。

この儀式は半時間続く。会長は道士の左に位置する。最も際立った儀式の行動は、道士による、会譜に書かれた班のメンバーの名の読みあげである。それぞれの名で、それぞれのメンバーの運命を知るために、かれは二つの占い用の塊(3)を地面に投げる。塊を投げるたびに、周囲の人たち（数人の女性が出席し、儀式への参加は許されているが、会のメンバーではない）は大声で吉がでるのを塊に頼むように、「Shungao シュンガオ（順高）」と言う。会のメンバーは火のついた線香を一本ずつ道士に手渡し、道士は許遜にお辞儀して班のメンバーの数と同じだけの線香を生米の入った容器に挿す。雰囲気は活発で、とてもよく、だれもがすばらしい未来を求める機会として祝賀会は行われていく。

その後、道士は他の五つの会で同じ儀式をとり行う。

それぞれの班のメンバーは許遜へのお供えをもち、会長を手助けするにとどまる。儀式がおわったあと、地域社会全体の宴会をする。

4） 許遜の昇天

7月27日から8月1日まで、会は許遜とかれの戸（42名と、犬やめんどりたち）の昇天をお祝いする。4日間は、この行事を祝うために必要とされる。

a．7月27日に行う儀式：仙人になる（安仙）。

この儀式は会のメンバーの断食（封斎）の始まりであるが、8月1日の宴会でそれは終わる。1月27日と同様に、道士は傍らの会長とともに6つの

会で儀式を行う。木製の龍を所持している会は、それを許遜の祭壇に置く。

　道士は班のメンバーの名を読みあげる。道士が去ったのち、メンバーは会長によって運ばれる龍、横断幕、許遜の小さな像を手にとる。そして村の神の殿の右側にある万寿宮という許遜の大きな木製の像がある道観に香を献げるために行く。それから、かれらは土地公に香を献げるために村を一回りする。土地公もまた村の領地を治める天界の役人である。それらのうち四つは村と贛江の間の高くなった堤防に置かれ、一つは古木の下に置かれ、そしてのこりの二つは家々のそばの田畑にある。

　この儀式の間に、それぞれの会は、神のネットワークの一部である地域に根ざしている許遜崇拝の巡礼の会としての立場を再確認する。

b．7月28日 西山への巡礼

　1996年から数年間、游家村の人々と西山の商人たちとの間の争いのため、游家村の会のメンバーは、「女、老人、子ども」を除いて、西山に行く権利を失った。数年後、万寿宮の道士が游家村の会に西山にもどる（正確には数百人が巡礼することを意味する）ように勧めたが、うまくいかなかった。

　今もなお游家村の巡礼者は、西山の玉隆万寿宮より、贛江の対岸にある剣邑万寿宮に行くことを好む。

　朝7時、女と老人たち（2012年には、7両の長距離用大型バスで約250人）は、大型バスに乗る。バスには赤い布の大きな飾り結びで飾られた手書きの幕がつけられているが、一つは「万寿進香」と書かれ、もう一つには村の名が書かれている。西山に行く途中、バスが橋をわたる時、道観のそばを通りすぎる時はいつも男が地元の神々に会が西山に向かっていることを知らせるために爆竹を外に投げる。小さな打楽器の楽隊はほとんどずっと演奏しており、それで、どの町でも游家村からくるバスの連なった列を見聞きできる。かれらは許遜の師である諶母をまつる黄堂宮を通り、それから仏教の山である夢山に行き、昼すぎぐらいに万寿宮に到着する。2時くらいに、二人の道士が手伝って、游家村の数名の村民たちが許遜像の衣服と冠を取りかえる。これ

らの豪華な衣服は巡礼者の寄付によるものである。この習慣は游家村の会によって代々、伝えられてきた。

　たとえ会のメンバーが西山に行かなくとも、游氏の数人のメンバーはこの重要な習慣を実行する。游氏は翌朝、5時に西山を離れる。

c．7月29日の剣邑万寿宮への巡礼

　道士とともに游家村の五つの会は整然と列をなし、贛江の上にかかる橋を横切る前に堤防に沿って、最古の剣の邑（むら）の［剣邑］万寿宮に行く。男たち、老人、若者、そして髪にイトスギの小枝を飾り結びした女たち、約200人がいる。会長は龍を運び、他のメンバーたちは許遜の小さな像、横断幕、大量の香、蠟燭、紙銭をはこぶ。打楽器の楽隊はかれらとともに行く。道士は許遜の殿で儀式を行い、会のメンバーの名を読みあげる間、龍たちは南面している許遜の像の左右に高く掲げられる。

　帰り道、会は村の廟に行き、最も古い会が許遜の廟に最初に入る。だれもが廟の前の大きな香炉に香を挿し、許遜の像の前で同様に香を献げる。そして、めいめい火のついている香を家にそなえるために2、3本取りもどす。それは「香を返す」回香と呼ばれ、許遜信仰の集団に全ての戸が所属していることを象徴している。

d．8月1日に行う「仙人となって別れを告げる」儀式（謝仙）

　道士は6つの会で儀式を行うが、最初にもっとも古い会を訪れる。龍は祭壇に置かれる。儀式の終わりに会のメンバーは龍と横断幕をもって「河の岸」に行く。実際には、かれらは会長の家に最も近い汀（みぎわ）を選ぶ。道士は短い儀式を行い、そのあと横断幕は巻かれ、龍は後部に運ばれ、みな会長の家に戻る。それは断食の終わりと宴会の始まりの合図である。

　年間を通じての会の儀式の活動は、共同体のつよい紐帯を強調する。それぞれの会のなかで、メンバーたちは細心の注意をもって、来たるべきイベントを企画し、準備する仕事を分担する。通常の儀式では、すべての会は誠実

に年功序列に敬意をはらう。このことは共同の宴会のあいだも強調される。

　会の利益のために行われた道教の儀式は、とくにメンバーの名を読み上げるときに、結束した信仰団体への帰属意識をつよくすることに重要な役割をはたしている。会の中での責任の交替は、儀式のもう一つの重要な側面である。

　それは経済的な刺激として働く。というのは会長は儀式と宴会の日々のために多くのお金を使わなければならないからである。そのうえ、メンバーの名すべてが会譜に載っているため、交替はメンバー全員にこの名声のある地位にあがることを可能にする。儀式の活動はまた会長に品行方正な態度を要求する。かれはメンバー全員に知られている、高い道徳の規則を年がら年中、尊重しなければならない。かれはまた会の儀式活動を順調にすすませる責任がある。

　最後に、これらの共同体は地方政治の力と一族の指導的な権威から独立して行動する自治の実際のやり方をもっている。道士は基本的な役割を行う。かれは道教信者の儀式に参加するため会長を招いて、一年間、信仰のチーフとして定着させる。しかし道士は7月27日、会長たちが許遜を崇拝するため、また村のあちこちの土地公たちに香をささげるため、村の廟に行く日には、会に参加しない。この巡行は会員たち自身の場所、かれらの領域を定めることであり、会だけに関わることである。

まとめ

　一族の村だけではなく、西山での許遜崇拝の復活に関する私たちの簡単な概観により、江西省にまだ存在する地方の共同体のネットワークの重要性がわかる。江西は許遜の領地である。万寿宮の周辺に根づいている許遜崇拝のネットワークは、万寿宮の石の壁額にみるように何十年もの間、巡礼の会のなかで実際に行われている。巡礼の間、人々が「完善［真］なる君主、許（許真君）は、我が江西［省］の幸福の君主（普天福主）である」と誇らしげ

に叫ぶのをしばしば聞く。

　私たちは豊城市区の「龍会」の、団結、道徳、相互の援助、自治権によってしっかりと組み立てられているようにみえる組織の基本的な特性と地方の団体の儀式に焦点をあてて取りあげた。かつてのギルドは姿を消したかもしれないが、会はまだ数多くある。「廟の祭り」(廟会) による巡礼の復活は、玉隆万寿宮それ自身のためだけではなく、江西省のいたるところにある他の万寿宮のため、さらに宗教的共同体の活動を再び始めた何百の村々のために、とても重要な経済的、社会的な影響があった。

　一つは主要な道観レベル、もう一つは村レベルという、二つの取り組みが宗教問題に関しての重要なコントラストとなっていることは明らかである。つねに公的な地位を享受している西山の万寿宮は、国との関わりで、指導者と同じくらい、その管理に関しても多くの変化を経験した。

　他方、経済的に大きく発展してきた游家村では、宗教問題はまったく異なる観点であらわれる。一年に規則的な変化を与え、村の力強さを増す、儀式、断食の日数、宴会の日数が変わらなかったように、異なる「宗教の行為者たち」の間の関係もほとんど変わらなかったように思われる。

　游家村では儀式に参加する人々のほとんどが年配の男女である。出席している若い人々は会長たちである。もしかれらが村の外で働いているなら、かれらは数日、休みを取らなければならないが、少なくとも道士が生きている間は引き継ぎがれていくのである。

【参考文献】

AKIZUKI Kan'ei 秋月観暎著『中国近世道教の形成：浄明道の基礎的研究』1978、東京、創文社

BOKENKAMP, Stephen R. 2008. "Lingbao." In *The Encyclopedia of Taoism*, edited by Fabrizio Pregadio, vol. I: 663-669. London: Routledge.

BOLTZ, Judith M. 2008. "Jingming dao." In *The Encyclopedia of Taoism*, edited by Fabrizio Pregadio, vol. I: 567-571. London: Routledge.

BOLTZ, Judith M. 1987. *A Survey of Taoist Literature: Tenth to Seventeenth*

Centuries. China Research Monograph 32. Berkeley: University of California, Institute of East Asian Studies.

JIN Guixin 金桂馨, Qi Fengyuan 漆逢源．『万寿宮通志』1878、現行版：南昌：江西人民出版社　2009

KONG Linghong 孔令宏 and Han Songtao 韓松濤．『江西道教史』2011、北京：中華書局

LI Pingliang 李平亮「宋至清代江西西山万寿宮象徴的転換及其意義」道教研究『宗教学研究』2012（3）: 2-3

SCHIPPER, Kristofer M. 1985. "Taoist Ritual and Local Cults of the T'ang Dynasty." In *Tantric and Taoist Studies in Honour of R. A. Stein III*, edited by Michel Strickmann, 812-834. Brussels: Peeters, Institut Belge des Hautes Etudes Chinoises, Melanges Chinois et Bouddhiques, vol. 22.

SCHIPPER, Kristofer M. and Franciscus Verellen（eds）. 2004. *The Taoist Canon: A Historical Companion to the Daozang*. Chicago: The University of Chicago Press.

SCHIPPER, Kristofer M. 2008. *La religion de la Chine: La tradition vivante*. Paris: Fayard.

Xiaodao Wu Xu er zhenjun zhuan「孝道吳許二真君伝」『道蔵』449（上海書店，1996）. *Yulong ji*『玉隆集』『修真十書』『道蔵』263.

ZHANG Wenhuan 張文煥『万寿宮』2003　北京：華夏出版社

【注】

（1）　社神の祭主である社首につきしたがう人々は、金田と泉珠から参加した15の氏族の責任者であり、かれらはそれぞれ三年ごとに交替して参加する。明の万暦年間（1573～1620）、社は二つの部分に分かれていた。「上金田」と「下金田」の十の氏族が「東社」になって、「左泉珠」と「右泉珠」の五つの氏族が「西社」になっている。かれらは交替して聖人の神輿を護送する。

（2）　晋の時代から今まで千五百年もたった。許遜の信者にとって、千載は一日の如く、万姓は一人の如し。

（3）　訳者注　ポエ（筶）のこと。赤く塗られた半月形をした二つの木の塊。

Formation of a New Daoist community in the 19th century Lingnan area: Sacred places, networks and eschatology

Ichiko Shiga

Introduction

This article investigates new local religious arenas in the Lingnan 嶺南 area, which stretches across Guangdong 廣東 and Guangxi 廣西 provinces, in the 19th century. During the late Qing, the Lingnan area saw the rise of various new religious movements, among which were the remarkable spirit-writing cult movements that I will focus on here.

In the last ten years, a large number of studies have been made on Daoism and the related popular religions from the late Qing until the modern era. One of the newest volumes, *Daoism in the Twentieth Century* (Palmer and Liu, 2012), compiled from articles written by scholars on the front line of this field, explores the interactions between Daoism and the sociopolitical transformations of the modern era. Another volume, *Transformation of Chinese local Daoism since the 19th century* (Lai ed., 2013, in Chinese) is comprised of 14 articles about different local Daoist organizations, rituals and beliefs in different regions of mainland China, Taiwan and Hong Kong from the 19th century to the present day.

Kenneth Dean is recognized as one of the pioneer scholars to give significant attention to local Daoism in modern times, ahead of the recent studies. His remarkable work, *Lord of the Three in One* (1998), is a study investigating the evolutionary process of the Sanyijiao 三一教, or the Three in One, established by Lin Zhao'en 林兆恩 in the Ming dynasty, by using various materials such as documents of inner alchemy written by Lin Zhao'en, ritual scriptures, inscriptions and ethnographic data. His study covers the period between the death of Lin Zhao'en in the 16th century and the end of the 20th century. Dean comprehensively described the dynamic process of how the Sanyijiao, which originally started as a sectarian religious movement with more emphasis on individualistic self-cultivation, gradually penetrated into village life and transformed into a part of village religion, competing and adopting different religious traditions in local society (Dean, 1998).

As Dean pointed out, the period from the end of the Qing through the beginning of the Republican times saw "the formation of new arenas for the production of truth at the local level", as a result of "the decline of state power, intensified commercialization of society, the cumulative effect of longterm local militarization, population pressure, and the decline of the large lineages and religious institutions all led by the turn of the nineteenth century (Dean, 1998: 55)." Elena Valussi's recent study on Fu Jinquan 傅金铨, an inner alchemist who was active in 19th century Jiangxi 江西 and Sichuan 四川 provinces, shows in full detail new religious phenomena occurring in local society in this period. She explicitly described the process of how a new community and networks of Daoist intellectuals were created, by focusing on the Fu's writing, printing business and his personal and professional relationships around the spirit-writing altar. She argues that Fu's case shows some typical features of the Daoist intellectual communities which developed in the Qing period, such as "widespread use of spirit-writing séances as a means to receive and produce new writings; the growing influence of Daoist immortal Lü Dongbin in these séances…; the use of printing as a means to spread alchemical knowledge; the localization of production of religious knowledge through small printing houses (Valussi, 2012: 3)".

In addition to the Jiangxi and Sichuan areas studied by Valussi, in 19th century Lingnan there appeared a variety of spirit-writing organizations, from small-scale *jitan* 乩壇 (spirit-writing altars), local religious charitable organizations called *daotang* 道堂 (Daoist halls), *fotang* 佛堂 (Buddhist halls) and *shantang* 善堂 (charitable halls), to literati-led Daoist societies or *xianguan* 仙館 or 仙觀 (houses of hermit), which were usually located on sacred mountains or at a place of scenic beauty in the suburbs. In this paper, I intend to map aforementioned spirit-writing organizations within 19th century Lingnan as a culturally and historically geographical unit. Then I will examine these groups by focusing on the "flows" of people, goods and ideas throughout this area and the "whirlpools" made from the crossing flows of human interactions, especially at sacred places of pilgrimage.[1]

The purpose of this paper is to inquire as to how these various spirit-writing organizations created a community that shared a common identity and a sense of mission amidst the unstable phases of the early modern period.

1. Overview of Daoism in the late Qing Guangdong and rise of new spirit-writing organizations

In pre-Qing Guangdong, the main Daoist temples and their priests in the prefectural city belonged to the Zhengyi (Orthodox Unity) school. After the 18th century, however, most Daoist monasteries in Guangdong began embracing the order of the Quanzhen school. For example, the Chongxu guan 沖虛觀, which had been the main center among Daoist monasteries in Mount Luofu 羅浮山 since ancient times, fell into ruin from the end of the Ming to the early Qing period. The Chongxu guan was restored by a newly appointed abbot, Du Yangdong 杜楊棟, a Quanzhen Daoist, who came to Chongxu guan from Shandong in 1698. In 1705, Ceng Yiguan 曾一貫, also a Quanzhen Daoist from Shandong 山東, visited Mount Luofu and founded a Daoist temple. In 1716, Ceng Yiguan was appointed the general abbot of five Daoist monasteries in Mount Luofu. Ceng's disciple Ke Yanggui 柯楊桂, a native of Jinjiang county 晉江縣 in Fujian, managed the Sulao guan 酥醪觀 and trained more than 100 disciples over 30 years. These disciples spread throughout Guangdong and the neighboring regions, establishing and/or managing Daoist monasteries. It is certainly fair to say that the Daoist monasteries in Guangdong were transformed into the Quanzhen order by Ceng Yiguan, Ke Yanggui and their disciples (Lai 2007: 57-78).

Besides the Daoist monasteries and their priests, another important characteristic of Daoism in Guangdong was Daoist priests who lived at home (*huoju daoshi* 火居道士) or *Na-mou-lou* 喃嘸佬 in Cantonese, who mainly earned their living by performing Daoist rituals at festivals of regional temples, individual funeral rituals and exorcisms. Some of them were formally registered as Zhengyi Daoists at Mount Longhu 龍虎山. However, whether they were registered or not, they could carry out their business, if they could perform the conventional rituals their clients desired. Many more local and indigenous religious practitioners, called *Fashi* 法師 or *Saigong* 師公, gained popularity among the common people by performing somewhat shamanistic rituals that existed somewhere between Daoism and Buddhism. For example, in Hailufeng 海陸豐, in eastern Guangdong province, the Daoist and Buddhist elements are blended in local ritual traditions (Shiga1994). In Chaozhou 潮州, next to Hailufeng, the colors of Buddhism are much stronger in the ritual traditions of *shantang* 善堂 and *nianfoshe* 念佛社 (a society for chanting sutras), because Chaozhou was influenced by the orthodox Buddhist rituals of the Kaiyuan temple 開元寺 in the provincial city of Chaozhou after the 19th century.[(2)]

Remarkably, the group that played the most important role in the Daoism of the modern Lingnan area was not only a group of professional priests, but also laymen. Some Daoist monasteries in the urban areas like the Sanyuangong 三元宮 in Guangzhou city were crowded with ordinary believers during the annual seasonal festivals. The sponsors of the Daoist rituals held by Daoist priests for the gods worshiped at the regional communal temples were usually ordinary lay people.

Not a few groups of people among the local elites, including bureaucrats, local gentry, and wealthy merchants, were interested in Daoist beliefs and practices. This group of literati Daoists, or *mudao renshi* 慕道人士 (gentlemen who adored Dao) had great influence on secular society because of their higher social status and economic power. Monica Esposito pointed out that the growth of lay organizations and lay practice were one of the characteristics of Qing Daoism (Esposito, 2000: 624). This tendency would have been more prominent in Lingnan Daoism, due to the short history of monastic Daoism and the limited social status of professional Daoist priests. It was no doubt the literati Daoist groups who contributed most significantly to the spirit-writing movements of 19th century Lingnan.

In terms of the religious traditions and genealogies, the newly emerging spirit-writing organizations were roughly divided into the following three groups. The first was comprised of Daoist sects worshipping Lüzu 呂祖 (Lü Dongbin 呂洞賓) as their Patriarch, and some of these groups identified themselves as descendants of the Longmen subsect of the Quanzhen school 全真教龍門派. The second was the sect of the Xiantiandao 先天道

(The great way of former heaven), which originated from the Xiantian lineage of the Qinglian jiao 青蓮教 (The Blue Lotus sect). The third group was composed of charitable halls called *shantang* or *nianfoshe* in Chaoshan 潮汕 area.

Although they were originally very distinct in their organizations, worship of deities, teachings, and liturgies, they and their subordinate institutions shared common features by the late 19th century. First, they devoted to the united "Three Teachings": Daoism, Confucianism, and Buddhism. Second, they were primarily "religious organizations based around spirit-writing", which means their members acted according to the divine guidance obtained through spirit-writing. Third, they performed good deeds, for instance, providing free medical services, free coffins, and editing and publishing morality books to encourage their members and ordinary believers to practice goodness. These activities were based on the idea that good deeds could erase *Jie* 劫 (a kalpa cycle or great catastrophe). Fourth, they shared the notion of eschatological salvation such as *Sanxiang Daitian Xuanhua* 三相代天宣化 (salvation by three gods on behalf of heaven). Finally, most members were neither Daoist clergy nor professional priests, but ordinary lay people with Daoist (including Buddhist) knowledge. They came mainly from the middle and upper classes.

These newly established religious organizations coexisted hierarchically and functionally with existing institutions, such as Daoist monasteries where clergy lived, and with specialists, such as local Daoist priests called *Na-mou-lou*. These organizations had mutually affective relationships, although they were sometimes competitive and in conflict. During and after the 19th century, through ever greater numbers of Cantonese, some of these new religious organizations spread abroad, forming close ties between mainland China and overseas Chinese communities. In the process of the interaction, they eventually created a new Daoist community that shared a common identity, religious ideas, and sense of responsibility for salvation.

In a previous paper (Shiga 2010), I presented an overview of these three groups of religious organizations, but here I investigate the features of spirit-writing movements in Lingnan, focusing on their locations, networks and eschatological ideas. In addition, I consider organizations' interrelationships and interactions, including their connections with overseas Chinese communities. Finally, by addressing a very popular scripture with eschatological contents produced in Lingnan, I highlight how the idea of eschatology spread rapidly throughout 19th century Lingnan area.

2. Rise of the *Xianguan* 仙館(觀) Movement

Beginning in the 19th century, literati Daoists began to assemble at places of scenic beauty in suburbs and on famous Daoist sacred mountains. They organized associations with a kind of salon atmosphere. Soon they would construct a shrine for worshipping their master deity and build accommodations for long stays. Gradually, a religious organization with definite structures, rules, regulations, sources of income, and regular religious activities was established.

These organizations were usually named *xianguan* 仙館 or 仙觀. *Xianguan* literally means "the residence or lodge of the immortals". It is also taken as an elegant name for the villas of the wealthy and literati. In this paper, *xianguan*, specifically refers to religious organizations established and operated by Daoist followers.

A simpler style of *xianguan* had already appeared by the beginning of the 19th century. One example is the Yunquan shanguan 雲泉山館 (The

Mountain Lodge of Cloud Spring), established in 1813, at the foot of Mount Baiyun 白雲山 in the suburb of Guangzhou. The Yunquan shanguan was initially designed by two famous literati, Huang Peifang 黃培芳 and Zhang Weiping 張維屛. They often visited Mount Baiyun to write and share poetry over cups of wine. They repaired the site once visited by the famous poet Su Shi 蘇軾, also known as Su Dong Po.[3] Huang Peifang and Zhang Weiping also built a shrine for worshiping Anqi Sheng 安期生, an immortal who was said to live and practice alchemy at Mount Baiyun in ancient times. Anqi Sheng's shrine was managed by Jiang Benyuan 江本源, a Quanzhen Daoist priest from the Sulao guan in Mount Luofu.[4] According to the inscription, the Yunquan shanguan was enlarged in 1817, however, it did not develop into a Daoist organization like the Yunquan xianguan referred to in the following paragraph.[5]

The earliest organized *xianguan*, in 1838, was the Yunquan xianguan (The Hermitage of Cloud Spring) 雲泉仙館 at Mount Xiqiao 西樵山 in Nanhai county 南海縣. The Yunquan xianguan had been constructed under a proposal by the retired bureaucrat Deng Shixian 鄧士憲 (1771-1839, his pseudonym title is Jiantang 鑒堂), who successively held positions in the prefects of Yunnan and Guizhou, as a lecturer of both the academies of Yangcheng 羊城 and Yuehua 越華. After retiring from all official positions, he returned to his native home, Xiqiao Shatou village 西樵沙頭堡 of Nanhai county.[6] After a long absence, he visited the Baiyundong 白雲洞 (The White Cloud Cave) at Mount Xiqiao, which once flourished as an academic center, and realized that it was falling into ruins. Deng was so grieved that he advocated reviving academies and shrines in the Baiyundong by inviting Daoists there.[7]

An inscription titled "Construction of Yunquan Xianguan" 鼎建雲泉仙館碑 written by Feng Zanxun 馮贊勳 in 1860 describes the development of

100

the Yuanquan Xianguan as follows.

> In the eighteenth year of Daoguang 道光 (1838), Governor Deng Jiantang generously proposed the restoration (of the Baiyundong), however he passed away before the construction was completed. Li Wenchuan 李文川 and his friends succeeded Deng. They restored the Academy of Sanhu 三湖書院 and built the Shrine of Gaoshi 高士祠. There is a terrace called Xiaoyaotai 逍遙台 on the right side of the shrine. Lü Chunyang 呂純陽 was worshiped on the opposite side. The Baiyundong is a place of odd beauty, especially viewed from the terrace. They changed its name to "Jiedonglou" 接東樓 (The building of Connecting the East), which means that it connects Dongying 東瀛 (Japan) far away. There is a well of longevity down in the Baiyundong. Its water is so sweet and refreshing that all illness can be cured. Once young men and women gathered here one after another, taking along pots. They all said: Most miracles have happened here! Who can perform these miracles except my master? So, they called their friends for raising the funds and discussing the details. As a result, they constructed the Yunquan Xianguan at the site where the Mountain lodge of Yunyu 蘊玉 was previously located, which was on the right side of the terrace. They set up the Zanhua Shrine 贊化宮 to worship Lüzu inside it.[8]

Local gentry, Li Wenchuan 李文川 and his friends who adored Dao, planned to raise funds for establishing a new *xianguan*. From 1847 until 1858, they constructed the Zanhua Shrine to worship Lüzu, a hall to enshrine former Daoists' spirit tablets, a guest house, and a dining hall. Thus, the Yunquan xianguan developed into a Daoist organization with established rules, regular member recruitment and regular religious activities such as spirit-writing séances, public lecturing sessions (*xuanjiang* 宣講) and annual festivals.(9)

Since ancient times, Mount Xiqiao had attracted a large number of literati and Daoists interested in alchemy. They visited and resided with its breathtaking scenery, abundant springs, and herbal medicines. The *Xiqiao Baiyundong zhi* 西樵白雲洞志 (Records of White Cloud Cave) recorded some sites related to Lü Dongbin.(10) Thus, the Lü Dongbin cults had already appeared before the establishment of the Yunquan xianguan.

Feng Zanxun, was also a devote believer of Lüzu. He was a native of Guangxi, who successively held the important positions, including a compiler of Hanlin Academy 翰林院編修 and admiral of Shaanxi and Gansu Political Science. He called Lüzu "my master" in the inscription and said, "my master teaches people filial piety, and is always saving people. A lot of people in Qingjiang river 清江 were saved thanks to my master's manifestation in 1807. As the result of an officer's petition, the title called 'Xieyuanzanhua' 燮元贊化 was granted (to my master) by the Jiaqing 嘉慶 Emperor. This granting of the title was made known throughout the state and recorded in the Record of the State Cult."(11) It follows from what has been said that the establishment of the Yunquan Xianguan was associated with the explosive popularity of the Lüzu cult among literati after being granted the title during the Jiaqing Emperor's reign (1796-1820) and the growing number of Lüzu temples all over the country.

As the table attached in the last page shows, from the late Qing to the early Republican period, many Daoist organizations called *xianguan* arose in various places in the Lingnan area. However, what were the characteristics and significance of these organizations?

First, I consider their locations. *Xianguan* were usually constructed at the scenic spots near a city or on Daoist sacred mountains known as immortal legends, especially those related to Lüzu, such as Mount Yuexiu 粵秀山 and Mount Baiyun 白雲山 in Guangzhou city, Mount Xiqiao 西樵山 in Nanhai county, Feilai Gorge 飛來峽 and Mount Huajian 花尖山 in Qingyuan county 清遠縣, the Seven Star Crags 七星巖 in Zhaoqing 肇慶, and Mount Yunlong 雲龍山 in Gaoyao county 高要縣. Most of these locations were known as the famous deities, immortals' legends and good geomancy or Fengshui Baodi 風水寶地.

Feilai Gorge in Qingyuan county, where the large *xianguan* named Feixiadong 飛霞洞 (Cave of Flying Clouds) was constructed in 1911, was the 19th site of the Seventy Two Blessed Realms (*Qi-shi er fu-di* 七十二福地). It was also said to be where two sons of the ancient emperor Xianyuan 軒轅, also called Huangdi 黃帝, lived in seclusion. The *Feixiadongzhi* 飛霞洞誌 (Records *of Feixiadong*) described the fengshui of Mount Yu 嵎山 where Feixiadong was built, stating, "Now we members built the Feixiadong in the sacred place of Mount Yu. As the record of topography esteemed, older ancestral dragon veins and younger ancestral dragon veins (*longmai* 龍脈) were lying and making a knot (*jie xue* 結穴) there, which was called 'Green dragon spits pearl (*Qinglong Tuzhu* 青龍吐珠).' …. Such a place is so innovative and miraculous. If this site is chosen to live, immortals must appear and the Buddha will be reborn. Such a place endowed with the fine spirits of the universe can produce men of talent."[12]

Li Shouyi 黎守一, a founder of the Taoyuan xianguan 桃源仙館 in Taihedong 太和洞 on Mount Huajian in Qingyuan county, was born in Shunde 順德 and moved to the city of Qingyuan. He had been interested in geomancy and Daoism since his youth. As a disciple of Lüzu, he sometimes asked Lüzu about sites of good geomancy through spirit-writing. In 1851, Lüzu descended at his sprit-writing séance, telling of a good fengshui place for self-cultivation in Taihe pit 太和坑. The next day, Li and his company went there and noticed that it was like another world (*bieyou tiandi* 別有天地). Then, Li and 27 other members raised funds and obtained the Qingyuan county magistrate's permission to establish Taihedong. In 1873, they constructed the Taoyuan xianguan to enshrine Lüzu and Wei Ruyi 魏如意.[13]

Not only Fung Zanxun and Li Shouyi but almost all members of xianguans, even disciples of Xiantiandao, were devotees of Lüzu. The Yunlong guan 雲龍觀 at Mount Yunlong 雲龍山 of Gaoyao county 高要縣, was originally a small Lüzu temple built by a village man Tan Zongxing 譚宗興. Tan earned his living by collecting herbal medicine. One day when he was walking on the mountain, he met an immortal who looked like Lüzu. To commemorate this event, he built a temple to enshrine Lüzu. Soon, as his herbal medicine gained a good reputation, the temple became increasingly popular. Consequently, Tan raised funds, and in 1873 constructed the Yunlong guan (Xie 1994: 80-82).

Next, I would like to consider the activities of the *xianguans*. In general, they gave more weight to practices such as doing good deeds and merit-making than to inner alchemy, although devotees sought places where immortals practiced it. The *xianguans*' activities were almost the same as those performed by charitable associations, spirit-writing séances, public lecturing sessions, free medical services, free coffins, and annual celebrations like the birthday of Lüzu and the Hungry Ghost festival. In addition, xianguans played roles as printing centers. The spirit-written messages revealed at séances were edited and published as morality books and scriptures. Reprinting morality books and scriptures brought from various other areas was also an important activity. The operational funds for these activities came mainly from members' donations and money offerings.

Some *xianguans*, like the Yunquan Xianguan admitted only men into membership. However, the *xianguans* of Xiantiandao were characterized by having vegetable halls for accommodating followers of both sexes who took vows of celibacy and followed a vegetarian diet. The Feixiadong in Qingyuan county, for example, received hundreds of followers during its heyday between 1920 and 1930.

It seems reasonable to say that the movement to establish *xianguans* arose out of a growing tendency to rediscover and revitalize rich religious resources and heritage sites in the Lingnan area. After the Republican period, some of the sacred sites of *xianguans* were developed into tourist spots, and some *xianguans* ran tourist companies. The Yunquan xianguan built a building called the Daiyun jingshe 戴雲精舍 for a growing number of tourists' accommodation.[14] The members of the Feixiadong established a cooperative society, "the Taoyuanju hezuoshe" 桃源居合作社, to provide such services as guides, meals and accommodation for group tours.[15]

I have no definite information about the reasons why the *xianguan* movement arose and flourished around the end of the 19th century in Lingnan. However, it cannot be denied that the *xianguan* movement was linked to the mentality and lifestyle of officials and local gentry. They not only adored living in seclusion at a place of scenic beauty in private life, but also began to pay more attention to the affairs of local society in public life, by participating in the local militia or organizing charitable activities as a result of growing social disorder caused by frequent rebellions, natural disasters, and the decline of state power during this period.

More important, newly established Daoist societies promoted their activities not in isolation, but interacted through networking. In short, a *xianguan* was a hub, where not only Daoists, but also various religious people gathered and then spread outward. New knowledge and ideas were shared by people much more rapidly than in premodern times, through people's active mobility and interactions.

3. Spread of Daoist society Networks into Southeast Asia

Another important feature of modern Lingnan Daoism was the spread of Daoist societies in Hong Kong, Macao and Nanyang 南洋 (Southeast Asia), commensurate with increased Cantonese immigration.

Among the three major groups of Daoist organizations in Guangdong, the Xiantiandao was the first to spread abroad. Aside from the lineage of the Cangxia gudong 藏霞古洞 (The Old Cave of Hidden Clouds) founded by Lin Fashan 林法善 and his followers in Qingyuan county, there were other divisions of Xiantiandao active in Guangdong. One of them, the Dongchu sect 東初派 was established by Master Dongchu 東初祖, the successor to Lin Yimi 林依秘, also called Jinzu 金祖 (the Gold Ancestor), one of the five leaders emerging after the split of the Qinglian jiao, caused by the Qing government's severe suppression. In this section, I examine the networks of the Dongchu sect and its center, the Yizhong jingshe (The Hall of Yizhong) 一中精舍, established at Chaoyuandong 朝元洞 (Cave of Chaoyuan) at Mount Luofu.

Master Dongchu (secular name: Zhang Tingfen 張廷芬, 1835-1879) was born in Huanyan county 黃岩縣 of Taizhou 台州, Zhejiang 浙江. According to [16] the *Qingzhu biaowen* 慶祝表文 [17] (1894, reprinted by Wang Yu'an, owned by the Chaoyuandong 朝元洞藏版) preserved in the Guangnan Fotang 光南佛堂 (The Guangnan Buddhist hall) in Hochiminh City, Vietnam,

> Master Dongchu was born in a noble Zhang family in Zhejiang. He had adored Dao since he was a child and then pledged to cultivate true Dao. He propagated in the east of Zhejiang at first, and then went to

the south of Fujian, Guangdong and Guangxi, for teaching and saving people in the third stage. In this way, the Great Way was clarified. Even if far and near, people could receive the benefit from rich contents of his teachings. In his middle age, he had an audience of Lin Yimi, the Gold Ancestor. He was assigned to cross the sea again and open Daoist halls in Siam to save natives in each country.(18)

In 2013, I visited a temple called Puyuantang 普元堂 at Nakhon pathom in the suburbs of Bangkok. The Puyuantang was originally a vegetable hall established by a disciple of the Dongchu sect in 1899. Many spirit tablets and pictures of disciples belonging to the Dongchu sect were still kept in the temple's backyard. This example makes it clear that Master Dongchu definitely left his footprints in Thailand by the end of the 19th centry.

In 1873, Master Dongchu and his successor Shen Xingkong 沈性空 established a hall called Yizhong jingshe at Chaoyuandong at Mount Luofu (Huang ed. 1988: 67-68). Shen was a Hakka from Dapu 大埔. Shen's missionary work could be implemented through the networks of Hakka and the Chaoshan people living overseas. Li Nanshan 李南山, another leading disciple of Master Dongchu, a native of Jieyang 揭陽, established the Tiandetang 天德堂 (The Hall of Tiande) in Singapore.(19)

There seem to be several reasons why Master Dongchu and Shen Xingkong chose Chaoyuandong on Mount Luofu as their center. At Chaoyuandong, a Buddhist temple called Nanlou 南樓寺 was founded during the Tang dynasty. It is said that Chan master Huaidi 懷迪, who translated Buddhist scriptures into Chinese, lived in the Nanlou temple and had contacts with Indian Buddhists visiting Mount Luofu. Master Dongchu and Shen seem to have realized that the history of Chaoyuandong as a global religious center was appropriate for building the Yizhong jingshe, which was expected to connect China and overseas countries.

Another possible reason was that the six earliest ancestors were all Chan Buddhist masters in the genealogy of the Xiantiandao. Master Puan 普庵, the third ancestor of Xiantiandao was said to visit Mount Luofu (Wang Chengwen 1992). For the followers of the Xiantiandao, Mount Luofu was no doubt a holy place their masters visited.

Also likely is that they wanted to follow the famous Daoists who practiced inner alchemy at Mount Luofu. The *Wuji chuanzonglu* 無極傳宗錄 edited by Shen Xingkong in 1887 stated, "Shen Xingkong constructed a hermitage in Mount Luofu and made fire in a stove for alchemy, in order to remember the achievement of Ge Hong 葛洪 and the visiting of master Bodai Daruma 達摩祖師 (Wang, Chenfa, 2009).

Chen Botao 陳伯陶, a son of Chen Minggui 陳銘珪, the author of the *Changchun daojiao yuanliu* 長春道教源流 (*History of Daoism in Changchun*) briefly mentioned the Chaoyuandong in his *Luofu zhinan* 羅浮指南 (*Guidebook for Mount Luofu*): "Chaoyuandong is in the west of the temple Huashoutai 華首台 and resided in by the vegetarians in recent years."[20]

In 1907, Ma Junsheng 馬駿聲 (1888-1951)[21] visited the Yizhong jingshe and reported in his *Luofu youji* 羅浮遊記 (*Records of travelling in mount Luofu*, 1909). "The site of Chaoyuandong was just a wilderness where a villager Mr. Yang planted tea trees. When Shen Xingkong travelled to Chaoyuandong, he was attracted by its peaceful atmosphere around. He bought the place and constructed a new hall called Yizhong jingshe. At first, there were only a few buildings for worshipping Buddha. Shen's disciple Ju Huitong 鞠會通[22] proposed to enlarge the Yizhong jingshe, and collected donations. However, he died before completing the work. After that, Ju's disciple Wang Yu'an 王裕安 carried out Ju's dying wish. ……."[23]

According to the *Qingzhu biaowen*, Wang Yu'an came from a good family in Meizhou 梅州, in the east of Guangdong. When he lived in Siam, he entered Xiantiandao guided by Master Dongchu. After that, he was engaged in missionary work in Penang, Malaya. Due to the contribution as a mediator between China and abroad, he was appointed to the position of Dinghang 頂航, the highest rank in Xiantiandao. He not only restored the Yizhong jingshe, but also established the Jiledong 極樂洞 in Hong Kong with his associate Wu Daozhang 吳道章. Wu, a native of Behai 北海, Guangxi, established the Guangnan fotang at Hochiminh city in 1920.[24]

One reason why Wang Yu'an located his base in Penang was that colonial Penang was a prosperous port city, where wealthy Chinese merchants resided. They were not reluctant to donate money for building temples. For instance, in 1891, when a large scale expansion was undertaken in the Jile temple 極樂寺 (The temple Heaven), the largest Buddhist temple in Penang, the most prominent donators included Zhang Bishi 張弼士 (1841-1916) and the brothers Zhang Yunan 張煜南 and Zhang Hongnan 張鴻南. Zhang Bishi, a Hakka from Dapu, was an extremely wealthy businessman and politician. The Zhang brothers were well known as contributors in the founding of Chaoshan Railway Company, as were Hakka from Meizhou. Later, they were devoted to the construction of the Zanhua shrine 贊化宮 for worship of Lüzu, a predecessor of the Yanshou Shantang 延壽善堂 in Shantou 汕頭.[25] Of course, Wang Yu'an expected some benefits from the networks of Hakka and Chaoshan merchants in Penang.

Currently we do not have documents on the Yizhong jingshe, so we cannot know how many followers were constantly there, who they were and what activities they regularly conducted. It is at least clear that many morality books, scriptures and precious scrolls were printed inside the Yizhong jingshe. Today, the Guangnan Fotang in Hochiminh city keeps a number of Daoist scriptures of the Chaoyuandong version, which require further study.[26] According to preliminary investigation, we can find the *Qingjing jing tu zhu* 清淨經圖註, the *Yuandao zhengyi lun* 原道正義論, the *Qiaoyang jing* 樵陽經, the *Yulu jinpan* 玉露金盤, and other scriptures. Some of them are closely related to the inner alchemy, others are morality books such as *gongguoge* 功過格 and *jiujie jing* 救劫經.

Although the Yizhong jingshe had a spirit-writing altar, we do not know whether séances were regularly held. On New Year's Day of 1890, Lüzu manifested himself at the spirit-writing altar in Yizhong Jingshe, and instructed them to build a *xianyuan* 仙院 in Macao to accept Daoist followers and save people. Receiving this message, Dai Lingshan 戴靈山 requested donations from Chinese living in San Francisco, and collected more than 500 silver yuan. One year later, the Lüzu Xianyuan 呂祖仙院 (The Daoist Institute of Immortal Lü) was established near the Ruins of St. Paul's. At the behest of master Dai, Wu Dejing 吳德靖, born in Teng county 藤縣 of Guangxi, went to Macao and became the first abbot of Lüzu Xianyuan (Yau 2002: 86-87). The inscription of the Lüzu Xianyuan shows that the Yizhong Jingshe was a hub where followers from Guangdong and Guangxi assembled to seek instruction from deities, especially from Lüzu.

4. Spread of Eschatological Thoughts into Lingnan

So far, several studies have been conducted on the diffusion of spirit-written scriptures with eschatological contents, the so-called *jiujiejing* 救劫經 (scripture of saving from the kalpa cycle), during the late imperial period.

Wang Jianchuan 王見川 indicated that the spirit-writing séances, performed in the Longnü temple 龍女寺 in Dingyuan county 定遠縣 of Sichuan in the *gengzi* 庚子 year of the *Daoguang* 道光 reign (1840), became a turning point. At that time, more than 10 spirit-writing texts such as the *Guansheng dijun mingsheng jing zhujie* 關聖帝君明聖經註解 (*Explanation of the Holy Scripture of the Imperial Lord Guandi*) had been produced through the séances, and they were all deeply embedded with ideas of salvation from jie. Wang also suggested that 1840 was the year that the salvation movement of Guandi, also known as "Guandi Feiluan Chanjiao" 關帝飛鸞闡教 began. According to that tale, Guandi seeing Yuhuang Dadi 玉皇大帝 (the Jade Emperor) punishing people for performing immoral deeds, was deeply saddened. Therefore, he pleaded with Yuhuang for mercy and permission to awaken immoral people with his teachings delivered by spirit-writing (Wang Jianchuan 2000:216-218).

Fan Chunwu 范純武 pointed out that similar tales like *Sanxiang Daitian Xuanhua* (salvation by three gods on behalf of heaven) can be found in many spirit-writing texts that had been circulated in Beijing, Sichuan and Yunnan, from the reign of Daoguang to that of Guangxu. Fan identified these new trends in the spirit-writing movement since 1840 as "the 19th century spirit-writing movement" (Fan1996:114-123).

In a recent study, Vincent Goossaert further elucidated these spirit-written scriptures with eschatological contents. He suggested that the eschatological ideas mentioned above were already present in spirit-written Wenchang 文昌 scriptures during the Song period, and had been inherited by 18th century scriptures, most of which were produced by the spirit-writing cult of official elites. He pointed out that various individual practices like self-cultivation, chanting sutras, and doing good deeds in spirit writing groups had been integrated within a coherent doctrine, during the dynamic shift in priority from individual salvation to the salvation of humanity (Goossaert 2014).

Goossaert's suggestions have something in common with the study of

Yamada Masaru 山田賢, the first Japanese scholar to focus on *jiujiejing* in late Qing. The main text analyzed by Yamada was the *Wenchang dijun jiujie baogao zhushi* 文昌帝君救劫寶誥註釋 edited by Xu Zexun 徐澤醇 in 1840. Xu was a official elite, who successively held the positions of Prefect of Chongqing and Governor-General of Sichuan. The text was said to have descended at a spirit-writing altar in Beijing, in 1801 after a heavy flood (Yamada 1998: 32-33).

The *Jiujie baogao* is one of the typical eschatological scriptures in late Qing, asserting that the black foul air produced from the evil deeds of bad people on Earth rises toward the upper sky. It gradually accumulates and coagulates in heaven. Heaven cannot stand this. Consequently, heaven reluctantly brings on *jiezhai* 劫災 (catastrophic disaster) to purify all pollution on Earth. Unlike in other eschatological scriptures, in the *Jiujie baogao*, neither Demons nor generals appear to exterminate bad people. Finally, under the order of God, Wenchang Dijun swore to enlighten people by spirit-written teachings (Yamada 1998: 33-34).

Yamada indicated the following two points as characteristic of eschatological salvation in the *Jiujie baogao*: First, *jie* is assumed to be holistic and catastrophic. It is caused by retribution; however, the sphere of influence is unlimited, meaning the accumulation from one person's bad behaviors can result in retribution toward all of humanity. On the other hand, usual retribution is exclusive to the bad actor or his/her family and descendants. Second, doing good deeds as a method of erasing *jie* is also assumed holistic. Effects of good deeds are not limited to the person or his/her family and descendants' success, such as wealth and power. If one person does good deeds and encourages others to do so, the more people do good deeds and repent their sins, the more *jie* disappear and the world is saved (Yamada 1998: 33-34). The *Jiujie baogao* says:

Once you were saved from *jie*, you should save other people from *jie* next. You should suggest doing good deeds every day and all the time. If you meet one person, you should encourage the person. If you meet 10 persons, you should encourage the 10 persons. If you encourage others, they also encourage others. In this way we encourage and try each other, consequently I will never be exposed to *jie* and others will never be exposed to *jie*, either. All the people in the world will never be exposed to *jie*, so that a *dajie* 大劫 (big catastrophe) should disappear.[27]

Yamada concluded that *jiujiejing* promulgated the discourse that even if one person's small good deeds accumulated, those deeds could save the whole world. In other words, individuals are recognized as important people, actively involved in recovering order in local society and the nation. Yamada asserted that such a discourse created a sense of "publicness" to support the establishment of local autonomy from the end of the Qing to the early Republican period (Yamada 1998: 39).

More noteworthy, the concept of "publicness" is not based on ethics in terms of Western civil society, but on a community sharing the same fate based on fairness and communality under the principles of transcendent heaven. In addition, even though the 19th century spirit-writing movement was led by the local elite, its "publicness" provided the possibility of developing it into a mass movement involving the non-elite.

Now, I would like to discuss the time period in which such eschatological ideas were disseminated into the spirit-writing cults of Lingnan. Probably, most of the spirit-written morality books and scriptures with eschatological contents edited during the 17-18th centuries had been circulated in the Lingnan area by the beginning of the 19th century. In some spirit-writing cults, short warning messages about *jie* sometimes descended. As Yau Chi-on 游子安 indicated, the members of the Congshantang 從善堂, a center of printing and spirit-writing established in Meilu 梅菉, Wuchuan county 吳川縣 of the western part of Guangdong in 1840, were conscious of the new spirit-writing movement in the Daoguan Gengzi year, which began in Sichuan (Yau 2005: 276-277). However, not until 1891 was a new eschatological scripture produced in the Lingnan area.

In fact, the first eschatological scriptures revealed in Lingnan were the *Wenchang dijun jiujie baoshengjing* 文昌帝君救劫葆生經 and the *Wudi jiujie yongmingjing* 武帝救劫永命經 (or the *Wenwu erdijing* 文武二帝經)[28]. Both descended in 1891 at the Wenwu erdigong 文武二帝宮 in Xinyi city 信宜城 in the western part of Guangdong. The *Wudi jiujie yongmingjing* was produced from night to dawn on June 23 (lunar calendar) after the ritual for Guansheng dijun 關聖帝君 finished. The *Wenchang dijun jiujie baoshengjing* was produced on June 28.[29]

The *Wenchang baoshengjing* obviously inherited the tradition of the Wenchang eschatological scriptures traced to the Song period,[30] however, it was also influenced by the new spirit-writing movement beginning in 1840:

> ……The earth was full of the wickedness of humankind. The foul air and dirty water were everywhere. Even to use up all the bamboo slips for the writing gained from Western mountain, it was still difficult to give a complete list of the crimes of humankind. Looking at the unbearable situation, Yuhuang dadi felt outraged. Deities and monsters made a detailed record. ……The flames of war raging far and wide, gunfire licked the heavens, with bones of the dead piled up like mountains and deceases and epidemics spread. At this time, I

(Wenchang dijun) felt grieved with humankind and pled persistently with Yuhuang dadi on behalf of them for not to let them be destroyed completely. For bringing salvation to humankind, I accompanied by Guandi and Lüdi (refers to Lüzu) knelt and reported to Yuhuang for seven days and seven nights. Touched by their honest compassion for humankind, Yuhuang dadi finally agreed to give humankind another chance. Yuhuang told us to wake up and enlighten humankind not minding hardship. We hope to save them from the bad road and transcend the cycle of reincarnation with them.[31]

In addition, the *Wudi jiujie yongmingjing*, descended by Guandi, contained the following sentences: "In *gengzi* year (1840), I (Guangdi) was accompanied by Wenchang and Lüdi knelt and reported to Yuhuang for seven days and seven nights. Touched by our honest compassion for humankind, Yuhuang dadi widely did humankind a big favor and ordered us to enlighten them by spirit-writing everywhere. Since then, the movement has continued for several decades."[32] Clearly therefore, the followers of the Wenwu erdigong believed that the descending of the *Wenwu erdijing* was realized as part of the salvation movement that began in the *gengzi* year of the Daoguang period.

Xinyi city, where the Erdi gong was located, was not far from Meilu, where the Congshantang was located and where the *Wenwu erdijing* was reprinted. The *Wenwu erdijing* referred not only to the activities of the Congshantang, but also to the names of morality books published at other spirit-writing altars throughout Gaozhou prefecture 高州府 and the Zhanjiang 湛江 area, in the western part of Guangdong.[33] To sum up, many spirit-writing altars including the Congshantang and the Wenwu erdi gong had already arisen in this area by the 1890s. The followers of these altars inter-

115

acted and gradually shared the same idea. In other words, the *Wenwu erdijing* was produced as a result of a half-century movement of local spirit-writing activities in this area.

The creation of the *Wenwu erdijing* was directly triggered by a plague that raged throughout the area, including Xinyi 信宜, Maoming 茂名, Shicheng 石城 and Wuchuan 吳川 from October 1890 to July 1891. The plague attacked Wuchuan city and then spread toward east. In Xinyi city and its suburbs, about a thousand people died between February and March. In Meilu, more than three thousand people died by April 19.[34] No doubt the *Wenwu erdijing* was produced in response to this pressing and urgent situation.

Being present at the séance where scriptures were directly descended by deities had much more impact for followers than merely reading of printed scriptures. Because of the highly charged atmosphere of the spirit-writing séances, audience members felt that the deities' words of warning were directly targeted them.

Shortly after the plague, the *Wenwu erdijing* began to spread to the surrounding area. The *Erdijing lingyan ji* 二帝經靈驗記 (The Miraculous Legend of Wendi and Wudi scriptures), attached at the end of the scripture, describes when, where, and by whom the *Wenwu erdijing* was distributed. For instance, Chen Guangwen, a local resident in Xinyi city was stricken with a serious disease that his doctors were not able to treat. His wife and sons went to worship at the Erdi gong in hopes of a cure. The god of the earth instructed them repent of his sins and distribute the *Wenwu erdijing*. As a result of distributing 50 copies, Chen recovered quickly.[35] According to the *Lingyan ji*, many followers reprinted and distributed the scriptures in order to cure their diseases. People who received the scripture repeated this procedure and the scriptures were thus spread rapidly.

Indeed, the *Wenwu erdijing* spread even outside the prefecture. Mai Fuji, a merchant of Nanhai county 南海縣, who visited Xinyi city for business, was asked to carry more than 20 copies to Guanzhou prefectural city. The scriptures were so heavy that he was going to hire a laborer to carry them. However, the laborer ran away and the merchant was forced to carry them himself. Miraculously, the scriptures became very light. Blessed by the gods, he walked with light steps. When he arrived at Yangjiang 陽江, he encountered a storm flooded river, impossible to cross. Yet, as soon as his ship set sail, the rain stopped, and the sky cleared. As a result, Mai was able to carry the scriptures easily.[36]

The *Wenwu erdijing* was also carried to the northern part of Guangdong. There appears the following episode in another version of the *Erdijing lingyan ji*. A 70-year-old member of the gentry of Sanshui 三水, whose surname was Deng, was still childless. He reprinted and distributed many copies of the scriptures after hearing of the great blessings bestowed upon the man who donated money for printing. One day, he participated in the spirit-writing séance at the Taihedong 太和洞 in Qingyuan county and was praised by the gods for performing many good deeds. The next year, he was blessed with a son.[37] These episodes indicate that scriptures were reprinted and distributed by regional spirit-writing altars, with their followers acting as agents.

In 1896, the *Wenwu erdijing* was reprinted at the Mudao Xianguan 慕道仙館 at Shantou, attaching a new preface spirit-written by Guanyin. In the same year, Master Song Dafeng 宋大峰祖師 descended at the spirit-writing altar in a temple worshipping Sanshan Guowang 三山國王 at Haimen 海門 of Chaoyang county 潮陽縣 for the first time. Song Dafeng warned people that *sangi pudu* 三期普度 (the third period for general salvation) was approaching. In 1898, when plague attacked the Chaoshan area, Master

Dafeng descended at an altar established by *nianfoshe* members and gave the spirit-written massages and prescriptions. What Master Dafeng encouraged people to do was organizing *xiugu* 修骷 rituals, that is, activities of exhuming and burying unidentified bones and bodies. In the Chaoshan area, Song Dafeng had been a popular deity traditionally worshiped in *xiugu* rituals, organized by local charitable associations. At that time, Master Dafeng was manifested as a savior god sent by the Jade emperor, and *xiugu* rituals was considered as the effective method of erasing *jie*, eventually leading to save the whole world (Shiga 2012: 207-227).

Furthermore, the *Wenwu erdijing* was reprinted at the spirit-writing altar in Hai Duong province, the northern part of Vietnam in 1909.[38] There also appears the name of the *Wenwu erdijing* in the 1918 edition catalogue of scriptures owed by the Yushan Shrine 玉山祠 in Hanoi, which was one of the most important printing center of Chinese classics in Vietnam (You, 2012: 81). Therefore, it seems reasonable to say that the *Wenwu erdijing* spread to the northern part of Vietnam by the beginning of the 20th century.

Conclusion

In and around the 19th century Lingnan, the local elites interested in Daoist beliefs and practices began to assemble and establish new Daoist societies with a salon atmosphere. The places to build such societies, mostly named *xianguan*, were selected from among Daoist sacred mountains and places of scenic beauty like Mount Luofu or Mount Xiqiao to attract pilgrims, which had been famous for the legends of deity and good geomancy. The movement of *xianguans* arose out of growing tendency to rediscover and revitalize rich religious resources and heritage devastated by wars, bandits and natural disasters at that time. The old sacred places were revived as hubs to attract more and more people by the establishment of the *xianguans*. The *xianguans* in various regions not only had ties to each other, but also had relationships with smaller Daoist halls, charitable halls, spirit-writing altars and regional communal temples in the surrounding region, forming a wide and loose network. The flows of people, money and ideas were diffused at unprecedented speed in the exponentially expanding space, as geographical and social mobility increased by transport infrastructure development and growing migration abroad.

The new religious ideas flowing into the Lingnan area were quickly accepted by followers. The idea and phrases of *jiujiejing* also were rearranged and customized at the place of séance, by being issued as spirit-written messages. Furthermore, those messages were published as morality books or scriptures. The rapid expansion of *jiujiejing* produced in the western part of Guangdong in 1891, that were continuously reprinted and spread to the eastern part of Guangdong in 1896, must have been promoted by a sense of impending disaster, especially the outbreak of plague. Although individual spirit-writing organizations were far apart in location, they were able to share a common identity, religious ideas, and a sense of responsibility for salvation. That eventually led to the formation of a new Daoist community.

Finally, I would like to add some brief discussion about Lingnan Daoists' relationship with other parts of China. Although I cannot say for certain how relationship between Lingnan Daoist groups and other areas Daoist communities was maintained, there are no *xianguan or shantang* known to be directly subordinate to other areas' Daoist sects and communities. Certainly, however, some Lingnan Daoist groups were more or less conscious of genealogical relationship, that were not necessarily actual, but imaginary, with sects like the Xiantiandao, the Quanzhen school, or the famous Lüzu cults in other areas.

For example, certain groups of Lüzu devotees, who assembled at *xianguans and daotangs* were strongly conscious of being direct successors of past, famous Lüzu cults recorded in the *Quanshu Lüzu* 呂祖全書 or the *Haishan qiyu* 海山奇遇. The following text contains direct references to the succession belief: the *Lüzu xianshi chengdao ji* 呂祖仙師成道記 (*Record of Patriarch Lüzu becoming enlightened*) appeared in some morality books, for instance, the *Jueshi zhongsheng* 覺世鐘聲 and the *Lüzu xianshi jueshi huibian chouzhenben* 呂祖仙師覺世彙編抽珍本 published by some Lüzu cults including the Baodaotang 抱道堂 in Hong Kong, states: "After becoming enlightened, Lüzu was successively manifested at spirit-writing altars such as the Ezhu Qizhenguan 鄂渚棲真觀 and the Hansangong 涵三宮 in Hebei, and the Hunancaotang 湖南草堂 in Hunan. After that, Lüzu descended at the Xijiao yunquan xianguan in Nanhai, Guangdong in 1838, and subsequently descended at the Yushan shantang 與善善堂 in Huangsha village, in the suburbs of Guangzhou city in the spring of 1900, when an epidemic prevailed. At that time, the prescriptions given by Lüzu saved more than three thousand people"[39]. The Yushan shantang mentioned above, is a predecessor of the Baodaotang in Hong Kong.

Moreover, a young spirit-writing medium called He Qizhong 何啟忠, who established a *daotang* called Zhibaotai 至寶台 in Guangzhou in 1941, revised the contents of the *Lüzu xianshi chengdao ji* and added the following sentences: "In 1944, when World War II began, many people were forced to take refuge. In order to provide mercy to suffering people, Master Lü descended at the house of Daoist He Qizhong, in the west of Guangzhou, and saved people."[40] What is apparent from these examples is that the members of these Lüzu cults were convinced that their places were "the holy places of Lüzu's manifestation." By linking to past, renowned Lüzu cults, they identified themselves as members of the legitimate Lüzu community.

表 清代嶺南地域における「仙館」とそれに準ずる道教系結社の分布

	名　称	創建時期	地　点	主神、陪神／教派	創立者、住持、備考
1	雲泉山館	1813	廣州城外白雲山	安期生、後に呂祖	黄培芳（香山人）、張維屏（番禺人）、孔繼勛（南海人）など。羅浮山酥醪觀道士江本源が管理を擔當。
2	雲泉仙館	1838 高士祠、純陽亭建設、1847 仙館建設、1858 竣工	南海西樵山	呂祖、何白雲	鄧士憲ら南海出身の郷紳の提唱により創建される。初代住持＝李宗簡（南海人、副貢生）。
3	長春仙館	1851～52	廣州粤秀山	呂祖	兩廣総督葉名琛とその父により創建される。
4	金蘭觀	道光年間 1931 金蘭壇 1964 金蘭觀	潮陽縣達豪 廣州 香港	呂祖	
5	太和古洞（桃源仙館）	1854 開洞 1873 桃源仙館	清遠花尖山	呂祖、魏如意	黎守一、馮緣眞、李安逸ら28人の郷紳により開かれる。
6	小蓬（萊）仙館	1855	廣州郊外芳村	呂祖	兩廣総督葉名琛とその父親が創建。
7	翠雲洞仙館	1862	清遠縣筆架鰲峰	八仙、觀音	
8	藏霞洞仙館	1863	清遠縣飛來峽峽山	三田和合、呂祖、三教聖人／先天道嶺南道派	青蓮教分裂後、先天（普度）五祖のうち水祖の道統を繼ぐ陳復始（湖北人）が清遠縣の薬店主林法善の乩壇に身を寄せ布教開始。
9	朝元洞（一中精舎）	1873	羅浮山朝元洞	先天道東初派	金祖の林依秘の弟子張廷芬（東初祖師）とその弟子沈性空によって創建される。
10	雲龍觀	1873	高要縣雲龍山	呂祖	河道総督蘇廷魁（高要人）、兩廣総督瑞麟
11	紫霞洞	光緒初年	紫金縣睦陽村紫霞山	先天道嶺南道派	別名三州堂（惠州、潮州、嘉應州を統括する総堂の意）。住持＝陳昌賢（花縣人）
12	純陽仙院	1883	香港大嶼山鹿湖洞	呂祖	羅浮山道士羅元一を住持とし、紳士陸師彦、呂景輝らの提唱により開山創建される。
13	呂帝廟→賛化社広濟善堂	1887 呂帝廟 1940 賛化社廣濟善堂	梅州	呂祖	嘉應州知府らにより倡建。後に先天道重慶総會長となる曾漢南が善堂の運営に携わった。

14	摩天石紫雲洞	1892→1908竣工	普寧縣	八仙／先天道嶺南道派	陳昌賢の弟子廖慎修（紫金人、育潮堂）の弟子朱昌元（陸豐人）が、南洋遍歷後創建。
15	呂祖仙院	1891	澳門三巴門付近	呂祖	光緒16年（1890）、朝元洞一中精舍の乩壇に降りた呂祖の乩示をきっかけとして創建される。住持＝吳德靖（廣西藤縣人）
16	慶雲洞	1898	鶴山縣→南海茶山	呂祖	分壇⇒南海縣九江下院、香港通善壇、ベトナム・ホーチミン慶雲南院
17	汕頭贊化宮→延壽善堂	1899 汕頭贊化宮 1903 延壽善堂	汕頭市	呂祖、宋大峰	1903 梅縣松口人張榕軒、張耀軒兄弟により創建される。
18	純陽仙觀	1904	肇慶七星岩	呂祖、關帝	
19	存眞仙館	1907	西樵簡村官山獅子坑	呂祖	
20	飛霞洞仙館	1911	清遠縣飛來峽峽山	三教聖人、古佛、無極金母（先天道嶺南道派）	三水人麥長天とその甥麥泰開により創建される。マレーシア、シンガポール、ホーチミンに齋堂を設立。
21	玉泉洞儒眞仙館	民國初	南海縣佛山鎮	孔子、呂祖	もとは順德出身の政治家李文田が詩社を結んだ地に、居士呂鏡雲（鶴山人）、戴翳天らが呂祖の乩示を受けて創建。
22	白雲仙館	民國初	廣州白雲山麓	呂祖	雲泉山館の後身。
23	明霞洞仙館	1929	清遠縣飛來峽峽山	三教聖人（先天道嶺南道派）	
24	蓬瀛仙館	1929創立。1949香港華民政務司署に道教社團として登記。	香港粉嶺	呂祖	廣州三元宮住持麥星階と龍門正宗道人何近愚、陳鸞楷の提唱により、商人層の巨額の寄付を集めて創建される。
25	德教	1939 紫香閣 1944 紫陽閣、紫豪閣	潮陽縣和平	楊筠松、柳春芳、宋大峰、後に呂祖、濟公。	潮州商人、楊瑞德、李懷德、馬貴德によって設立された紫香閣を始めとする乩壇を統合する組織として創立される。

Bibliography

DEAN, Kenneth. 1998. *Lord of the Three in One: The Spread of a Cult in Southeast China*. Princeton: Princeton University Press.

ESPOSITO, Monica. 2000. Daoism in the Qing (1644-1911), in L. Kohn ed., *Daoism Handbook*. Leiden: Brill: 623-658.

FAN, Chunwu 范純武. 1996. *Qingmo minjian cishan shiye yu luantang yundong* 清末民間慈善事業與鸞堂運動. MA thesis of Taiwan Zhongzheng university.

GOOSSAERT, Vincent. 2014. "Kindai Dôkyô no Shumatsuron: Minshinki niokeru Fulan to Shitaifusou niokeru Shûmatsuron no bokkô." 近代道教の終末論―明清期における扶鸞と士大夫層における終末論の勃興. Translated by Umekawa, Sumiyo. In *Sensô・saigai to Kindai Higashi Ajia no minshû shûkyô* 戰爭・災害と近代東アジアの民衆宗教, edited by Takeuchi Fusaji. Tokyo: Yûshisha: 38-62.

HUANG, Guanli ed. 黃觀禮編1988. *Boluo xian wenwu zhi*. 博羅縣文物志. Guangzhou: Zhongshan daxue chubanshe.

LAI, Chi Tim 黎志添. 2007. *Guangdong difang daojiao yanjiu: daoguan daoshi ji keyi*. 廣東地方道教研究：道觀、道士及科儀. Hong Kong: Zhongwen daxue chubanshe.

LAI, Chi Tim ed. 黎志添主編. 2013. *Shijiu shiji yilai Zhongguo difang Daojiao bianqian*. 十九世紀以來中國地方道教變遷（*Transformation of Chinese local Daoism since the 19th century*). Hong Kong: Sanlian shudian youxian gongsi.

LAI, Chi Tim 黎志添 and Li Jing 李靜 eds. 2013. *Guangzhoufu Daojiao miaoyu beike jishi*. 廣州府道教廟宇碑刻集釋. Beijing: Zhonghua shuji.

MORRIS-SUZUKI, Tessa. 2009. "Ekijôka suru Chiiki Kenkyû: Idô no naka no Hokutô Ajia" (Liquid Area Studies: Northeast Asia in Motion). *Tagen Tabunka: Jissen to Kenkyû* (Multilingual Multicultural: Practice and Research), No. 2: 4-25.

PALMER, David A. and Xun Liu eds. 2012. *Daoism in the Twentieth Century: Between Eternity and Modernity*, Berkeley: University of California Press.

SHIGA, Ichiko 志賀市子. 1994. "Hong Kong kairikuhô fukuloujin no kudoku girei: 'kakyô' girei wo chûshin ni." 香港海陸豊福佬人の功徳儀礼：' 過橋 ' 儀礼を中心に *Hikaku minzoku kenkyû* 比較民俗研究, No. 9: 189-197.

SHIGA, Ichiko 志賀市子. 2010. "Difang daojiao zhi xingcheng: Guangdong diqu fuluan jieshe yundong zhi xingqi yu yanbian." 地方道教之形成：廣東地區扶鸞結社

運動之興起與演變（1838-1953）. *Daojiao yanjiu xuebao: Zongjiao, lishi yu shehui*. 道教研究學報：宗教、歷史與社會 (Daoism: Religion, History and Society), No. 2: 231-267.

SHIGA, Ichiko 志賀市子. 2011. "Xiantiandao lingnan daomai de sixiang he shijian: yi Guangdong qingyuan feixiadong weili." 先天道嶺南道脈的思想和實踐—以廣東清遠飛霞洞為例. *Minsuquyi* 民俗曲藝, No. 173: 23-56.

SHIGA, Ichiko 志賀市子. 2012. *Kami to ki no aida: Chûgoku tônanbu niokeru muenshisha no maisô to saishi* 〈神〉と〈鬼〉の間：中国東南部における無縁死者の埋葬と祭祀. Tokyo: Fûkyôsha.

SHIGA, Ichiko 志賀市子. 2013. "Kindai no Rafuzan to Reinan dôkyô 近代の羅浮山と嶺南道教." *Dôten Fukuchi kenkyû* 洞天福地研究, No.4: 10-26.

SHIGA, Ichiko 志賀市子. 2013. *Xianggang Daojiao yu Fuji xinyang: Lishi yu rentong*. 香港道教與扶乩信仰：歷史與認同 Translated by Song Jun. Hong Kong: The Chinese University of Hong Kong.

TAKEUCHI, Fusaji 武内房司. 2013. "Vietnam ni nezuku sentendô: Meishidô no seiritsu wo megutte ベトナムに根付く先天道―明師道の成立をめぐって." Progress Report of the Grant-in-Aid for Scientific Research (A), *Tônan Ajia tairikubu ni okeru Shûkyô no ekkyô genshô ni kansuru kenkyû*. 東南アジア大陸部における宗教の越境現象に関する研究, 2011-2013: 175-186.

VALUSSI, Elena. 2012. "Printing and Religion in the Life of Fu Jinquan: Alchemical Writer, Religious Leader, and Publisher in Sichuan", *Daoism: Religion, History and Society*, No. 4: 1-52.

WANG Chenfa 王琛発. 2009. "Zhongxin faxian Qinglianjiao zuizao zai Nanyang de liuchuan" (the first part) 重新發現青蓮教最早在南洋的流傳 (上). *Xiaoen Zazhi* 孝恩雜誌.
(http://www.xiao-en.org/cultural/magazine.asp?cat=34&loc=zh&id=1795).

WANG, Chengwen 王承文. 1992. "Tangdai Luofu shan diqu wenhua fazhan lunlüe 唐代羅浮山地區文化發展論略." *Zhongshan daxue xuebao* 中山大學學報, 1992-3:74-81.

WANG, Jianchuan 王見川. 2000. "Taiwan 'Guangdi dang Yuhuang' chuanshuo de youlai 臺灣'關帝當玉皇'傳說的由來," in Wang Jianchuan and Li Shiwei eds., *Taiwan de minjian zongjiao yu xinyang* 臺灣的民間宗教與信仰. Taibei: Boyang wenhua: 213-240.

WANG, Jianchuan 王見川. 2013. "Qingdaide Lüzu xinyang yu fuji: Jiaqing huangdi cifeng wei kaocha zhongxin 清代的呂祖信仰與扶乩—嘉慶皇帝賜封為考察中心." *Mazu yu minjian xinyang: Yanjiu tongxun* 媽祖與民間信仰：研究通訊, 4: 28-39.

XI, Jianmin 洗劍民 and Chen, Hongjun 陳鴻鈞 eds. 2006. *Guangzhou beikeji* 廣州碑刻集. Guangzhou: Guangdong gaode jiaoyu chubanshe.

XIE, Ping 謝平.1994 "Yunlongguan he Baimamiao 雲龍觀和白馬廟." *Gaoyao wenshiziliao* 高要文史資料, vol.11: 80-82.

YAMADA, Masaru 山田賢. 1998. "Sekai no hametsu to sono kyûsai: Shinmatsu no kyûgô no zensho nitsuite 世界の破滅とその救済：清末の救劫の善書について." *Shihô* 史朋, No. 30: 32-41.

YAU, Chion 游子安. 2002. "Aomen diqu daotang ceji 澳門地区道堂側記." *Taiwan zongjiao yanjiu tongxun* 臺灣宗教研究通訊, No. 3: 84-93.

YAU, Chion 游子安. 2005. *Shan yu ren tong: Mingqing yilai de cishan yu jiaohua* 善與人同：明清以來的慈善與教化. Beijing: Zhonghua shuju.

YAU, Chion 游子安. 2012. *Shanshu yu Zhongguo zongjiao* 善書與中國宗教. Xinbei: Boyang wenhua.

Notes

（1）These two concepts of "flows" and "whirlpools" are borrowed from a perspective of Morris-Suzuki's "liquid area studies." She enumerates a sacred mountain to attract pilgrims as one of the examples of the whirlpools of human activities (Morris-Suzuki, 2009, 10-12).

（2）Master Miyin密因祖師, a Chan monk in the Temple Huashoutai 華首台 in Mount Luofu, was invited to the temple Kaiyuan in Chaozhou prefectural city in 1736. He is said to transmit a beat for chanting sutra called Chanheban 禪和板 to the Temple Kaiyuan. Later on, the Chanheban was adapted by a lay Buddhist group, which established the first nianfoshe 念佛社 in 1854. After that, the Chanheban spread into local society (Shi Huiyuan 釈慧原 ed., *Chaozhoushi fojiaozhi, Chaozhou Kaiyuansizhi* 潮州市佛教志・潮州開元寺志, 1992, 885).

（3）Li Yang 李陽, "Yunquanshan beiji 雲泉山碑記", 1812 (Xi and Chen eds., 2006, 1060).

（4）Huang Peifang 黃培芳, "Pujian Anqi Sheng xianci beiji 蒲澗安期生仙祠碑記," 1813 (Lai and Li eds, 2013: 592-593). Jiang Benyuan's secular name was Jiang

　　　　Yingtao 江瀛濤, a native of Panyu 番禺, Guangzhou (*Chaochun daojiao yuanliu* 長春道教源流, Volume 2: 541).

(5) Huang Peifang 黃培芳, "Zengxiu Yunquan shanguan beiji 增修雲泉山館碑記," 1816 (Xi and Chen eds, 2006, 1061-1062).

(6) For further details of Deng Shixian's personal history, see Deng Shixian, *Shenchengtang ji* 慎誠堂集 Guangxi: Guangxi shifandaxue chubanshe, 2012: 1-10.

(7) Huang Heng ed. 黃亨, *Xiqiao Baiyundong zhi* 西樵白雲洞志 (*Gazetteer of the White Cloud Cave in Xiqiao*), reprint (1887), in *Zhongguo mingshan shengji congkan* 中國名山勝跡叢刊, 5-6 (Taipei: Wenhai chubanshe, 1971), volume1, introduction, 3.

(8) Feng Zanxun 馮贊勳, "Dingjian Yunquan xianguan bei 鼎建雲泉仙館碑", 1860 (Lai and Li eds, 2013, 913-915).

(9) Liang Yitang 梁怡唐, *Xiqiao Yunquan xianguan chuanban jianshi* 西樵雲泉仙館創辦簡史 (*Brief History of the Establishment of Yunquan xianguan on Mount Xiqiao*), Handwritten copy, 1961, 3. Liang Yitang was a former chairman of the Yunquan xianguan on Mount Xiqiao.

(10) *Xiqiao Baiyundong zhi*, vol.1:13; vol.2:1.

(11) Feng Zanxun, "Dingjian Yunquan xianguan bei," 1860 (Lai and Li eds, 2013: 913-915). The passage, "a lot of people in Qingjiang River were saved thanks to my master's manifestation" refers to the episode when several people were rescued by the power of Lüzu, when the Qiangjiangpu River 清江浦 in Huai'an 淮安, Jiangsu province overflowed (Wang, Jianchuan, 2013, 32-33). The year of granting the title is 1804, not 1807.

(12) He Tingzhang 何廷璋, *Feixiadongzhi* 飛霞洞誌, volume 2, chapter4, Guangzhou: Yuehua xingyinji yinwuju, 1931, 10.

(13) Qiu Jianpo 邱鑑波 and Huang Jinran 黃金然 eds., *Daojiao mingshan lüyoushengdi Taihegudong Taihefangcaojuan* 道教名山旅遊勝地太和古洞太和芳草卷, Qingyuan: Guangdongsheng Qingxinxian Taihegudong Taoyuanxianguan, 2004, 4-11.

(14) Cheng Kongshuo 程孔碩, *Xiqiao mingsheng gujikao: Fu youlan zhinan* 西樵名勝古蹟考：附遊覽指南, Guangzhou:Zhongying yinwuju, 1935, 67-72.

(15) He Tingzhang, *Feixiadong ershier zhounian kongshengtan jinian tekan* 飛霞洞二十二週年孔聖誕紀念刊, Guangzhou: Yuehuaxingyinji yinwuju, 1935: 27-28.

(16) Master Dongchu's birth date and place are based on his profile written on his portrait owned by the Guangnan fotang in Hochimin city.
(17) The *Qingzhu Biaowen* 慶祝表文 is a collection of liturgical documents about the past Xiantiandao masters' memorial days and deeds.
(18) *Qingzhu biaowen*, 15-16.
(19) This is based on my field research in Singapore in 2009. The Tiandetang was a predecessor of Simalu Guanyintang 四馬路觀音堂. There still exists a few temples derived from the Tiandetang in Singapore.
(20) Chen Botao 陳伯陶, *Luofu zhinan* 羅浮指南 (*Guidebook for Mount Luofu*), included in *Zhongguo daoguanzhi congkan* 中國道觀志叢刊 (*Collections of Gazetteers of Daoist Temples in China*) vol.36, Nanjing: Jiangsu Ancient Book Publishing House, 2000, 7.
(21) Ma Junsheng 馬駿聲 was born in Taishan county, Guangdong. Later he became a member of the House of Representatives.
(22) Ju Huitong, a native of Xiangshan 香山, was engaged in the missionary works home and abroad as Shen Xingkong's successor.
(23) Ma Junsheng 馬駿聲, *Luofu youji* 羅浮遊記 (*Records of Travelling in Mount Luofu*), n.p.: Qiya Printing House, 1909, 5.
(24) *Qingzhu biaowen*, 115.
(25) Zhang Chunmei 張春梅, "Fenglai fajie shenxianfu, Yanshou shantang daofamen 蓬萊法界神仙府，延壽善堂道法門," *Shantang daoyuan* 善堂道緣 (pamphlet, n.d.), 4. My special thanks are due to Dr. Yau Chion for providing me this material.
(26) See Takeuchi 2013 for details.
(27) *Wenchang dijun jiujie baogao zhushi* 文昌帝君救劫寶誥註釋, 86, included in *Wenchang shengxun jiyao* 文昌聖訓集要, reprinted in Daoguang Yisi year (1845), Hunan Provincial Judge edition.
(28) In this paper, I refer to the *Wenwudi jiujie baosheng yongmingjing*, reprinted by the Tong you shantang of Guangzhou in 1898, owned by Tôyô bunka kenkyûjo, Tokyo University.
(29) Ibid., 6
(30) Some passages and words in the *Wenchang dijun jiujie baosheng jing* were obviously borrowed from the *Wenchang dijun jiujiejing* 文昌帝君救劫經 (also called the *Yuanhuang dadao zhenjun jiujie baojing* 元皇大道眞君救劫寶經 *in*

Zangwai Daoshu 藏外道書, 3: 905-908) and the *Yuanshi tianzun Zitongdijun benyuanjing* 元始天尊梓童帝君本願經 in *Daozang* (S.N. 29).

(31) Ibid., 9-10.

(32) Ibid., 30-31.

(33) Ibid., 36.

(34) *Gaozhou fuzhi* 高州府志 (Prefectural Gazetteer of Gaozhou), 1889, juanmo, appendix: 34.

(35) *Wenwudi jiujie baosheng yongmingjing*, 49.

(36) Ibid., 94.

(37) *Erdijing lingyan ji* 二帝經靈驗記, included in *Wendi jiujie baoshengjing and Wudi jiujie yongmingjing he bian* 文帝救劫葆生經・武帝救劫永命經合編, Hong Kong: Nanzhen Congshan zheng quan tang 從善正全堂 1969, 101.

(38) The Vietnam version of the *Wenwu erdijing*, reprinted by the Zhishantang 止善壇 in Renli 仁里 village in Nam Sách 南策 (present Hai Duong province) not only excludes the preface of Guanyin, which was spirit-written at the Mudao Xianguan 慕道仙館 in 1896, but also includes a few parts not included in the versions circulated in Guangdong and Hong Kong. These differences suggest that the Vietnam version might be reprinted from the original version published in Xinyi city.

(39) "Lüzu xianshi chengdao ji" 呂祖仙師成道記, included in Baodaotang ed., *Jueshi zhongsheng* 覺世鐘聲, 1931, 26.

(40) "Lüzu xianshi chengdao ji" 呂祖仙師成道記, included in Yi Zefeng 易澤峰 ed., *Baosong Baohe ji* 寶松抱鶴記, 1962, 31-33.

第2部 聖地としての洞天とその史的変容

第一大洞天王屋山の成立

土屋昌明

はじめに——第一大洞天王屋山

　王屋山は十大洞天の第一大洞天として唐の王朝権力から重視されることで、道教の教団や信徒内だけでなく、広く官僚や詩人などからも重視されるようになった。それは、司馬承禎が『天地宮府図』を玄宗に献上したことに起因する。『天地宮府図』によると、王屋山は次のように記されている。

> 太上曰わく、十大洞天なる者は、大地名山の間に処り、是れ上天の群仙を遣りて統治せしむるの所。第一王屋山洞、周迴万里、号して小有清虚之天と曰う。洛陽河陽両界に在り、王屋県を去ること六十里なり。西城王君に属して之を治めしむ。

　「十大洞天」は司馬承禎のこの書で有名になったが、実は古い伝承を伝えている。『真誥』巻11には「地中の洞天三十六所」の第八が句曲山洞だといい、それに対して陶弘景は「伝中に載する所は、第十天に至る」とコメントしている。つまり、この部分は『茅君内伝』にもとづき、そこでは第十洞天まで言及されていたのである。句曲山洞が第八洞天だというのは、司馬承禎の説と同じであるから、この十洞天は、おそらく司馬承禎のいわゆる十大洞天に相当すると思われる。『茅君内伝』の成立年については別に検討が必要だが、興寧年間を遠く離れるものではなかろう。したがって、興寧年間の神降ろし時には、すでに10か所の洞天をまとめる考え方がおこなわれていた

と推測される。

『無上秘要』巻4「山洞品」に引く『道迹経』に次のようにある（便宜的に番号をふった）。

　　五岳及名山皆有洞室。①王屋山洞周迴万里。②委羽山洞周迴万里。③西城玉山洞周迴三千里。④青城山洞周迴二千里。⑤西玄三山洞周迴千里。⑥羅浮山洞周迴五百里。⑦赤城丹山洞周迴三百里。⑧林屋山洞周迴四百里。⑨句曲山洞周迴一百里。⑩括蒼山洞周迴三百里。右出道迹経。

『道迹経』は、興寧年間における茅山での神降ろしの記録を南斉の顧歓が編集したものである。これによると、天下に10か所の「洞室」があり、その第1は王屋山だと考えられていた。この10か所の「洞室」が『真誥』巻11のいう「十天」だと思われる。ただし、この史料では句曲山洞は第9とされており、上述の『真誥』および司馬承禎の説と相違している。

杜光庭の「天壇王屋山聖跡叙」に『真誥』を引用して「玄元帝の時、四海の龍神に命じて、修むる所の天下の十大洞天に、疆鼓の石を用いて、重重として相畳ならしむ」という。この引用文は現行の『真誥』に見えないが、ここでいう「十大洞天」が、上の『道迹経』にいう十箇所の「洞室」であり、『真誥』巻11にいう「十天」であろう。

以上から、興寧年間には「十大洞天」という概念があったと考えてよいと思われる。つまり、茅山で降霊がおこなわれ、上清経典が形成された時代には、すでに十大洞天の概念があり、王屋山はその第1位とされていた。ただし、その十大洞天は三十六洞天のうちの十大洞天という設定であり、司馬承禎のように、十大洞天と三十六小洞天という区分ではない。

これは、上清経典が王屋山の洞室に蔵され、魏華存に伝授され、それが江南に伝わったという伝承と関連していると思われる。杜光庭「天壇王屋山聖跡叙」によると、王屋山では王褒から魏華存へ経典の伝授がおこなわれたことになっている。

王屋山は軒轅黄帝より後、晋の南岳魏夫人に至り、上帝は号を遷し、小有洞主の王子登（王褒）に勅して魏華存に小有清虚宮中に下教す。四十七真受けて道を学び畢りて、南岳の霊官仙衆は、清虚宮より夫人を迎えて南岳衡山の司命の任に赴けり。

したがって、王屋山が第一大洞天であることと魏華存との間には、両者を結びつける何らかの歴史的な要因が存在したと思われる。本稿は、この問題について初歩的な考察を加える。

1．王屋山が第一大洞天となった要因——景観

　王屋山が洞天の第一位とされるには、まず王屋山がそれにふさわしい山岳でなければならない。王屋山は「名山」としての景観を備えているのだろうか。
　洞天は名山であり、中国でいわゆる名山ならば、一般的に壮大にして奇特な自然環境であろう[6]。この点、王屋山は山岳として抜群の景観である。これについて、私たちはすでにフィールドワークを３回おこない、その感想を強く持った。また、ほかの洞天や名山と比較しても、王屋山の景観は優れていると認識している（口絵）。
　王屋山は、河南省済源市の西50キロメートルほどの地帯に広がる山地である。宗教文化史的にいって、洞天として中心的な峰は天壇山（海抜1711メートル）である。この一帯は、さらに北の山西省との境界にある峰々から南へ流れる大店河を挟んで形成されている。天壇山は、この大店河に向かって西側からせり出す格好になっている。図１は天壇山の西側から撮影したと考えられる写真である。高楼のある切り立った崖が天壇であり、その向こう側に広い渓谷があり、大店河が流れている。

図1　天壇と王屋山の峰々（現地の観光パンフレットによる）

図2　天壇の直下（『王屋山志』中州古籍出版社より）

天壇山の山頂付近は、数十メートルの断崖絶壁となり、南・東・北側が開けて四角い壇状にそそりたっている。図2は南側から天壇を仰ぎ見た写真と思われる。

天壇山から北に数キロメートルの地点に、やはり断崖絶壁のそそりたつ峰があり、その断崖の下段と中段、そして上段の頂上近くに、それぞれ洞窟が存在する（図3）。この峰は、さらに北にある五斗峰（海抜1772メートル）に続いており、この峰からわき出る水は大店河に注ぎ込む。崖の中段と下段の洞窟からは水が湧出するらしく、そこの崖は湧水の浸食作用で生成したようにみえる。天壇山から北側の洞窟までは、ぽっかりと谷間の空間があいており、西側はなだらかな丘陵、東側は峻立する崖がその空間を囲っている。つまり、この谷間を挟んで、南の天壇山と北の洞窟は対照関係にあるように見える。天壇山上に

は、この谷間の空間に向けて石製の門闕が作られており（もちろん唐代のものではない）、この谷間の空間に飛行する神仙を招く信仰が、近世まで伝えられていたとおぼしい。山上からは、はるか彼方に中段の洞窟（王母洞）が望まれ、現地の話

図3　天壇から眺められる洞窟、中央左が王母洞（現地の観光案内板による）

では、湧水も眺められるよしである。

　経典を蔵した「洞室」が存在するという伝説について、このような伝説を形成する想像力には、ある程度の物質的な根拠があったと考えられる。王屋山の洞窟は、「洞室」とよぶにふさわしい。王母洞とよばれる洞窟が、谷に直立する岩壁の大きくへこんだ奥にある。

　入口は人一人が立ち入れる程度の狭さで、奥と天井に洞窟が続く。私たちの調査では、奥へ十数メートルしか立ち入れなかった。奥は足下に水がたまり、その深さはわからない。また参詣者が中でお香などを燃やすため、一酸化炭素の危険もある。王母洞に立ち入った現地の者に対するインタビューによれば、100メートルほど入った内部には、集会ができるほど広い空間があるという。また、この洞窟の下の谷にも深い洞窟があったが、入った者が帰らないという事故があったそうで、現在はコンクリートで封鎖されている。[7]

　王母洞のある峰のさらに上部には、霊山洞がある。ここへは峰を東側から迂回して登らなければ到達できない。ここには洞口が5つあり、「洞天門」などと彫られた明代の石刻が残存している（口絵4）。この洞窟は、5つある洞口のどこから入っても内部で行き交うことができ、数十メートル入ると、

図4 洞窟へ向かう斜面に廟が複数建っており、一番奥に洞窟がある。(筆者撮影、以下同)

図5 洞窟のある崖。建築物の裏側に洞口がある。

西側の洞口から外に出る。そこからは天壇山を彼方に見やることができる(口絵2)。また、洞窟の内部に直下に続く洞窟があり、その崖の中段にある王母洞に続くと現地ではいわれている。地形の位置関係から見て、その可能性は大いにあると思われる。[8]

以上のような優れた景観と奇特な洞窟の存在が、経典の出現と保存の場所としてふさわしいと考えられる基本的な要件を満足させていたのであろう。

2. 王屋山の薬草と魏華存の薬方

洞天は景観が優れているのみならず、修行のための薬草や薬剤が豊富な場所とされる。[9] この点、王屋山はそこで採れる長生の薬草で修行する場所であった。『真誥』巻5に次のようにある。

　　君曰わく、昔し毛伯道・劉道恭・謝稚堅・張兆期らは、皆な後漢の時の

人なり。道を学んで王屋山中に在りて、四十余年を積しくし、共に神丹を合す。毛伯道は先に之を服して死し、道恭も之を服して又た死せり。謝稚堅・張兆期は之を見て、此くの如くなれば敢て之を服せず。並びに山を捐てて帰去せり。後に伯道・道恭の山上に在るに見え、二人とも悲愕し、遂に就きて道を請うに、之に茯苓持行方を与え、之を服して皆な数百歳たり。今猶お山中に在り。

晋の葛洪撰とされる『神仙伝』「甘始」にも次のようにある。

甘始なる者は、太原の人なり。行気を善くし、飲食せず、又た天門冬を服し、房中の事を行ない、容成彭祖の法に依り、更に之を演益して一巻と為す。之を用いて甚はだ近効有り。治病には針灸湯薬を用いず。人間に在ること三百余歳にして、乃ち王屋山に入りて仙去せり。

こうした古い文献に王屋山の薬草によって昇仙を実現する伝説が存するだけでなく、現在でも多くの薬草が採集されるとのことである。

薬草と魏華存の間には密接な関連があり、ここに彼女と王屋山の接点があると思われる。『魏夫人内伝』によれば、魏華存は幼少期から薬草を服していたとされている。

魏夫人なる者は、任城の人なり。晋の司徒劇陽文康公舒の女、名は華存、字は賢安。幼にして道を好み、静黙恭謹なり。荘老と三伝五経百氏を読んで、該覧せざるは無し。神仙を志慕して、真を味わい玄に耽り、沖挙せんことを欲求す。常に胡麻散・茯苓丸を服し、気液を納れ、摂生すること夷静たり。親戚往来すとも、一たびも関見する無く、常に閒処に別居せんことを欲むるも、父母は許さず。年二十四にして、強られて太保掾南陽劉文、字は幼彦に適ぐ。二子を生む。長は璞と曰い、次は瑕と曰う。幼彦は後に修武令と為る。夫人は心に幽霊なるを期し、精誠な

ること彌いよ篤し。(14)

　彼女が服していた「胡麻散と茯苓丸」のうち、「茯苓丸」は上掲の『真誥』にみえる通り、王屋山で毛伯道・劉道恭が使った薬物であり、王屋山で採れるものとされていた。

　これが単なる伝説か事実を伝えているかは不明だが、いずれにしても、華北における魏華存の活動と王屋山で採れる薬草が結びつけられていたと考えることはできる。彼女の結婚前の居宅を任城、結婚後の居宅を修武にそれぞれあったとして、これらは王屋山から僻遠というわけではなく（修武の場合は約100キロ）、王屋山の薬草が実際に流通していたことを背景としていると考えることができる。

　孫思邈『孫真人備急千金要方』巻6に魏夫人の薬方を引用して「河内太守魏夫人」という。「河内太守」とは、魏華存の夫が修武令だったことを踏まえていると思われる。つまり、結婚後の魏華存による薬方が初唐に伝えられていたのである。

　その一方、初唐の垂拱4年（688）の「大唐懐州河内県木澗魏夫人祠碑銘」によれば、河内県の木澗には、初唐にすでに魏夫人祠が存在した。しかもその碑に「建立の始め、年代は詳らかにする莫し」とあり、北朝の早い時期に魏夫人祠が存在したことがわかる。現地調査によると、この碑は現在の河南省沁陽市の北、太行山脈の山麓にある木澗寺という寺院の門前に立っていて、文化大革命時期に破壊されたという。このことから、木澗寺とされている地点が古い魏夫人祠の跡地だと想定される。そうすると、あるいは孫思邈がいう「河内太守」の河内とは、修武ではなく木澗がある河内県をいうのかもしれない。この地に古くから魏華存を祀る廟が存在したのは、「大唐懐州河内県木澗魏夫人祠碑銘」に『魏夫人内伝』が引用されていることからわかるように、魏華存が当地にある陽洛山で王褒から仙方を伝授されたという『魏夫人内伝』の伝説に基づくのだと思われる。

　当地では魏華存に対する「二仙信仰」が現在もおこなわれている。この地

の太行山を登った峰には、現地で修仙洞（二仙洞）と呼ばれる、魏華存が修行をしたという洞窟が存在する。また、木澗の渓流が流れ落ちる低地の平野に静応廟（魏華存を祀る）が復興されている。そこには飛来石と呼ばれる巨岩があり、中央からぱっくり割れた形状をなしている。このような洞窟や奇岩の存在が当地と女仙とを結びつけたものと思われる。

　この地は、王屋山がある済源に隣接している。『真誥』巻5に載る裴君の誥で王屋山に言及しているが、その陶弘景のコメントに「此の山（王屋山）は河内泌（沁）水県に在り、即ち済水の出づる所の源なり」という。このコメントでは、王屋山は河内にあるといっており、河内は魏夫人祠のあった地であるから、魏夫人祠が存在した山は王屋山の一部だと考えられていたのである。『太平広記』巻15所引「阮基」に、河内の人なる阮基が熊撃ちをして王屋山に入ったという例がある。これも河内と王屋山が近かったことを意味する。つまり、王屋山の名称でよばれる山は、古くは現在の天壇の存在する山々から東へ約50キロいったあたりまでを含めた総称であり、魏華存の伝承がある河内という場所は、かつての王屋山に近接していたのである。

　この地には、初唐以前の古くから魏華存の祭祀施設が存在し、そこには魏華存の薬方が伝わっていた。その薬方が、最寄りの名山である王屋山の薬草を原産として生産もしくは宣伝されていたのであろう。それゆえ、魏華存は王屋山の神である王褒から伝授されたという伝説が説得力を持ったのである。

　魏華存の薬方と王屋山との関連は、「胡麻散と茯苓丸」という二つの薬のセットについても窺える。『宝玄経』に裴君の言葉として「茯苓は少きを治め、胡麻は老いを治む」とみえるが、裴君は清霊真人裴君、字は玄仁のことである。「清霊真人裴君伝」（『雲笈七籤』巻105）には、裴君の「服茯苓法」と「服胡麻法」の処方が載っており、「此の二方は世の方書と小しく異なり、裴君の秘する所の者は、験して実有るなり」という。この裴君も『真誥』に登場する上清派の神仙で、陽洛山や王屋山と関連している。

　魏華存は王褒から薬方も授かる。『魏夫人内伝』の末尾に、次のようにあ

る。

　　初め、王君（王褒）は夫人に告げて曰わく、<u>学者は当に疾を去り病を除くべし</u>、と。因りて甘草穀仙方を授け、夫人は之を服す。夫人は隷（書）を能くし、小有王君幷（内）伝を書き、事甚はだ詳悉なり。⁽¹⁸⁾

これによれば、王褒は魏夫人に「甘草穀仙方」を授けた。この件は、『王君内伝』に詳しく書いてある、という。しかし、今みる『雲笈七籤』巻106に載る『清虚真人王君内伝』には出ていない。王褒が魏夫人に告げた下線部の言葉は、『太平御覧』巻671にみえる。

　　又た曰わく、清虚王真人は南岳魏夫人に穀仙甘草丸方を授く。<u>魏夫人は少くして病疾多し。王君は脩武県中に夫人に告して曰わく、道を学ぶ者は当に病を去るべし。先に五蔵をして充盈せしめ、耳目をして聡明ならしめ、乃ち存思服御すべきのみ</u>、と。⁽¹⁹⁾

　　按ずるに王君初めて降真の時は、是れ晋の元康九年冬、汲郡脩武県の廨内に於いてなり。夫人は時に応に年四十八なるべし。夫人は按じて之を服し、隠景して世を去るの時に及んで年は八十三歳なり。此れ晋の成帝の咸和八年甲午の歳、則ち夫人は服薬より已来三十五年なり。其の間に或いは必ずしも常に相続せざらん。了く復た他患無く、先疢都て愈え、髪は白からず、歯は落ちず、耳目聡明にして、常月中には道家の章符を書く。夫人既に女官祭酒と為れば、故より猶お章符を以て迹を示すのみ。存思入室すれば、動もすれば百日数十日、了く労を覚へず。既に俗世に在れば、家事相乱れ、脩斎研誦せんと欲せば、便ち託するに入室を以てす。食飲通快にして、四体充盈するは、即ち甘草丸の験なり。之を「穀仙方」と謂う。脾胃既に和せば、則ち能く食して害せず、膚充て精察、起居調節すれば、渋利の患無し。穀を食するも仙を得る、故に穀仙と謂うなり。此れ本と九宮右真公郭少金の此の方を集す。諸宮久し

く已に之を有して、郭氏に至って更めて次第を撰集し、治むる所を序説せしのみ。猶お青精は乃ち太素の法なるに、而今には太極真人と謂うが如きなり。①仙道を学ぶ者は、宜しく先に之を服すべし。②昔し少金は此の方を以て介象に授け、又た劉根・張陵等数十人に授く。亦た此の丸を称して少金丸と為す。③宜しく斎戒して修合すべし。並びに毒無く禁ずる所無し。食すること一年にして大いに益あり、旦夕の効を責むる無かれ。俗人も亦た皆な之を服すべし。(20)

　以上の文は、『上元宝経』の引用文とされているが、下線部の「魏夫人…」以下と同意の文が『仙苑編珠』巻中に『魏夫人伝』としてみえるので、おそらく『魏夫人内伝』にもとづいている。そうすると、それ以降の文は、『魏夫人内伝』の文に対する按語であり、陶弘景の意見であろう。この文は『登真隠訣』の逸文とみられる（以下、「登真隠訣逸文」と表記）。この一部は、初唐の孫思邈の『枕中記』にもみえる。次の『枕中記』の下線部①〜③は「登真隠訣逸文」の下線部①〜③と一致している。

　　真人は魏夫人に穀仙丸を授く。一名は制虫丸。①夫れ仙道を学ぶ者は、宜しく先に之を服し、塡骨補筋すれば、年を駐め白を還し、体に異光を生ず。久しく服せば神仙たり。②昔し右真人の郭少金は方を以て介象に授け、又た劉根・張陵等数人に授け、並びに按じて之を服し、遂に皆な神仙に致る。③凡そ薬を合わすに当に別室の浄潔なる処に在りて、合に人を雑え、多目にて臨視すべからず、亦た宜しく沐浴して、斎戒すること三日なるべくして、乃ち擣きて之を治む。（以下、14種類の薬草とそれに関するコメントを載せる）毒無く禁忌する所無し。食すること一年にして乃ち大いに其の益を得ん。旦夕の急効を責むる無かれ。(21)

　これと『魏夫人内伝』末尾と「登真隠訣逸文」とを相互に参照することで、この「真人」は王襃のことであり、甘草穀仙方は制虫の薬効があり、

「登真隠訣逸文」と『枕中記』の説明は共通の伝承であることがわかる。おそらく①〜③は王褒の言葉であろう。また、初唐の『三洞珠嚢』巻3には、「甘草丸方は『南岳魏夫人伝』に出る」といって、『枕中記』の14種類の薬草とコメントを載せており、そのコメントに『枕中記』の傍線③の文を載せている。

　以上から、『魏夫人内伝』には、王褒が穀仙甘草丸方を魏夫人に授けたことと、その薬方の詳細が載っていたと考えられる。孫思邈はそれにもとづいており、「登真隠訣逸文」の説明は『魏夫人内伝』を参照していると想定される。⁽²²⁾

　王褒が魏華存に述べた「道を学ぶ者は、当に病を去るべし。先に五蔵をして充盈せしめ耳目をして聰明ならしめ、乃ち存思服御すべきのみ」（上掲の『太平御覽』巻671の文＝『魏夫人内伝』にもとづく）という言葉には、魏華存の修行における服薬と存思の関係が明示されている。つまり、服薬によって身体を充実させ感覚を鋭敏にすることが、存思の前提とされている。この考えは『裴君内伝』にも次のようにある。

　　裴君内伝に日わく、仏面道人支子元は、裴君授くるに長生の内術を以てす。又た云わく、尋薬と存思とは、道に致るに津を同じくすと雖ども、而れども関源は緒を異にす。服薬は形を保つ所以、形康ければ則ち神も安んず。存思は神を安んずる所以、神通れば則ち形も保し。二理は乃ち相資を成すも、而れども優劣の品有り。⁽²³⁾

つまり、「形」を養う服薬と「神」を養う存思とは、服薬が前提で存思によって「神」を養う方が優位ではあるが、「神」が通れば「形」も保たれ、長生の術として同じ道だというのである。

　以上、王褒が伝授した甘草丸方が『魏夫人内伝』に伝わっていたこと、それは魏夫人の薬方として重要だったことを述べた。王褒には他にも薬方に関わる伝承がある。

『雲笈七籤』巻74「方薬」の冒頭に「太極真人青精乾石䭀飯上仙霊方」があり、「王君注」とある。同一の文が『三洞珠囊』巻3にもあり、そこには「清虚真人王君内伝に其の方法を説いて、大いに具はれり」とある。したがって、『雲笈七籤』巻74の「王君注」は王褒の注であり、それは『王君内伝』に付属していたことがわかる。つまり『王君内伝』には、こうした薬草の記述が詳述されていたと考えられる。『王君内伝』の撰者は魏華存とされるが、魏華存が実在したとすれば、彼女は『王君内伝』を『真誥』の楊羲のような降霊術で執筆したのであろう。したがって、『王君内伝』にみえる薬方は、魏華存自身が持っていた薬方なのであろう。

　要するに、王屋山の神である王褒が魏華存に修行の前提として薬草の処方を授けたという伝説が形成されていた。魏夫人はこうした薬草の処方をたくさん持っていたと考えられる。孫思邈『孫真人備急千金要方』巻6に、次のようにある。

　　鼈甲は、女人の小腹中の積聚を円治す。大きさ七八寸の如く、盤面上下に周流し、痛きこと忍ぶべからず、手足は苦はだ冷え、欬噫は腥臭あり、両脇は熱きこと火の炙るが如く、玉門は冷きこと風の吹くが如く、経水は通ぜず、或は月前に在り、或は月後に在り。之を服すること三十日にして、便ち瘥えて孕む有り。此れは是れ河内太守魏夫人の方なり。

　このような薬方は、『真誥』に伝わる魏華存の言説にくらべ、ずっと生身の女性的な観点を備えている。

　『魏夫人内伝』によれば、魏夫人は昇仙後、陽洛山に入るが、この山は王屋山の清虚宮の別宮である。『魏夫人内伝』に次のようにある。

　　我［王褒］昔し此［陽洛山］に於いて道を学び、南極夫人・西城王君に遇って、我に宝経三十一巻を授け、之を行って以て真人と成り、位は小有洞天仙王と為る。今授くる所の者は即ち南極元君・西城王君の本文な

り。此の山の洞台は、乃ち清虚の別宮なるのみ。(26)

　陽洛山は、王屋山から東に隣接した山である(27)。劉禹錫の「奉送家兄帰王屋山隠居」詩の題注に「道書に拠れば、王屋山の一名は洛陽山」とある(28)。

　　陽洛なる天壇の上、依稀として玉京に似たり。
　　夜分に先に日を見て、天浄く遠く笙を聞く。
　　雲路に鶏犬を将いるは、丹台に姓名有ればなり。
　　古来より道を成す者、兄弟も亦た同行す。

　第一句に「陽洛天壇」とあるから、題注の「洛陽山」は「陽洛山」に作るべきである。劉禹錫は、天壇山と陽洛山を一連の山とみているようである。最終句の「兄弟」は茅君兄弟のことを指して、自分たち兄弟をたとえている。大洞天として王屋山と茅山が結びついていると劉禹錫が認識していることがわかる。
　このように、魏華存の居住地と王屋山は地理的に近い上に、王屋山の薬草と王褒の仙道と魏華存の薬方とは結びついているのである。そして伝記でも、魏華存の修道は王屋山の薬草から始まって、王屋山の洞天の別宮に戻る。王屋山が第一大洞天とされるのは、魏華存と王屋山の如上の関係を背景としているのである。だとすると、この洞天説は、魏華存ないしそれに近い人物によってまとめられたことが想定できるのではなかろうか。

3．王屋山と王氏と魏夫人

　王屋の山名は『書経』「禹貢」や『淮南子』にみえ、戦国時代にはすでに存在した。「王」は山の形にもとづくとか、崖に横線が入っている景観にもとづくなどの説があるが、その山名の由来は判明しない。「王屋」は、『説文解字』の「屋」の解釈「至に従い、至は止まる所」によれば、「王の止まる

山」となる。『天地宮府図』では「西城王君」が王屋山を統治していることになっている。つまり、山の名と山の神の姓が一致している。

「西城王君」とは、魏華存の伝記『魏夫人内伝』によれば、王遠（王方平）のことである。しかし杜光庭『洞天福地岳瀆名山記』では、王屋山の治者は王褒となっている。魏夫人撰とされる王褒の伝記『清虚真人王君内伝』（『雲笈七籤』巻108）によれば、王遠は王褒（王子登）の師であり、伝授は王屋山でおこなわれた。王褒は王遠から31種類の経典を授かったが、それは王褒が魏夫人に授けたものと同一であり、これが上清経の出自とされる。王遠と王褒は別々の神仙だったのが混同されたのか、二つの伝承が師弟関係によって解釈し直されたのか、はっきりしないが、いずれにせよ、王屋山が王姓と結びつけられていることは認められる。このように王姓の神が王屋山の治者とされているのは、現実に華北に存在した王氏の集団と王屋山との関連が反映されているのではなかろうか。

同姓の神を尊崇することが、祖先崇拝と結びつき、しかもそれが道教とも結びつく事例として唐王朝の例が有名である。李氏が唐王朝をたてるのに、同姓の李耳（老子）を尊崇した。実は、この李氏の考え方は唐代以前から存在し、唐の皇室はそれを利用したにすぎない。北魏の「李璧墓誌」（520年刻）に、李璧は「渤海条県広楽郷吉遷里の人なり。其の先は李耳」とある。

唐代には、王姓の者が同姓の神から経典を伝授される神話が作られている。唐末の『仙伝拾遺』「王太虚」によれば、咸通壬辰の歳（872）、王玲なる者が、『黄庭経』を学んで意を得ず、王屋山小有洞天に神仙の府ありと聞いて、志願して王屋令となり、退官後に決死の覚悟で王屋山の「洞屋」に入る。内部を数日も進むと、断崖絶壁が聳え、下は数百人も座れるような洞室に至る。そこで彼は東極真人王太虚に遭遇する。神は「吾は東極真人、子の同姓なり。此の黄庭宝経は、吾の註する所、子に授けしむ」と語る。つまり、神は同族の先祖であり、そのよしみで俗人に経典を授けたのである。

また、杜光庭が王建のために『王氏神仙伝』という神仙伝記集を編纂したこともある。これは、王建が王氏を名乗ったことを正統化するために、歴代

の王氏の昇仙した人物の伝記を列記したものである。

　このような例から、王屋山の神を王氏としたのは、王屋山という山名を端緒として、歴史的な王氏集団と王屋山を結びつける動機が存在したのではなかろうか。だとすると、王屋山の神を王氏とした者たちは、歴史的な王氏集団と関係が深い者であろう。それは、魏華存の子の劉璞あるいはその子（魏華存の孫）、ないし劉璞から経典を授かった楊羲ではなかったろうか。

　魏夫人と王氏の関係はどのようであったか。その頼りとなる魏夫人の伝記を示す『魏夫人内伝』は神話的内容であって、魏夫人の歴史的事実を伝えているとは認められないと思われてきた。甚だしきに至っては、魏夫人は神話上の人物であって実在しないと考える向きもあった。たしかに『魏夫人内伝』には３種のバージョンが伝えられ、主に唐代に編集されたバージョンが伝えられている。したがって、これを史料として使うには慎重さが必要である。ところが数年前、魏夫人に関連する新出史料が発表された。

　それによれば、1998年９月から12月にかけて、南京市博物館は南京北郊の象山で東晋の王氏家族墓３基を発掘、そのうち９号の夫妻合葬墓で３つの墓誌が出土した。うち２つの墓誌は保存がよかった。それは「王建之墓誌」と王建之の妻の「劉媚子墓誌」である。

　「劉媚子墓誌」の全文は以下のようである。

　　晋振威将軍、鄱陽太守、都亭侯、琅耶臨沂県都郷南仁里王建之、字栄妣、故夫人南陽涅陽劉氏、字媚子、春秋五十三、泰和六年六月戊戌朔十四日辛亥、薨於郡官舎。夫人修武令乂之孫、光禄勲東昌男璞之長女、年廿来帰、生三男三女。二男未識不育。大女玉亀、次女道末、并二歳亡。小女張願、適済陰卞嗣之、字奉伯。小男妓紀之、字元万。其年十月丙申朔三日戊戌、喪還都。十一月乙未朔八日壬寅、倍葬於旧墓、在丹楊建康之白石。故刻石為識。

　この墓主の一人の劉媚子は、晋の振威将軍で鄱陽太守・都亭侯だった琅耶

臨沂県都郷南仁里の王建之の妻であった。つまり、琅耶の王氏の妻である。彼女は南陽の劉氏の出で、修武令の劉又の孫、劉璞の長女であった。つまり、劉又（修武令）―劉璞―劉媚子（泰和6年（371）に死去）という系譜がわかる。ところで『魏夫人内伝』に次のようにある。

　　年二十四、強適太保掾南陽劉文、字幼彦。生二子、長曰璞、次曰瑕。幼彦後為修武令。夫人心期幽霊、精誠彌篤。

これによると、魏夫人は24歳で南陽の「劉文、字は幼彦」に嫁ぎ、子供二人を生んで、長男は劉璞という。そして劉文は後に修武令となった。つまり、「劉媚子墓誌」の示す劉氏の系譜は『魏夫人内伝』と一致する（劉又と劉文の違いは伝写の誤りであろう）。したがって「劉媚子墓誌」は、魏夫人の孫の墓誌だということになる。この墓誌に魏夫人の名前が出ているわけではないが、『魏夫人内伝』の事跡の信頼性を高めることにはなる。
　では『魏夫人内伝』はいつ頃の成書なのか。『真誥』巻19に次のようにある。（原文で示す）

　　南岳夫人伝載青籙文云、歳在甲子、朔日辛亥、先農饗旦、甲寅羽水、起安啓年、経乃始伝。得道之子、当修玉文。

『南岳夫人伝』とは『魏夫人内伝』のことである。それには「青籙文」を載せているという。つまり、当時の『魏夫人内伝』は、魏夫人の伝授と昇仙の物語だけでなく、「青籙文」といわれるものを載せていたのである。ここで「玉文」が伝えられたのは「歳は甲子」「朔日は辛亥」「甲寅」とあり、これに対する陶弘景の考証によれば、興寧2年（364）は正月一日が辛亥、四日が甲寅だという。したがって、この「青籙文」は364年以降、それほど離れていない頃の成書である。
　この「青籙文」とは何か。『真誥』巻17によると、楊羲が夢に真人が手に

青い字の書かれた二つの版を持っているのを見ており、そこには許氏の家族の名前が出ていた、とある。その陶弘景の注には、「版青為字、即青籙白簡也」とある。したがって、こうした「青籙」には得道者の名前が書かれていたのである。おそらく、『魏夫人内伝』に載った「青籙」と、楊羲が目にした「青籙」とは、許氏の家族の名前が出ている同一のものであろう。

　それが『南岳夫人伝』にあったということは、それは伝記のあとに付属していたと考えられる。だとすると、伝記の成立は「青籙」より以前であろう。したがって『魏夫人内伝』の成立は、興寧2年（364）に近い頃か、それ以前ということになる。

　これを補う史料が『葛仙翁肘後備急方』巻1「救卒中悪死方第一」にみえる。

　　按ずるに此の前の救卒死の四方、並びに後の尸蹶の事は、並びに是れ『魏大夫伝』中の正一真人の説く所の「扁鵲受長桑公子法」なり。此の伝の出世を尋ぬるに、葛の後二十許りの年に在りて、知見すること容る無し。当に是れ斯の法は久しく已に在世すべし。故に或いは楚王と言い、或いは趙王と言い、兼ねて立ち、語の次第も亦た参差する故なり。

　この文は、葛洪の薬方に対する陶弘景のコメントである。陶弘景がいう文中の「葛」は葛洪（283〜343）だと考えられ、その死後20年くらいに『魏大夫伝』＝『魏夫人内伝』は成ったという。だとすると、『魏夫人内伝』の成立は興寧年間（363〜365）の初めと陶弘景はみていたことになる。したがって「青籙」に対するコメントと一致する。

　興寧2年（364）より数年前に『魏夫人内伝』が作られたとすると、ここで注意すべきなのは、墓誌の発見により、このとき魏華存の孫である劉媚子は生存していたことが証明されたことである。劉媚子の夫の王建之は、琅耶臨沂の王氏である。つまり、魏夫人は王氏一族の妻の祖母であり、その彼女が茅山の降霊に出現したことになる。

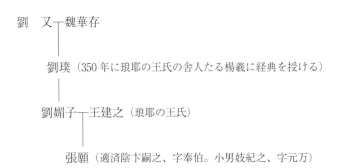

　当時の王氏の代表人物である王羲之が、茅山の許氏に親しい関係だったことはよく知られている。茅山で降霊をした楊羲は、琅耶の王家の舎人であり、永和6年（350）に魏華存の息子である劉璞から経典を伝授され、その15年後に茅山で降霊をおこなった[39]。
　このように、茅山の降霊は琅耶の王氏と密接な関係を持っており、しかも同時代に魏華存の子や孫が王氏の妻ないしその親戚のなかにいた。このような状況下で『魏夫人内伝』が撰せられたのであるから、その事跡に関する歴史的記述は信憑性が高いと考えてよい[40]。
　ところで、王氏は周の霊王の太子晋の後裔だとされていた。後漢の王符の『潜夫論』巻9に次のようにある。

　　周霊王の太子晋は、幼にして成徳有り、聡明博達にして、温恭敦敏なり。……平公師曠を遣わして太子晋に見えしむ。太子晋与に語り、師曠は徳に服して、深く相結べり。乃ち曠に問うて曰わく、吾れ聞く太師は能く人年の長短を知る、と。師曠対えて曰わく、女の色は赤白く、女の声は清汗なり、火色は寿ならず、と。晋曰わく、然り。吾は後三年にして将に上つかた帝に賓せんとす、女は慎んで言う無かれ、殃の将に女に及ばん、と。其の後三年にして太子死せり。孔子は之を聞きて曰わく、惜しいかな。吾が君を殺せり、と。世人は其の予じめ自ら去る期を知れるを以て、故に王子喬仙と伝称す。仙せるの後、其の嗣は周の難を晋に

避け、平陽に家し、因りて王氏を氏とす。其の後の子孫は世よ養性神仙の術を喜くす。⁽⁴¹⁾

これによれば、後漢においてすでに王氏は「養性神仙之術」を伝えていたことがわかる。『晋書』「王羲之伝」では「王氏は世よ張氏の五斗米道に事う」という。これは、あるいは後漢からの「養性神仙之術」の家伝を、東晋以降の王氏の天師道信仰から再解釈したものかもしれないが、王氏が代々神仙術を家学としていたことの反映ではあろう。これをふまえると、魏華存の子孫と王氏の婚姻は、背景に道教信仰の親和性があったと考えてよいのではなかろうか。

魏華存本人と王氏の関係は不明だが、『王君伝』に洞天についての記載があったのかもしれない。『太平御覧』巻40に次のようにある。

太素真人王君内伝に曰わく、王屋山に小天有り、号して小有天と曰う。周廻一万里。三十六洞天の第一なり。(43)

また『太平御覧』巻674にも次のようにある。

清虚真人王君内伝に曰わく、委羽山洞は周廻万里、名を大有空明天と曰い、司馬季主其の中に在り。又た曰わく、西域玉山洞は周廻三千里、名を太玄総真天といい、司命君の処る所なり。(44)

これらの引用文は他書にみえず、この引用書名の裏打ちはとれないが、これらによれば、洞天に関する記述は王褒からの伝承の一部として、魏華存に伝えられたとされていたのではなかろうか。

結　論

　以上のように、王屋山は景観が優れ、深い洞窟があったこと、薬草もとれたこと、魏華存は王屋山でとれる薬草による薬方を持っていたとされること、王屋山には王氏の神がいるとされ、魏華存の子孫は王氏と姻戚関係にあったことなどが、王屋山を第一大洞天とした要因として考えられる。

　聖地としての王屋山は、得道者が第一に赴くべき場所であった。『真誥』巻5に「（王）君曰わく、王屋山は仙の別天、所謂る陽台は是れなり。諸もろの始めて道を得たる者は、皆な陽台に詣る、陽台は是れ清虚の宮なり」とある。王屋山と茅山は地下で通じているのであるから、神仙の往来は頻繁におこなわれている。『真誥』巻1に「南岳夫人は其の夕に弟子に語って言わく、我れ明日当に王屋山清虚宮に詣るべし、汝をして之が至る所を知らしむるなり」とある。また巻13に「河内の李整、昔し守一の法幷びに洞房を受けて道を得たり。初めは洛陽山に在るも、近来は華陽の中に入る」とある。ここで、李整は河内の人とされている。「河内」は魏夫人祠および魏華存の薬方が伝わった場所である。「洛陽山」は「陽洛山」のことであろう。王襃や魏華存だけでなく、李整も王屋山の別宮の陽洛山から来た神仙であった。つまり、王屋山と茅山が地下で通じているのは、経典と教法と神々が通じていることを意味するのである。王屋山は上清派の修行者が得道後（すなわち死後）に第一に赴く場所であり、神仙の本宮なのであった。

　これにもとづき憶測を述べれば、王屋山を第一大洞天とした者は、魏華存の道法および王屋山の薬草による薬方の開発を現実の根拠として、王屋山と王姓の神を結びつけ、魏華存と王姓の神の伝授関係をこしらえた。その王屋山を得道者（死者）が第一に赴く神仙世界とするとともに、上清経の蔵された場所とした。このように、王屋洞天の王襃と魏華存の伝授関係は、魏華存の家系と琅耶の王氏との姻戚関係を反映している。

　王襃の「太極真人青精乾石䭀飯上仙霊方」（前出『雲笈七籤』巻74）では、

「南燭草」を説明して、次のように述べる。

　　故の号の南燭草木は一名猴薬……一名草木之王、嵩高・少室・抱犢・鶏頭山に生ずるも、名山に皆なこれ有り、但だに数処のみに非ず、江左呉越尤も多く、其の土人は之に名づけて猴菽と曰い、或いは染菽粗という、其の名と相髣髴するなり⁽⁴⁸⁾。

この注釈の口吻からして、作者は華北の人でありながら、南方に来て、華北と同じ薬草が華北と似た名称で通用していることに驚いているようである。これは、洞天の多くは江南に存在するが、それが王屋山に地下で通じていることで、北の自分たちの経典と教法と神々が江南でもおこなえる心理的な保障となっていたことを示すのではなかろうか。

【注】
（1）　李永晟点校『雲笈七籤』巻27、中華書局、2003年、609頁「太上曰、十大洞天者、処大地名山之間、是上天遣群仙統治之所。第一王屋山洞、周廻万里、号曰小有清虚之天。在洛陽河陽両界、去王屋県六十里。属西城王君治之」。
（2）　趙益点校『真誥』巻11、中華書局、2011年、195頁「伝中所載、至第十天」。
（3）　杜光庭「天壇王屋山聖跡叙」「玄元帝時、命四海龍神所修天下十大洞天、用疆鼓之石、重重相畳。」案ずるに「玄元」は「軒轅」の誤りであろう。龍神に命じるような神話の主役としては、老子より黄帝の方がふさわしいし、杜光庭はこの文で王屋山と黄帝の関連を強調しており、文脈からしても、そのように思われる。ただし、羅争鳴『杜光庭記伝十種輯校』（中華書局、2013年）408頁は、この二字に校正を加えていない。
（4）　この点は、三浦國雄「洞天福地小論」『中国人のトポス』（平凡社、1988年）で指摘されている。
（5）　杜光庭「天壇王屋山聖跡叙」「王屋山自軒轅黄帝後、至晋南岳魏夫人、上帝遷号、勅小有洞主王子登下教魏華存於小有清虚宮中。四十七真受学道畢、南岳霊官仙衆、自清虚宮迎夫人赴南岳衡山司命之任矣」。

（6）　現地調査によると、現状では必ずしもそのような自然環境でない場合もある。第二大洞天とされる委羽山は、標高60メートル程度の丘にすぎず、現在は人家に囲まれている。ただし、その委羽山にも深い洞窟が存在する。また、委羽山には向かい合って屹立する方山があり、そこからは方山石という特殊な石材が産出する。

（7）　洞口はやや上を向いており、王母洞が横と上へ続く洞窟なのに対し、こちらは下方へ続いていたのかもしれない。周囲の湧水の状況からして、この洞窟からも湧水があったと想像される。唐の李泰らの『括地志』巻2に王屋山の洞窟に言及して、「其深不測、既見而伏」とあるのは、この洞窟のことであろう。

（8）　現地の詳しい状況については、土屋昌明「第一大洞天王屋山洞の陽台観と紫微宮の現況」『洞天福地研究』第3号、2012年。

（9）　K. M. Schipper「第一洞天：閩東寧徳霍童山初考」土屋訳『洞天福地研究』第4号、2013年、9頁。

（10）　『真誥』「君曰、昔毛伯道・劉道恭・謝稚堅・張兆期、皆後漢時人也。学道在王屋山中、積四十余年、共合神丹。毛伯道先服之而死、道恭服之、又死、謝稚堅・張兆期見之如此、不敢服之。並捐山而帰去。後見伯道・道恭在山上、二人悲愕、遂就請道。与之茯苓持方、服之、皆数百歳、今猶在山中」。

（11）　『神仙伝』は葛洪の撰とされるが、後人が再編集した伝記が多く混入している。拙稿「仙伝文学と道教」『講座　道教』第4巻〈道教と中国思想〉、（2000年、雄山閣出版）を参照。ただし、甘始伝は初唐の類書に引用があり、六朝時代の文章である。

（12）　胡守為校釈『神仙伝』中華書局、2010年、363頁「甘始者、太原人也。善行気、不飲食、又服天門冬。行房中之事、依容成玄祖之法、更演益之為一巻、用之甚有近効。治病不用針灸湯薬。在人間三百余歳、乃入王屋山仙去也。」

（13）　済源市地方史志辦公室『王屋山志』中州古籍出版社、1996年。王屋山と薬草の関係は、その後、孫思邈と関連づけられて現在に至っている。孫思邈と王屋山をめぐる伝説については、山下一夫「王屋山の伏虎説話——孫思邈伝説の成立をめぐって」『洞天福地研究』第5号、2014年3月、37〜50頁を参照。

（14）　『魏夫人伝』「魏夫人者、任城人也。晋司徒劇陽文康公舒之女、名華存、字賢安。幼而好道、静黙恭謹。誦庄老、三伝五経百氏、無不該覧。志慕神仙、味真耽玄。欲求沖挙。常服胡麻散・茯苓丸、吐納気液、摂生夷静。親属往来、一無関見、常欲別居閒処、父母不許。年二十四、強適太保掾南陽劉文、字幼彦。生二子、長曰璞、次曰瑕。幼彦後為修武令。夫人心期幽霊、精誠彌篤」『太平広

記』巻58、中華書局、1961年、356頁。
(15) 2011年8月と11月に現地調査をおこなった。鈴木健郎「平成23年度第2回洞天調査報告」『洞天福地研究』第3号、92～107頁、2012年3月。
(16) 趙益点校『真誥』91頁。このコメントは、『太平御覧』巻663所引『名山記』に『王君内伝』としてみえる。「名山記曰：岳洞方百里、在終南太一間、或名桂陽宮、多諸霊異。又曰、王屋山洞周廻万里、名曰小有清虚天。按王君内伝云、在河内沁水県界、済水所出之源也。北有太行、東南有北邙嵩山。内洞天、曰、日月星辰、雲宮草木、万類無異矣。宮闕相映金玉鏤餝者、地仙所処、即清虚王君所居也。」
(17) 『雲笈七籤』巻105の『裴君内伝』所引『宝玄経』に「茯苓治少、胡麻治老」。
(18) 「初、王君告夫人曰、学者当去疾除病。因授甘草穀仙方、夫人服之。夫人能隷書小有王君幷伝、事甚詳悉」。『太平広記』358頁
(19) 『太平御覧』巻671「又曰、清虚王真人授南岳魏夫人穀仙甘草丸方、魏夫人少多病疾、王君於脩武県中告夫人曰、学道者当去病、先令五蔵充盈、耳目聡明、乃可存思服御耳。」
(20) 同前「按王君初降真之時、是晋元康九年冬於汲郡脩武県廨内、夫人時応年四十八也。夫人按而服之、及隠影去世之時年八十三歳也。此晋成帝咸和八年甲午歳、則夫人従服薬已来三十五年矣。其間或不必常相続也。了無復他患、先疢都愈、髪不白、歯不落、耳目聡明、常月中書道家章符。夫人既為女官祭酒、故猶以章符示遺迹也。存思入室、動百日数十日、了不覚労。既在俗世、家事相乱、欲脩斎研誦、便託以入室也。食飲通快、四体充盈、即甘草丸之験也。謂之穀仙方。脾胃既和、則能食而不害膚充而精察起居調節無渋利之患矣。食穀而得仙、故謂穀仙也。此本九宮右真公郭少金撰集此方。諸家已久有之、至郭氏更撰集次第、序説所治耳。猶如青精乃太素之法、而今謂太極真人也。学仙道者、宜先服之。昔少金以此方授介象、又授劉根張陵等数十人。亦称此丸為少金丸。宜斎戒修合。並無毒無所禁。食一年大益、無責旦夕之効也。俗人亦皆可服之。」
(21) 「真人授魏夫人穀仙丸。一名制虫丸。夫学仙道者、宜先服之、壙骨補筋、駐年還白、体生異光、久服神仙、昔者右真人郭少金以方授介象、又授劉根張陵等数人、並按而服之、遂皆致神仙。凡合薬当在別室浄潔処、不合雑人、多目臨視、亦宜沐浴、斎戒三日、乃可擣治之。…無毒無所禁忌。食一年乃大得其益。無責旦夕之急効也」。[道蔵18-472]
(22) 王家葵輯校『登真隠訣輯校』（中華書局、2011年、369頁）では、『枕中記』の文を参照せず、『三洞珠嚢』の引用文をそのまま『登真隠訣』の佚文とみてい

(23) 『三洞珠嚢』巻5に引く『裴君内伝』の逸文。「裴君内伝曰、仏面道人支子元、裴君授以長生内術。又云、尋薬之与存思、雖致道同津、而関源異緒、服薬所以保形、形康則神安、存思所以安神、神通則形保、二理乃成相資、而有優劣之品」。

(24) 『三洞珠嚢』巻3「清虚真人王君内伝説其方法、大具也」王家葵輯校『登真隠訣輯校』171頁は『登真隠訣』の逸文とする。

(25) 「鼈甲、円治女人小腹中積聚。大如七八寸、盤面上下周流、痛不可忍、手足苦冷、欬噫腥臭、両脇熱如火灸、玉門冷如風吹、経水不通、或在月前、或在月後。服之三十日、便癒有孕。此是河内太守魏夫人方」。

(26) 『魏夫人内伝』「我昔於此学道、遇南極夫人、西城王君、授我宝経三十一巻、行之以成真人、位為小有洞天仙王。令（今）所授者即南極元君、西城王君之本文也。此山洞台、乃清虚之別宮耳」。『太平広記』巻58。『太平御覧』巻678所引では陽洛山とある。

(27) 河南省沁陽県附近。譚其驤主編、《中国歴史地図集》暁園出版社、1991年、第三冊、頁35～36。張景華・秦太昌「晋魏華存修道陽洛山考」『中国道教』2001年第1期、40頁。

(28) 『文苑英華』巻277、「拠道書、王屋山一名洛陽山」。「陽洛天壇上、依稀似玉京。夜分先見日、大浄遠聞笙。雲路将鶏犬、丹台有姓名。古来成道者、兄弟亦同行」。

(29) 『太平広記』巻58。羅寧・武麗霞「『南岳夫人内伝』・『南岳魏夫人伝』考」四川大学『新国学』第5巻、213～239頁に作者に関する議論とテキストの校正がある。注（36）の張超然の考証によれば、このテキストが祖本に最も近い。

(30) 韓理洲『全北魏東魏西魏文補遺』三秦出版社、2010年、165頁。「渤海条県広楽郷吉遷里人也。其先李耳」。

(31) 『太平広記』巻46、287頁「王太虚」。「吾東極真人、子之同姓也。此黄庭宝経、吾之所註、使授於子」。

(32) 愛宕元「魏夫人信仰の変遷」吉川忠夫編『六朝道教の研究』同朋舎、1998年。

(33) 陳国符『道蔵源流考』（中華書局、1963年）、12頁に詳しい。

(34) 趙益『六朝南方神仙道教与文学』上海古籍出版社、2006年、196～197頁。

(35) 南京市博物館「南京象山8号、9号、10号墓誌発掘簡報」『文物』2000年第7期。堂蘭淑子「南岳魏夫人の家族と琅耶の王氏－王建之妻劉媚子墓誌を中心に」『桃の会論集』3集、2005年10月。周冶「南岳夫人魏華存新考」『世界宗教研

究』2006年第2期、65～70頁。

(36) 張超然は、この名簿を(1)南極元君王華林、(2)西城真人王遠—(3)清虚真人王褒—(4)南岳夫人魏華存—(5)楊羲—(6)許謐、(7)許翽であり、同時に「宝経三十一巻」の伝承系譜と考えている。張超然、国立政治大学中国文学系九十六学年度博士学位論文『系譜、教法及其整合：東晋南朝道教上清経派的基礎研究』による。

(37) 『葛仙翁肘後備急方』巻1「救卒中悪死方第一」「按此前救卒死四方并後尸蹶事、幷是魏大夫伝中正一真人所説扁鵲受長桑公子法。尋此伝出世在葛後二十許年、無容知見。当是斯法久已在世。故或言楚王、或言趙王、兼立、語次第亦参差故也」。

(38) 王家葵『陶弘景丛考』斉魯書社、2003年、第2章第2節。

(39) 『真誥』巻20「楊先以永和五年巳酉歳受『中黄制虎豹符』、六年庚戌又就魏夫人長子劉璞受『霊宝五符』、時年二十一。興寧三年乙丑歳、衆真降喚、年三十六」。

(40) 『魏夫人内伝』に魏華存の昇仙の年を「凡住世八十三年、以晋成帝咸和九年、歳在甲午」つまり334年とするのも信憑性がある。Robinet教授は335年とする。Isabelle Robinet, *La révélation du Shangqing dans l'histoire du taoïsme*. Paris : École française d'Extrême-Orient : Dépositaire, Adrien-Maisonneuve , 1984、pp.399-405.

(41) 彭鐸校正『潜夫論箋校正』中華書局、1985年、435頁。「周霊王之太子晋、幼有成徳、聡明博達、温恭敦敏。……平公遣師曠見太子晋。太子晋与語、師曠服徳、深相結也。乃問曠曰、吾聞太師能知人年之長短。師曠対曰、女色赤白、女声清汗、火色不寿。晋曰、然。吾後三年将上賓於帝、女慎無言、殃将及女。其後三年而太子死。孔子聞之曰、惜夫。殺吾君也。世人以其豫自知去期、故伝称王子喬仙。仙之後、其嗣避周難於晋、家於平陽、因氏王氏。其後子孫世喜養性神仙之術」。

(42) 陳寅恪「天師道与浜海地域之関係」『金明館叢稿初編』上海古籍出版社、1980年。

(43) 「太素真人王君内伝曰、王屋山有小天、号曰小有天、周迴一万里、三十六洞天之第一焉」。

(44) 「清虚真人王君内伝曰、委羽山洞周廻万里、名曰大有空明天、司馬季主在其中。又曰、西域玉山洞、周廻三千里、名太玄総真天、司命君之所処也」。

(45) 「君曰、王屋山仙之別天、所謂陽台是也。諸始得道者、皆詣陽台、陽台是清虚之宮也」。

(46)　「南岳夫人其夕語弟子言、我明日当詣王屋山清虚宮、令汝知之所至也」。
(47)　「河内李整、昔受守一法并洞房得道。初在洛陽山、近来入華陽中」。
(48)　「故号南燭草木一名猴薬……一名草木之王、生嵩高・少室・抱犢・雞頭山、名山皆有之、非但数処而已、江左呉越尤多、其土人名之曰猴菽、或染菽粗、与其名相髣髴也」。

The Dongtian/Fudi and the sacred places of the emerging Quanzhen Daoism

Pierre MARSONE

The Daoist Quanzhen 全眞 school was founded in North China during the Jurchen Jin 金 dynasty by a man originating from Shaanxi, Wang Zhe 王嚞 (1113-1170) better known as Wang Chongyang 王重陽. After a military career, Wang Chongyang experienced fifteen years of depressed life. He eventually had an insight which led him to a conversion and to the undertaking of ascetic life. This event is presented by the texts of the Quanzhen as an encounter with immortals, mainly Lü Dongbin 呂洞賓. Wang Chongyang's ascetic life was centered on inner alchemy (*neidan* 內丹). This religious life consisted not only in self-cultivation, but also in the predication of Daoist morals and inner alchemy, with the aim of converting people and allowing them to obtain salvation through escaping the cycle of rebirths (*lunhui* 輪迴). Wang's predication was more successful during the three years he spent in Shandong (1167-1169) than during the previous years in Shaanxi (1161-1167). The number of converted lay people is difficult to estimate but what is sure is that in Shandong Wang converted several disciples among whose the most outstanding are called the Seven Authentics (*Qizhen* 七眞) who are : Ma Yu 馬鈺 (Ma Danyang 馬丹陽, 1123-1184), Tan Chuduan 譚處端 (Tan Changzhen 譚長眞, 1123-1185), Liu Chuxuan 劉處玄 (Liu Changsheng 劉長生, 1147-1203), Qiu Chuji 丘處機 (Qiu Changchun 丘長春, 1148-1227), Wang Chuyi 王處一 (Wang Yuyang 王玉陽, 1142-1217), Hao Taigu 郝太古 (Hao Datong 郝大通, 1140-1213) and Ma Danyang's wife, Sun Bu'er 孫不二 (Qingjing sanren 清靜

散人, 1119-1183). After Wang's death, these disciples spread the Quanzhen school very quickly throughout the Jin Empire, that is to say the northern part of present-day China, to the point that, when the Mongols invaded the Central Plain and took the present-day city of Beijing in 1215, the religious school which appeared most representative of religion in China was the Quanzhen. As a consequence, the monk summoned by Chinggis Khan was the seventy years old Qiu Chuji who, as the patriarch of the Quanzhen school, had to make the long trip to Samarkand for meeting the Mongol conqueror. This travel was a success. Qiu and his eighteen great disciples came back to China with a decree which gave them full power on all religious matters. This event consolidated the influence of the Quanzhen school, and in spite of a hard rivalry with Buddhism, lost debates at the court and the famous auto-da-fé of 1281, the Quanzhen school remained flourishing throughout the Yuan dynasty. Nowadays, the Quanzhen school still plays a major role in the religion in China. Since the reforms or the 80's, Quanzhen temples have been reopened in some of the main cities of China, for example in Beijing, Xi'an or Shenyang. They represent well Quanzhen Daoism in contemporary China.

The Quanzhen and the Dongtian and fudi

The question we can ask in relation with the *dongtian* 洞天 and *fudi* 福地 is: what is the link between this major event in the history of Daoism and the sacred places of Daoism ? Wang Chongyang practiced asceticism near the Zhongnan Mountains 終南山 (present-day Qinlingshan 秦岭山) in Shaanxi and with his main disciples in the Kunyu Mountains 昆嵛山 in Shandong. Ma Danyang practiced asceticism at the same places. Tan Changzhen stayed in the valley of the Yellow river, in Shanxi and Henan, especially around Weizhou 衛州 (100 kilometers north of Zhengzhou or Kaifeng), in a sector where the Taiyi 太一 school must have had great influence, and he passed away at Luoyang. Liu Changsheng stayed two years at Luoyang, went back to Shandong and founded a temple at Mount Daji 大基 near Laizhou, 萊州 where he died. Qiu practiced asceticism near Baoji, in western Shaanxi, first at Panxi 磻溪 torrent (1174-1180) and then at Longmen 龍門 grotto on Mount Jingfushan 景福山 near Longzhou 隴州, present-day Longxian (1181-1186). From 1191 onwards, he mainly dwelled at Mount Qixia 棲霞 in central Shandong and at [Tie]chashan 鐵查(樝)山 in the east-southern part of the same region. Hao Taigu practiced asceticism mainly at Wozhou 沃州 (Zhaoxian, 30 km south-east of Shijiazhuang). Wang Yuyang went to many places for mission, including the Jurchen imperial capital of Zhongdu where he was the first to be summoned to the court of Emperor Shizong 世宗, before Wang Chongyang's all other disciples, on the 13th day of the 11th month 1186. Since 1169, he practiced ascesis at the Yunguang grotto (Yunguangdong 雲光洞) in Tiechashan, and from 1187 onward he settled the center of his mission in southern Shandong, at Shengshui 聖水 in the Kunyu Mountains where he built a temple called Yuxuguan 玉虛觀⁽¹⁾. Sun Bu'er, whom Ma did not allow to stay at the Patriarchal hall (the Zuting 祖庭, where the patriarch Wang Chongyang was buried), went to Luoyang and practiced ascesis at the grotto of the Immortal maiden Feng (Feng xian'gu 風仙姑) located in the east of the city.⁽²⁾ Sun Bu'er lived in that grotto seven years before passing away in the 12th month 1182 (1183).

We have mentioned above the main places linked with the two first decades of the foundation of the Quanzhen. None of these places exist in the list of the *dongtian*. The only dongtian which could seem to have some indirect relationship with the Quanzhen is Mount Huashan 華山⁽³⁾. In their travels between Shaanxi and Shandong, the founders of the Quanzhen school had to pass along this mountain. But they didn't stop there and the Wang Chuyi who edited in 1183 the *Xiyue Huashan zhi* 西嶽華山志 (*DZ* 307) is not the Wang Chuyi nicknamed Yuyang. The only link between the emerging Quanzhen and the Huashan is the foundation of a Taiqingguan 太清觀 temple in 1177 by Ma Danyang's disciples Qiao Qiandao 喬潛道 and Li Chongdao 李沖道.

For what concerns the *fudi*, among the place names involved in the foundation of the Quanzhen, we find only two *fudi*. The first is Mount Beimang 北邙. The official chronology of the Quanzhen, the "Chronology of the Seven Authentics" (*Qizhen nianpu* 七眞年譜)[4], quotes a poem written by Wang Chongyang on a wall of the Shangqinggong temple 上清宮 when Wang passed by Mount Beimang, and it adds that this poem could still be seen in the temple in 1271. The second *fudi* is Wozhou. This is the place of ascesis of the most isolated disciple of Wang Chongyang, Hao Datong, who is often presented as a soothsayer but who was before all a specialist of the *Yijing* 易經. Therefore, the *fudi* of Beimang and Wozhou are present in the process of the foundation of the Quanzhen, but their importance is absolutely minor.

A question can be asked concerning the name Difei 地肺. In his poems, Wang Chongyang calls himself "Master Chongyang of Difei" (Difei Chongyangzi 地肺重陽子)[5], and he speaks of a "Luminous Master from Difei" (*Difei mingshi* 地肺明師)[6]. One could obviously wonder if this name refers to the *fudi* of Difeishan, that is to say the Jinling 金陵 Mountains at Gouqu 句曲 mentioned in the *Zhen'gao* 眞誥 by Tao Hongjing 陶弘景 (456-536)[7]. But this hypothesis is impossible. Wang Chongyang's biography as well as Lü Dongbin's legend have no relationship with that part of China. Moreover, at Wang's time, China was divided in two parts, the Jurchen Jin empire in the

North, and the Southern Song empire in the South. Although the border was less impassable than what the texts could suggest, contacts between North and South were surely limited and difficult. A deepened research reveals that the name Difei can also be another name of Zhongnan Mountains. Although this sense of Difei is rare, it is attested in the Tang dynasty geographical treatise *Kuodizhi* 括地志 which says: "Zhongnan Mountains are also called [⋯] Difushan 地脯山"(8). This Difushan is likely a miswriting for Difeishan. During the Qing dynasty, Duan Yucai 段玉裁 (1735-1815) asserted that Zhongnanshan and Difeishan are different names for the same range of mountains(9). Nowadays, Chinese scholars agree on that without difficulty(10). But the most convincing proof can be found in the texts of the emerging Quanzhen. The major stele on Wang Chongyang, written in 1225 by a prince of the Jurchen imperial household, Wanyan Shu 完顔璹 (1172-1232), quotes a poem in which Wang says he "left Difei" 違地肺 and "entered Nanjing" 入南京(11), to express that Wang left the Shaanxi and went to Kaifeng. Therefore, Difei is really another name of the Zhongnan Mountains.

Sacred places

From the indications mentioned above it appears that none of the 36 *dongtian* or the 72 *fudi* played an important role in the process of the foundation of the Quanzhen. But major events in the history of Daoism can happen in places which do not belong to these categories. This is the case of the range of the Zhongnan Mountains which are certainly, independently of the question of *dongtian* or *fudi*, a major sacred place of China. The first and most obvious reason is that the Zhongnan Mountains are the place of the founding event of Daoism: Laozi's revelation of the Five thousand

165

words of the *Daodejing* 道德經 to the Guardian of the Pass, Yin Xi 尹喜. The place where this event took place is now called Louguantai 樓觀臺.

The book which gives the best overall presentation of the sacred character of the Zhongnan Mountains, their importance in Daoism and their long eremitic tradition, is certainly the *Zhongnanshan Shuojingtai lidai zhenxian beiji* 終南山說經臺歷代眞仙碑記 ("Records on steles about the immortals through the ages who stayed at the Platform of the preaching of the Classic in Zhongnan Mountains", *DZ* 956). This short work in one *juan* 卷 has probably been compiled by Zhu Xiangxian 朱象先 (fl. 1279-1308) from the Maoshan 茅山. Zhu Xiangxian says in the postscript that in the *jimao* 己卯 year (1279), he went from Jiangxi to the Patriarchal hall (Zuting) and that he spend the summer at the "Jingtai" 經臺. This gave him the opportunity to understand that Louguan was the source of all monasteries and that at that place there were outstanding hermits and immortals at each period of history.[12] The "Jingtai" Zhu Xiangxian speaks of is no other than the "Shuojingtai" of the title of the work, the platform where Laozi taught the *Daodejing*. The *Zhongnanshan Shuojingtai zhenxian beiji* includes thirty-five biographies of Daoists starting from Yin Xi up to major figures of the Quanzhen school, the patriarch "Yin Renping" 尹忍平 (read: Yin Zhiping 尹志平) and Li Zhirou 李志柔. This compilation of biographies establishes an uninterrupted link from Laozi's revelation of the *Daodejing* up to the flourishing Quanzhen school of the 13th century.

Another work by the same Zhu Xiangxian, which illustrates the sacred character of Zhongnan Mountains, is the *Gu Louguan ziyun yanqing ji* 古樓觀紫雲衍慶集 (« Anthology from the Continued Celebration [of the Appearance] of the Purple Clouds at the Ancient Abbey", *DZ* 957). This collection of stele inscriptions in three *juan* also gives much information about this major sanctuary whose name was changed from Gulouguan 古樓觀 to Zongshengguan 宗聖觀 at the beginning of the Tang dynasty (635). We also remark that this work confirms the use of the name Difei for the Zhongnan Mountains when it says: "He came to Zhongnan [Mountains], the green ox stopped at Difei"[(13)]

The place of Wang Chongyang's ascesis, Zu'anzhen 祖庵鎮 near Huxian 戶縣 (traditionally written 鄠縣), is not exactly the famous Daoist sacred place of Louguantai near Zhouzhi 周至 (traditionally written 盩厔). There is a distance of 70 km between the two places. But both places belong to the Zhongnan Mountains and from the Chinese geographical point of view they are considered as the same place. The "Reserved biographies of the immortal Authentics of the Patriarchal court in the Zhongnan Mountains" (*Zhongnanshan Zuting xianzhen neizhuan* 終南山祖庭仙眞內傳, *DZ* 955) by Li Daoqian 李道謙 (1219-1296), which contains thirty-seven biographies of Quanzhen Daoist monks who lived during the first hundred years (1180-1280) of this school at Wang Chongyang's Zuting and who had no particular link with Louguantai, also puts the Zuting in the Zhongnan Mountains. Therefore Wang Chongyang's place of ascesis can really be considered as belonging to the Zhongnan Mountains. The fact that the Zhongnan Mountains are not included in the list of the *dongtian* or the *fudi* does not mean that they have no importance. The revelation of the *Daodejing* must give to the Zhongnan Mountains a particular dignity in Daoism. Various websites assert that Zhongnanshan deserves the name of "Crown of all *dongtian*" (*Dongtian zhi guan* 洞天之冠) and "First *fudi* under Heaven" (*Tianxia diyi fudi* 天下第一福地). According to this expression, the first place of the emergence of the Quanzhen seems to be put above all *dongtian* and *fudi*. Such titles are not explicitly applied to the Zhongnan Mountains in the *Daozang* 道藏

but they can be applied to other mountains. For example, the *Taishang Taiqing Tiantong huming miaojing* 太上太清天童護命妙經 ("Life protecting book of the heavenly Lads of Utmost Purity, [Spoken] by the Most High", *DZ* 632)[14] speaks of "Tianxia diyi Difei fudi" 天下第一地肺福地, a title which puts together the terms *Tianxia diyi fudi* and the name Difei, but this title doesn't seem to be related to the Zhongnan Mountains. The *Taishang Taiqing Tiantong huming miaojing* is attributed to Liang Guangying 梁光映 (also Liang Wuzhen 悟眞) who received it from Laojun 老君 in 1109 or 1112. Liang Guangying, a leper, entered the Yuchenguan 玉晨觀 on Maoshan as a serf in 1112. In the quote above, *Tianxia diyi fudi* is applied to the Yangjiaoshan 羊角山 renamed Longjiaoshan 龍角山 at the beginning of the Tang, a mountain located in Shanxi, on which the immortal Zhan *shanggong* 展上公 ascended to heaven at the remote time of the mythic emperor Diku 帝嚳 and on which Laozi appeared in a Qingtangguan 慶唐觀 during the Longshuo era (661-663)[15]. Therefore, the most honorific titles popularly given to the Zhongnan Mountains don't have by themselves a real value for putting these mountains above all *dongtian* and *fudi*. What gives an exceptional value to the Zhongnan Mountains is the revelation of the *Daodejing* and the uninterrupted tradition of eremitism.

A similar value is perhaps to apply to the Kunyu Mountains. These mountains are not included in the list of the *dongtian* or the *fudi*. According to the oldest monograph about Shandong, Yu Qin's 于欽 (1284-1333) *Qisheng* 齊乘 published by his son Yu Qian 于潛 in 1339[16], the Kunyu Mountains are located in the mountains of Ninghai (Ninghaishan 寧海山) and they are called Da Kunyushan 大崑崙山. Yu Qin says that their beauty makes them "the crown of all mountains" (*xiubawei qunshan zhi guan* 秀拔為羣山之冠). This appraisal is not especially Daoist, but Yu Qin then asserts the Daoist origin of the name Kunyu. According to him, "The classics of the immortals call them Guyushan 姑餘山 ("Mount of the remnants of the Maiden"). There Magu practiced ascesis and ascended to heaven. One can still see the prints left by her feet. Therefore [the mountains] were called Guyu, "Left by the Maiden". Later, as the sounds of Guyu and Kunyu are similar, the name became erroneously Kunyu. Nowadays, the Barbarians of the East only say Kunyu."[17] Yu Qin refers to Ge Hong's 葛洪 *Shenxianzhuan* 神仙傳 and recalls the old legend of Magu which dates back to emperor Huandi 桓帝 (147-168) of the Eastern Han.[18] Through this assertion, he gives Kunyu Mounttains a long Daoist tradition.

Conclusion

The foundation of the Quanzhen school is certainly one of the most important events in the history of Daoism. Such an event is not linked to any *dongtian* or *fudi*. Nevertheless, the main places related to the foundation of the Quanzhen are rooted in the Daoist tradition. This is true for the Kunyu Mountains, and far more for the Zhongnan Mountains which are the place of the revelation of the *Daodejing*. The discrepancy between the religious importance of mountains like Zhongnan or Kunyu and their absence from the lists of the *dongtian* and *fudi* doesn't find any satisfying explanation in terms of value. As Professor Schipper noticed during the discussion following the presentation of this paper, the concept and lists of the *dongtian* and *fudi* has been defined in Southern China and reflects a geographical conception of China different from the present one.

Notes

(1) The place is located now near Fengjiazhen 馮家鎮, municipality of Rushan 乳

山市.

（2）Immortal Feng is said to have arrived at that place during the Jin 金 Huangtong 皇統 era (1141-1148). See Wang Yu's 王宇 *Gu ming xu* 姑銘序 quoted in the biography of Sun Bu'er in *DZ* 296 *Lishi zhenxian tidao tongjian* 歷世眞仙體道通鑑, 6.17b.

（3）A disciple of Chen Tuan and fellow ascetic of Liu Haichan, Zhang Wumeng 張無夢, originating from Zhouzhi, had been practicing ascesis at Huashan before going to South China (Mounts Tiantai 天臺, Songshan 嵩山 and Jinling 金陵 Mountains (see *Lishi zhenxian tidao tongjian*, 48.5a-7a). The *Daoshu* explains his doctrine in the « Hongmeng pian » 鴻濛篇 (13.6b-9b)

（4）*DZ* 175 *Qizhen nianpu*, 7a.

（5）呼為王害風. 來時長日月, 去後任西東 (*DZ* 1153 *Chongyang Quanzhenji* 重陽全眞集 (hereafter *Quanzhenji*, 9.16b).

（6）白雲深處, 元正是, 地肺明師 (*Quanzhenji*, 5.b).

（7）*DZ* 1016 *Zhen'gao*, 11.1a.

（8）終南山, 一名中南山, 一名太一山, 一名南山, 一名橘山, 一名楚山, 一名泰山, 一名周南山, 一名地脯山, 在雍州萬年縣南五十里 (*Kuodizhi jijiao* 括地志集校, He Cijun 賀次君 ed., Zhonghua shuju, 2005, p. 8). The *Kuodizhi* has been compiled by Li Tai 李泰 (620-653) at the beginning of the Tang dynasty.

（9）曰藍田山, 曰商洛地肺山, 曰終南, 東西相接八百里, 實一山也 (*Shuowen jiezi zhu* 說文解字注, 9 pian 篇, shang 上, radical Ye 頁部, entry « Nanshan sihao » 南山四顥, 11a; Taipei, Yiwen yinshuguan, 1955, p. 425).

（10）See for example Lai Bonian 賴伯年, "Zhongnanshan didai shi Huaxia minzu wenhua de faxiangdi" 終南山地帶是華夏民族文化的發祥地, *Dangdai tushuguan* 當代圖書館 (*Contemporary Library*), 2009-4, pp. 59-69.

（11）相違地肺成歡樂, 撞入南京便得眞 (*Zhongnanshan shenxian Chongyangzi Wang zhenren Quanzhen jiaozu bei* 終南山神仙重陽子王眞人全眞教祖碑, in *DZ* 973 *Ganshui xianyuan lu* 甘水仙源錄, 1.4b).

（12）樓觀為天下道林張本之地。自文始上仙之後, 登眞之宜, 無世無之 (*Zhongnanshan Shuojingtai lidai zhenxian beiji*, 18b).

（13）終南穩駕, 青牛休地肺 (*Gulouguan ziyun yanqing ji*, 3.23a-b).

（14）For the translation of the title and an introduction to this work, see Kristofer Schipper in K. Schipper and F. Verellen ed., *The Taoist Canon*, Chicago and

London, The University of Chicago Press, 2004, pp. 1050-1051.

(15) [After the pacification of Liu Heita's 劉黑闥 rebellion] 改羊角山為龍角山，以廟為慶唐觀。至高祖龍朔間，老君復現，依狀圖寫，號為瑞像。今本觀正係天下第一地肺福地，高辛時，展上公得道昇仙 (*Taishang Taiqing Tiantong huming miaojing*, 4b).

(16) The first known manuscript opens with a preface dated Zhiyuan 5 (1339) and written by Su Tianjue 蘇天爵 (1294-1351), one of the greatest literati of the Yuan dynasty. Qi is an old name for Shandong. *Sheng* 乘 means « monograph », from the name of the annals of the state of Jin 晉 during the period of the Springs and Autumns. The *Siku quanshu* edition of this text in 6 juan has been reprinted in the *Zhongguo kexue jishu dianji tonghui* 中國科學技術典籍通彙 (Zhengzhou, Henan Jiaoyu chubanshe, 1995), vol. 2, pp. 927-1050. The most recent edition of the *Qisheng* is Beijing, Zhonghua shuju, 2012.

(17) 大崑崙山，[寧海]州東南四十里嵎夷岸海名山也。秀拔為羣山之冠。仙經云姑餘山。麻姑于此修道上昇，餘趾猶存，因名姑餘。後世以姑餘、崑崙聲相類而訛為崑崙。然今東夷人止名崑崙。" (*Qisheng, Siku quanshu* version, 1.23a, reprinted in the *Zhongguo kexue jishu dianji tonghui* 中國科學技術典籍通彙, Zhengzhou, Daxiang chubanshe, 1994, vol. 2, p. 942.

(18) See *Shenxianzhuan*, j. 7, Zhonghua shuju (1991) version, pp. 52-53.

佐命山三上司山続考

横手　裕

はじめに

「佐命山三上司山」とは、四川の青城山、江西の廬山、安徽の灊山（天柱山）のことであり、杜光庭の『洞天福地岳瀆名山記』にこの三山を一括する呼称としてみえる。唐の玄宗は司馬承禎の建言に基づいて五岳それぞれに真君祠を置いたが、これに伴い、道教の世界において『五岳真形図』などで五岳に準ずる扱いをされていたこの三山も重視されるようになり、それぞれの主神とされる九天（青城）丈人、九天（廬山）使者、九天（灊山）司命の信仰とともに宋元時代にとりわけ栄えた。筆者はかつて「佐命山三上司山考」という論文を書いてこのことを論じたことがあるが[1]、その結論部分で次のように要約を記してある。

「これらの三山にはそれぞれ唐の玄宗の時代に青城丈人・廬山使者・灊山司命の祠廟が設置され、特に前の二者は当初から五岳に準ずる扱いをされていたようであるが、五代の杜光庭の頃以降には三山まとめて五岳に準ずる位置づけが行われるようになっていた。これらは宋元の時代を通じて栄え、時には実際に五岳の代理の役割を果たしたことも廬山の場合について窺えるが、明代後半になると、その廬山の太平興国宮が許遜廟へと姿を変えざるを得なかったことに象徴されるように、時代状況の変化とともに衰退へと傾いた。青城山についてはひとまず置き、廬山、灊山におけるかつての信仰も衰滅もしくはあるかないかの状況となり、これら三山をひとまとまりのものとする認識も次第に消えてゆくことになったようである」。

ところで、この拙稿の本文から三山の明清以降の状況について少し詳しく引用すると、次のように記されている。まず廬山については、
　「しかし、元代を経て明代へと至ると、実質的に九天使者廟としての役割は終焉することになるようである。その間の経緯について、明人の桑喬による『廬山紀事』巻一〇「太平宮」に次のように述べられている。

> 太平宮者，唐玄宗所建九天使者廟也。……熙寧中（1068－78），又置祠官以寓祿，当是時道流常三數千人，崇軒華構，彌山架壑。……元末兵燬，蕩無復存。後雖復構，然甚寙，僅存而不振。嘉靖中（1522－66），楊家穴〈在江北〉人以争立許旌陽廟，訟諸府。知府鍾卿使送旌陽之像於太平宮，以息其争。由是，江南北人無遠近咸走太平宮，進香曰朝許真君，施捨塡委，宮遂驟富。因斂其貨以建殿宇焉。

……（中略）……北宋の熙寧年間には道士三数千人を抱えていたというのは、大変な数字である。時代がかなり下る文献なので誇張は考えられるにしても、道士の数は百を以て数える規模には収まらないぐらいの特大の宮観だったのではないだろうか。しかし、先に見た南宋の繁栄などを経て、元末に兵火に遭ってからはまったく振るわなくなってしまったらしい。そしてついに明の嘉靖年間、許旌陽すなわち許遜を信仰する人々の強い要望により、ほとんど許遜廟のような形にされてしまったという。許遜の信仰は、同じ江西の西山にある玉隆万寿宮を本拠地として、南昌界隈を中心に根強い一勢力として存在し、ゆっくり江南に広がりつつあった。時代の趨勢というものであろう、太平宮と略称され、もはや九天採訪使者の何たるかを詳しく弁える者もいたかわからぬ貧弱な道観は、江西付近に人気が広まった許遜を拝む場とされることを強要されたのである。そして皮肉にもそのお陰で太平宮は少しく復興することになるのである。民国の呉宗慈による編集の『廬山志』巻二「太平宮」を見ると、更にその後のことを知ることができる。これによれば、清の咸豊間（1851－1861）に、再び火災に遭ったが、また郷人が真君殿

を重建したとある。この「真君殿」とは、その文中の二行前で「許真君」と呼ばれている許遜を祀る殿宇なのであろう。九天採訪使者もかつて真君と呼ばれたが、この文中ではそれを真君と呼ぶ箇所はみられない。この時代になると、もはや廬山の九天使者信仰は完全に消滅していたのではないかと思われる」。

　それから灊山については、

　「灊山の霊仙観も、北宋の太平興国年間には殿宇六百余間、そして徽宗の宣和年間に真源万寿宮となっては殿宇三千六百余間とされたといわれるから、これもまた大変な規模であったようである。しかし、明末の兵火によって東岳府三間が残るだけとなり、康煕年間にまた大殿を建てるが、太平天国の乱でほとんど破壊され、修復されぬまま抗日戦時に灊山職業学校とされてしまい、更に後にはその跡地も民有となったという。近人烏以風氏の『天柱山志』巻一一「詩選」には、灊山に因んだ名士たちの詩を時代順に挙げているが、明代までは真源宮あるいは万寿宮を詠んだ詩がみられるのに対し、清代にはそのようなものはみられなくなる。明末以降、かつての真源万寿宮は果たしてそれとして存在していたのかどうか、定かではないようである。」

　また青城山については、

　「一方、兵革の事が少なかったなど地の利があったのか、青城山の丈人信仰のみは、ひとまず確かに命脈を保ったようである。資料の関係上、興廃の事情については十分詳らかにし得ないが、道蔵輯要の『続刊青城山記』（光緒丁亥、1887年序刊）巻上に「建福宮」の項があり、『呉船録』の記述などを引きながら甯封のことなど由来をごく簡単に記している。それから建福宮とは別にまた丈人観もあり、これはもとは丈人行宮だったものであるという。建福宮は現在も残り、その中の丈人殿に甯封と杜光庭を祀っている。丈人行宮に由来する丈人観も1992年に復興され、やはり甯封を祀っているという。ただ、青城山において現在書かれた丈人についての説明文で、九天使者や九天司命に説き及ぶものはまずみられないのではないかと思われる」。

本稿は旧稿の続編として、その後の20世紀末におけるこの三山について記すことにしたい。筆者は1999年から2000年にかけてこれらの三山を相次いで訪れたが、その際の見聞などを基に、簡単ながら当時の具体的な状況について報告を試みたいと思う。

1．廬山

　筆者は2000年7月11日に廬山太平興国宮の跡を訪れた。手元の記録によれば、下記のような経緯であった。

　数日前から廬山参観のために九江市内の白鹿賓館に泊まっていたが、この日は廬山の西側地域を参観するため、午前9時半に出発した。事前に資料や地図等を調べ、太平宮跡付近に九江市内の公共バスが通っていることがわかっていたので、それを利用することにした。市内の長距離バス停（長途車站）にはそこから出発する市内バスの各路線の看板があり、7番のバスが停車する停留所として「太平宮」の名があった。当初はこの7番のバスに乗るつもりであったが、なかなか来ないようなので、ほぼ同様のルートを走ると思われた2番のバスに乗り込んだ。まずは「太平宮」に近いと思われる「蓮花洞」のバス停まで乗って下車し、そこから太平宮を目指して歩きはじめた。付近の地図や廬山関係の地方志のコピーをまとめたファイルを片手に歩いていると、男性の3人組に出会った。そこで太平宮について知らないかファイルを見せながら尋ねてみると、大いに歓迎されて少し話をしようということになり、ダム湖のほとりに建っている小屋の中に連れ込まれた。そこでビールを飲まされるなどで困ったが、その場所が『廬山志』に「蛇岡嶺南為太平宮」と出てくる「蛇岡嶺（蛇頭嶺）」であることをはじめ、いろいろなことを教えてくれた（図1）。この3人の中の1人が「太平村」の村長の呉宜昌氏であり、呉村長が太平宮まで案内してくれることになった。この呉村長は普通話が上手で、他の人の言葉はよくわからない部分が多かったが、この人の言うことはよくわかったので大変助かった。

しばし歩くと太平村の中心へ着いた。九江から南へ続く街道沿いに「中共廬山区蓮花鎮太平村支部委員会」、「九江市廬山区蓮花鎮太平村支部委員会」などの看板が掲げられている建物があり、そのすぐ手前に東の廬山方向へ向かう道が伸びている。古そうな石畳状のその道をしばらく歩いてゆくと、太平宮に到着した。

図1　蛇頭嶺（蛇岡嶺）付近

図2　太平宮全景

太平宮は、殿宇1つと物置きなどの小屋を具えただけの、こぢんまりした廟となっていた（図2）。殿宇の中央入口上に「太平宮」の額が掲げてあり、また入口の向かって右脇には、「廬山太平宮主持 九江居士 蕭愛花／奠基（大字）／公元一九九八年古暦十月初八日」と記した石版が埋め込まれている。この蕭愛花さんが我々を迎えてくれたが、剃髪していない居士の尼僧で、この太平宮に1人で暮らしているという。殿宇の中心部には比較的大きな部屋があり、部屋の奥が壇になっていてその上に神像が祀られていた（図3，4）。壇の中央は神龕になっており、その中央に西王母（図5）、左に太上老君（図6）、右に

図3　太平宮内部1

図4　太平宮内部2

図5　西王母像

図6　老子像

図7　観音像　　　　　　　図8　天花娘々像

観音（図7）の像が置かれている。各神像の間には区切りの壁があり、なかなか立派な神龕となっていた。この神龕の左には天花娘々の像があり（図8）、そして右には赤い布がかかった円形の鏡が置かれている（図9）。この赤い布には神名が記されており、中央の一番上に「霊官菩薩」、それから下方に横並びで6つの神名が書いてあり、向かって右から「太上老君」、「聖母娘娘」、「採訪真人」、「許真君人」、「王母娘娘」、「南海観世音菩薩」とある。また、天上を見上げると屋根の棟木下部の中央に太極図があり、その両脇に「忠孝」「神仙」、さらにその両脇に小字で「仏暦二千五百四□□□」（布がかかって見えず、以下同）冬月初八／公元一九九八年□□□二十六／日復建（？）」「復修太平宮主建人釈従□」と記されていた（図10）。どうやら仏教関係者の主導で再建されたようであった。

179

図9　鏡を覆う赤い布

図10　太平宮の棟木

蕭愛花居士は大変愛想のよい人で、昼食を沢山作ってごちそうしてくれた。先の3人組の面々や蕭居士から聞いた話によれば、今の太平宮はもともと小学校があったところで、小学校は1972年にすぐ近くの土地へ移ったとのことであった。また呉村長の話では、太平宮の前の左右には1970年頃まで塔基があったという。また太平宮の殿宇も3つあったという。いずれにしても、今の太平宮がある付近はかつての太平興国宮の跡地ではないようであった。呉村長は、もう少し上の方（廬山に近い方）にあったのではないかと推定した。そこで筆者は、『廬山志』などによると本来の宮観の内部や近くには「劉仙石」や「老君崖」というものがあったらしいと話すと、呉村長はそれならば知っているという。そこで呉村長に再び同行してもらい、改めてそれらがある場所に向かった。

　まわりはほとんどが水田というのどかな風景の中、村の中心から上ってきた道をさらに廬山方向に遡ってしばし歩くこと15分ほどであったであろうか、左に分かれる道がある。そちらへ曲がって小川を渡ると、何やら新しい二階建ての建物が作られていた（図11）。その手前が劉仙石のあった場所だという（図12）。今はその建物の工事の関係で、残念ながら石自体は取り除かれて無くなってしまったという。また、その建物の裏手の崖に、白っぽく

図11　建築物(南)と老君崖

図12　建築物と劉仙石跡

図13　建築物(北)と老君崖

図14　老君崖

長い草に覆われて少し突き出た岩があった(図13)。呉村長は、それを指さしてこれが老君崖だと説明してくれた(図14)。なるほど確かに、老子の風貌に似てなくもないかもしれない。

これらと太平宮の位置関係について、諸資料は次のように記す。

　　明・桑喬『廬山紀事』巻十「太平宮」：老君崖西有太平宮。
　　民国・呉宗慈『廬山志』巻二「太平宮」：太平宮, 両山囲抱, 中豁一区, 宮址。背老君崖, 面株嶺九十九峯＜査慎行遊記＞。
　　民国・呉宗慈『廬山志』巻二「太平宮」「劉仙石」：観門之左有劉越石。

すなわち、いずれにしてもそのあたりが観門であったようである。水田地帯

のまん中にあった今の太平宮の場所に較べると、このあたりは両脇に山が迫ってきていてゆるやかな谷の中に入ってきている。以前拙稿に記したように、かつての太平興国宮は相当な規模な大道観だったとされるので、ここを観門としつつ谷の奥へ向かって何重にも殿宇を連ねて伽藍を形成していたのであろう。老君崖からさらに谷を遡ると、「天花宮」と記された祠が2つあった（図15）。一つは煉瓦造りの比較的大きな殿で（図16）、もう一つはその向かい側に建てられた粗末な小屋であった（図17）。大きな殿は閉まっていたが、小屋の方は入口に幕が掛けられているだけであった。小屋の中をのぞいてみると、椅子に腰掛けた娘々像が一体祀られていた（図18）。このあたりもかつての太平興国宮だったのではなかろうか（図19）。さらに遡ると、比較的大きな老木が密集している所があった。老君崖からかなり離れているが、これもかつて古廟の一部であったのではないかと思わせるような雰囲気を漂わせていた。そこから先には筆者の注意を引くようなものは見当たらなかった。細い道がさらにまだ廬山へ向かってのびており、民家が点在するのどかな風景が続いていた。

　以上がこの時の筆者の見聞である。注目すべき点は、太平宮に祀られている神格として、神像は存在しないにしても「採訪真人」「許真君人」の名前があったことである。まず「採訪真人」はむろん「九天採訪使者」であり、この信仰がかろうじて残っているという点は重要である。かつて筆者は旧稿で清代に消滅したのではないかと推測した。清代から現代までの詳細な状況はわからず、一旦姿を消した可能性も考えられなくはないが、結果的には今日まで伝えられているわけである。この点には言いしれぬ感動を覚えた。また、「許真君人」とは許真君すなわち許遜に他ならないであろう。やはり旧稿で太平宮は明清時代に許遜廟のような形になってしまったことを論じたが、これも今日では状況が変わり、主神から転落して僅かに名前が記されるだけとなってしまったわけである。屋根の棟木の「忠孝」「神仙」はむろん許遜に因むものであろうが、あるいは許遜が主神であった以前の太平宮のあり方を反映したものかもしれない。しかし、いずれにしてももはや神像はな

図15　天花宮二棟

図16　天花宮（大）

図17　天花宮（小）

図18　天花宮（小）内部

図19　太平興国宮跡（推定）

く、片隅に名前が記されているだけである。

　要するに、今日の太平宮は清代の状況からさらに大きく変化してしまっているが、一方ではかろうじてかつてのこの廟の歴史と伝統を継承している姿を示しているといえよう。

図20　璇璣玉衡1

図21　璇璣玉衡2

図22　璇璣玉衡の文字

なお、廬山の中腹の牯嶺地区に廬山博物館があり、その屋外のスペースの一角に「璇璣玉衡」の一部が展示されている（図20～22）。これは廬山太平宮の遺物であり、明代の嘉靖二年（1523）に作られたものという。説明板には次のようにあった。

璇璣玉衡：廬山太平宮遺物，明嘉靖二年（1523）制。道士煉丹時用以窺測星宿，審定時刻的儀器（此為残件）。

この璇璣玉衡がかつて太平宮に存在したことは、やはり民国・呉宗慈『廬山志』にも言及されている。(2)

2．灊山

筆者は上述の廬山に少し先立つ2000年7月7日、灊山（天柱山）を訪れた。やはり手元の記録によれば、以下のような経緯であった。

前日に合肥から列車で天柱山駅に到着し、灊山県の県城にある恒華大酒店

に宿をとっていた。この日は8時45分に出発し、県城にある新華書店で天柱山関係の資料を収集し、それから「岳西」行きバスをつかまえて乗り込んだ。10時10分に「野寨」という所で下車した。収集した諸資料から、ここが真源宮(跡)のすぐ下にあたるということを確認してあったからであった。ここは天柱山への登山口にもなっており、観光案内業者のような店があったので、真源宮の跡について尋ねてみた。すると20代前半ぐらいの若い男性(丁紹才さん)が出てきて案内を買って出てくれたので、ありがたく先導をお願いすることにした。

　まず街道から折れて天柱山へ登ってゆく舗装道路を15分ぐらい歩き、さらに右手に見えた細い山道に入って5分ぐらい進むと、丘の上に広い土地が開けている所に出た。そこが真源宮の跡地だという。今ではほとんどが畑になっているが、畑の土に混ざって瓦や煉瓦の破片が無数にころがっていた(図24)。丁さんに案内してもらい、真源宮の由来の伝説がある応夢井(図25～26)や、宋代の宮殿の跡という煉瓦の壁(図27)、磨崖石刻などを見てまわった。さらにそこから一段高くなった平地に漢の武帝が天柱山を拝んだという漢武帝拝岳台(図28～29)や白鶴井(図31)などがあり、しばし歩きまわって見学した。このあたりは北には天柱峰を仰ぎ見て(図30)、南には潜河を見下ろすロケーション(図23)で大変見晴らしが良く、なるほど道観を建てるには素晴らしい立地だと納得がいった。丁さんの話によると、以前に

図23　真源宮から潜河を望む

図24 真源宮跡の刻字のある石

図25 応夢井（外）

図26 応夢井（中）

図27 真源宮跡の煉瓦壁

図28 真源宮跡から天柱山（左）を望む

図29 漢武拝岳台跡から天柱山を望む

図30 天柱山遠望

図31 白鶴井

図32　真源宮跡から三祖寺と天柱山を望む

崂山の道士が真源宮の再建を考え、ここにやってきて状況を調べたが、膨大な資金が必要なのでまだ何もしていないとのことであった。ただ、まずは漢武帝拝岳台が修復されることになっているということであった。

だいたい11時30分頃までおおよそ1時間ほど付近を見てまわった。ところどころに一般の人の新しい墓石が立っていたが、真源宮の遺物らしきものは上記のもの以上は見られないようであった。そこで仕方なく道を引き返した。

なお、登山道の反対側には禅宗の三祖僧璨の墓塔をもつ三祖寺（山谷寺）がある（図32）。こちらは真源宮とは対照的に古い建物がよく残っていて仏僧も暮らしており、観光客も数多く訪れていた。

3．青城山

青城丈人の神廟としてかつて隆盛を誇った建福宮（図33）は、周知のとおり現在も青城山山門脇にあり、甯封と杜光庭を祀っている。この建福宮については近年もさまざまに記録や報告が公開されているので、今回は触れない。ただ、青城山にはこの建福宮の他にも五岳（青城）丈人を祀る道観として、丈人観がある。筆者は1999年12月に青城山を訪れた際にこの丈人観に

立ち寄ったので、こちらの報告をしてみたい。手元の記録によれば、以下のような経緯であった。

12月17日、青城山の中腹にある常道観（天師洞）の宿坊を出立して山上方面へ向かい、朝陽洞、上清宮、円明宮を参観した後、丈人観を目指した。やや道がわかりにくかったが、台湾の道教信徒によって建てられた石碑の標識があり、そのおかげでなんとか迷わずにすんだ。到着したのは午後1時半頃であった。

道観へ入ってゆく道の両脇には大銀杏と巨石があった（図34・36）。1999年末の時点では、建物は神像を祀る比較的大きな殿宇が1つと、それに直角に交わる居住スペースらしき小屋が1つのこぢんまりした設えであった。神像のある殿宇は扉もなく開放されており（図35）、数体の神像が祀られていた。道観前の巨石にも穴が掘鑿されて中に神像が1体祀られていた。

筆者が訪れた時には、賀明栄さんという坤道（女性道士）が1人で番をしていたので、少し話を聞いた。現在ここに住んでいるのは4人で、2人が乾道、2人が坤道であり、全て全真教龍門派であるという。殿内の神像の撮影は不可だと言われたが、それぞれが何かということは教えてくれた。基本は殿内後部の3つの台にそれぞれ1体が置かれており、中央は玉皇で、その左側は太上老君だという。また右側は五岳丈人で、同じ台には一緒に霊官像も

図33　建福宮

置かれている。さらに殿内右側（向かって左側）の壁の手前にも神像があり、観音だという。ちなみに、巨石の穴に祀られているのは土地神だという。

賀道士が勧めてくれたお茶を飲みながら以上のような話を聞き、しばらく殿宇の内外を参観して30〜40分ほど滞在し、丈人観を後にして次の目的地である玉清宮へと向かった。

図34　丈人観1

図35　丈人観2

おわりに

以上、1999年から2000年にかけての廬山の九天使者、濡山の九天司命、青城山の九天丈人信仰について、それぞれなりに当時の状況について記してみた。中国の道観は時代によって盛衰が激しく、ある時点の状況の報告も将来的にはなにがしかの意味を持つ

図36　丈人観3

であろう。たとえば、茅山の麓にある元符宮（印宮）は、今日こそ頭上に巨大な老子像を戴く極めて大規模な建築物となっているが、80年代後半から90年代にかけてはかなりこぢんまりとした道観だった。この時期の元符宮

の様子を記録した写真や文章は案外少なく、今となっては貴重な資料となっているといえよう。[3]

　廬山の太平宮や灊山の真源宮は、インターネットなどで調べた限りでは、未だに大規模な修復事業は行われていないようである。しかし今日の中国ではかつての著名道観が各地で急速に復興していることを思うと、これらの地でも遠からず変化が起きるであろうことは想像に難くない。筆者としては、近年中に再びこれらの土地を訪れ、今回報告した状況から十数年を経た直近の現状や復興に向けての動きについて確認してみたいと思っている。それが実現した際には、また改めて「佐命山三上司山三考」とでも題して報告を試みたいと思う。

【注】
（１）『東方宗教』第94号、1999年。
（２）「太平宮者、唐明皇所建九天使者廟也。……嘉靖中、……（「はじめに」で引用した『廬山紀事』の記述にほぼ同じ）……宮遂驟富。因復建殿宇三重、房屋十三間。内有鐘鼓樓二座、大鐵鍋一口、璇璣玉衡一架。清咸豊間（1851-1861）再燬、郷人重建眞君殿。〈桑紀〉〈同治化志〉」。なお、〈桑紀〉は桑喬『廬山紀事』のことであり、それ以降に加わった記述は〈同治化志〉（同治年間に化某により編纂された『廬山志』）によるのであろうが、未見。
（３）　蜂屋邦夫編『中国の道教』（東京大学東洋文化研究所、1995年）はそのような状況を記録した代表的なものであろう。

南岳衡山与洞天福地——既是五岳又是洞天

大形彻（仇诗琪译）

前言

2012年的9月4日到7日，我曾客居湖南，5日进入了南岳区，6日登上了南岳衡山进行了调查。南岳为五岳之一⁽¹⁾，历史悠久。根据五行思想，南为赤（朱），与火神祝融密切相关。南岳的最高峰祝融峰，便是由此而来。尽管在道教的洞天福地中的十大洞天并未包含南岳，但其作为三十六小洞天其中之一，排名第三位。上清派有名的魏华存被称为南岳魏夫人，在南岳修行。且提出十大洞天学说的司马承祯也在南岳飞升。南岳"佛道共荣"，也是佛教圣地，高僧修行的场所。

南岳相关书籍很多，大部分已经亡佚。其中唐朝李冲昭撰写的《南岳小录》⁽²⁾、宋朝陈田夫撰写的《南岳总胜集》⁽³⁾保存南岳老信息较多。本文在文献方面，主要引用自这些书。我将以洞天福地的视点来分析介绍南岳的情况。

土屋昌明教授关于五岳与洞天做了如下考察：

司马承祯把作为传统国家祭祀对象的五岳放在了十大洞天的下位，位于小洞天的第2到第5。开元19年2月，他向唐玄宗进言在五岳修建上清真人祠，同年5月唐玄宗下诏建立，并且下令在8月在青城山修建丈人祠，鹰山修建九天使者祠。如此，便一连串地建起来了与五岳和洞天相关联的七座祠庙。这就表明，在儒教里将五岳的祭祀置于洞天祭祀体系的中流，从而使十大洞天的道教祭祀优越于儒教的五岳祭祀，确定唐朝祭祀体系中道教的重要性⁽⁴⁾。

"司马承祯把作为传统国家祭祀对象的五岳放在了十大洞天的下位，位于小洞天的第2到第5"，他与南岳关系密切，也许是想要从与道教的关联出发，将洞天福地的序列中包含南岳在内的五岳进行再构建。这是考量了道教的序列化。拙稿便想从洞窟的观点开始考察。且关于上清真人祠，有神冢淑子氏[5]，雷闻氏[6]的研究。

1. 五岳之一

衡山是五岳的一部分。被称为南岳，是因为五座山当中衡山的位置在南方。不过，在《尔雅》释山篇中，"泰山为东岳，华山为西岳，霍山为南岳，恒山为北岳，嵩高为中岳"，南岳为霍山。但从《风俗通》五岳篇"南方衡山，一名霍。霍者，万物盛长，垂枝布叶，霍然而大。庙在庐江灊县。"看来，霍山就是衡山。

五岳的称呼在陆贾的《新语》、淮南王刘安的《淮南子》、司马迁的《史记》等中都能寻觅到踪影。且与河川组合在一起，称为五岳四渎的说法也广泛流传。

这次的考察，以南岳为中心，之前考察过的华山也是五岳之一[7]。衡山到目前为止虽大部分是作为五岳之一来理解但此次是从洞天福地的观点考察。

2. 南岳的地理

南岳衡山有"五岳独秀"的美称，也被誉为"中华寿岳"。南岳衡山位于湖南省中南部，南起衡阳回雁峰，北至长沙岳麓山。逶迤七十二峰，绵延八百余里（约为400公里）。主峰祝融峰海拔1290米，与紫盖、天柱、石廪、芙蓉等四十四峰共同矗立在南岳境内[8]。

可以说南岳是相当广范围的山岳连峰的总称。正因为如此南岳的全域调查工作也相当的困难，这次报告也是以调查过的地方为中心。

3.《南岳小录》的朱陵洞天与洞窟

《南岳小录》中有朱陵洞天相关记载。

朱陵洞在三茅洞天□□□宫正西三里、有石严、下有平石、方二丈、是旧时投金简之所、传云朱陵洞之东门也。

朱陵洞如今也存在，现在那里还有名为朱陵宫的道观。"'朱陵宫'位于水帘洞下方。2002年在古朱陵观遗址上新建，供奉南岳朱陵大帝[9]"记载着祭祀南岳朱陵大帝的文字，将水帘洞和朱陵观联系在了一起。

'水帘洞'在紫盖峰下。水帘洞亦非洞也，而是南岳最高、最大、最奇的一帘瀑布。'水帘洞之奇'[10]历来被誉为'南岳四绝'之一，为道家'朱陵太虚洞天'"。"水帘洞亦非洞也"英语为"Water Curtain Hole is not a real hole"[11]，表明水帘洞并非真正的洞窟。

《湖南全省掌故备考》中，

朱陵洞，县北，道书第三洞天，曰朱陵洞天，即此。一名水帘。山上有泉至洞门作垂帘状，朱子诗：诗成天柱峰头月，酒醒朱陵洞里天[12]。

有此记载。朱子的诗，是晦庵先生朱文公文集卷第十中《次晦叔寄弟韵二首》[13]的第一首。此处并不能知晓水帘洞是否为洞窟。但在朱陵洞之后，有"舜洞""毗卢洞""元明洞"三座洞窟的叙述。

舜洞　在安上峰，相传舜尝至此，洞前石壁有"灵岩"二字。
毗卢洞　芙蓉峰后，周遭五十里，相传为禹王域。

元明洞　在观音岩,明湛若水诗:"元明于衡岳,奇胜是初贡。

《湖南全省掌故备考》中,另一处记载,

朱陵后洞,石鼓山石壁中,前有门,洞中可置一几一榻,明刘尧海有诗⁽¹⁴⁾。

能看见明代万历年间的巡抚刘尧海的名讳⁽¹⁵⁾。

朱陵后洞位于石鼓山,在此处,仅有放桌子和床的狭小空间。虽然小,但是也可以视为洞窟吧。

立在水帘洞附近的解说牌上,写着"金牛洞"、"石拱洞门"、"醉眠洞",我也咨询了当地的女性导游,调查至此,像委羽山一样的大洞窟是没有的。

但是,在网上有与湖南省的水帘洞同名的大洞窟的介绍⁽¹⁶⁾,情况不明。因此,我与湖南大学的陈松长教授取得联系,询问了当地的情况。

以下就是那时的回信:

差出人:陈松长

送信日时:2014年2月11日 13:57

宛先:大形彻

件名:回复:

发件人:陈松长

时间:2014年2月11日 13:57

收件人:大形彻

主题:回复

　　大形彻先生:

　　信收到,我昨天托南岳的朋友去了解,是不是真有洞窟。今天他回复

水帘洞后面的风景

水帘洞口

朱陵洞天

我说，经请教当地有关道教研究的专家，他们说，古人所说的洞天是指理念上的六维空间概念，主要有几个方面的意义：主要指三面环山，比较深幽、环境优美，风水很好并适宜修行的地方，他不一定要有真正的山洞。传说中洞天有六道门，南岳的水帘洞的朱陵洞天是其东门。因此，在南岳并没有真正的洞窟。下面是我那朋友补拍的几张照片，仅供参考。

专此

陈松长上

陈松长老师的朋友所指的是住在南岳的衡阳市的张建华先生。他的道教与佛教雕刻非常有名。做南岳调查的时候，我曾受到他的夫人同时也是雕刻家的卢云芳女士的热情接待。

之后的回信，我询问了陈老师关于《南岳总胜集》中的十五洞的情况。

大形彻先生：

信收到，我读信后又与南岳的朋友通了一次电话。他说照片中水帘洞口的照片，实际上不是一个山洞，只是用几块石头堆起来的一个洞口。而衡山的那个朱陵洞也是一个很小很浅的洞，并不是深不可测的山洞，书上的记载可能有夸张的成份。

由此看来，其实朱陵洞天附近可能并没有大洞窟。
张先生拍摄的照片中，有将石头叠在一起如同钻出的窟窿一样的东西，但并不能称之为洞窟。

南岳地域广褒，之前提到的《南岳总胜集》的十五洞要全部指定出来是很困难的。参考文献中提到的包括旅游解说在内的南岳相关书籍中，也并没有附上洞窟的照片，或许南岳也并不是因为有几个洞窟而闻名。

4.《南岳总胜集》

之前提到的《南岳总胜集》中，有简要总结南岳重要项目的部分。其中，也包含了与佛教相关的塔，因为不太了解当时南岳的状况，就原封不动的例举出来。

岳有一洞天
　　南岳衡山第三洞朱陵太虚小有之天

岳有四福地
　　洞真墟福地（在岳麓）（第二十）　青玉坛福地（第二十一）
　　光天坛福地（第二十二）　洞灵源福地（第二十五）

二境
　　白云峰之西青岑峰之东。其形几向谓之圣境（圣谓朱陵宫）。
　　朝日峰之北岣嵝峰之南。其形九背谓之灵境（灵谓方广寺）。

三涧
　　灵涧。通於仙源而多仙药。因得其名。旧曰龙真。出天柱峰下黄庭观。南合寿涧。流注平野。以滋禾田。
　　寿涧。水源最高。圣寿观、因以其名。出紫盖峰西下野人岩。经麓苑下至观前。合注岛石。经岳祠灵寿桥。合流灵涧。以滋禾田。
　　洞真涧。通接朱陵洞府。水势县注如帘。亦由水帘洞。其源最高与诸峰齐。出紫盖峰东祝融之南。至洞灵源下会真观。流注平野。以滋禾田。

六源

断石源　桃花源

洞灵源　灵源

灵辙源　大水源

六门

大洞（洞天东门）　兜率潭（洞天南门）

石鼓洞（洞天西门）　龙王山潭（洞天北门）

白云潭（东便门）　洞门观（西便门）

九溪

舜溪　禹溪

清溪　明溪

双溪　涓溪

宏溪　云溪

夕阳溪

十五洞

朱陵洞　黄乐洞

舜洞　白云洞

西明洞　观音洞

叠相洞　前洞

玉清洞　九真洞

妙喜洞　灵境洞

宝真洞　罗汉后洞

倒洞

十六台

朱陵台　天宝台

放鹤台　般舟台

般若台　南台

高台　洞灵台

七宝台　寻真台

仰天台　永和台

紫金台（又曰宝露）　天香台

凌虚台　西台

十四塔

释迦舍利塔　阿育王塔

三生塔　文殊塔

灵源塔　观音塔

二生塔　石头塔

禅林塔　大明塔

懒瓒塔　拾穗塔

圣塔　契沉塔

二十三坛

青玉坛　光天坛

赤松坛　礼斗坛

升天坛　降真坛

朝真坛　传经坛

飞流坛　行道坛（二）

朝天坛　孙登坛

炼真坛　祭升坛

诵经坛　会仙坛

受戒坛（二）　炼丹坛（三）

讲经坛

三十八岩

  黄帝岩　大禹岩

  丹霍岩　避秦岩

  上清岩　刘真岩

  灵书岩　隐身岩

  仙灶岩　野人岩

  鍊丹岩　醮斗岩

  负暄岩　夕阳岩

  控豹岩　懒瓒岩

  把针岩　观音岩

  白鹤岩　休岩

  夜光岩　最胜岩

  捣药岩　休粮岩

  龟岩　田真岩

  伏虎岩　度成岩

  石乳岩　下岩

  孔雀岩　草衣岩

  飞符岩　诵经岩

  上岩　灵岩

  拾穗岩　宴仙岩

二十五泉

  玉砂泉　鹤鸣泉

  观音泉　梦应泉

  甘泉　虎跑泉

  夜乐泉　得道泉

  浴丹泉　普容泉

悬泉（又曰凤凰）　金砂泉

白鹤泉　卓锡泉（三）

灵泉　洗药泉

白龟泉　雷霆泉

安乐泉　苍龙泉

一酌泉

九池

仙人池　长生池

浴丹池（二）　法雨池

洗钵池　雷池（二）

洗药池

八堂

白云先生药堂　王氏药堂

陈先生丹堂　王先生炼丹堂

荆台隐士经堂　李泌相公书堂

韦宙相公书堂　卢璠舍人书堂（今寿棋观是也）

"一洞天"与"四福地"是道教的。由这两个最初的词汇，可见道教为主的书籍。在"二境"之中，"圣境"为"朱陵宫"，是道教的。"灵境"为"方广寺"，这是佛教的。之后的"三涧"中的"灵涧"，"通於仙源而多仙药"与"黄庭观"等词，和道教很近。"寿涧"中名为"圣寿观"的道观与名为"岳祠"的祠堂，则为道教。"洞真涧"的"洞真"本身就是道教的关联语，之后的"朱陵洞府"、"洞灵源"、"会真观"、也是与道教相关。"六源"中的"洞灵源"与道教相关。"六门"中的"大洞（洞天东门）"、"兜率潭水（洞天南门）"、"石鼓洞（洞天西门）"、"龙王山潭（洞天北门）"，分别注明了东南西北门的位置，是道教的。但是，"兜率潭"的"兜率"与佛教用语"兜率天"相关，"龙

王山"也是有着浓厚的佛教气息。"潭"中的"洞门观（西便门）"与道教相关。"九溪"之中的"舜溪"、"禹溪"则为儒教圣人之名。"十五洞"中，"朱陵洞"与"朱陵洞天"有关联吧。"玉清洞"、"九真洞"等有道教的气息，"舜洞"为儒教，"观音洞"、"罗汉后洞"等为佛教。关于"台"，"朱陵台"、"洞灵台"、"寻真台"为道教，"般若台"为佛教。"塔"方面，十四座全是佛教。与之相反，23座"坛"则全是道教。有关"岩"，"大禹岩"为儒教，"上清岩"、"刘真岩"、"仙灶岩"、"炼丹岩"、"醮斗岩"、"捣药岩"、"田真岩"、"度成岩"、"飞符岩"、"宴仙岩"等具有强烈的道教气息，而"观音岩"、"最胜岩"、"孔雀岩"、"诵经岩"则具有佛教气息。"泉"中的"玉砂泉"、"得道泉"、"浴丹泉"、"洗药泉"具有浓烈的道教色彩，"观音泉"为佛教。"池"中，"仙人池"、"长生池"、"浴丹池"、"洗药池"为道教，"法雨池"为佛教。"堂"中"白云先生药堂"、"王氏药堂"、"陈先生丹堂"、"王先生炼丹堂"等皆为道教，"卢璠舍人书堂（今寿棋观是也）"也是"观"，可能是道观。

由此可见，与道教关联和与佛教关联的已经浑然一体了。道教方却排斥佛教，或者说不能接受这种与之相左的印象。

"岳有一洞天"中介绍了"南岳衡山第三洞朱陵太虚小有之天"。其中的第三洞并不是十大洞天之一。司马承祯的《天地宫府图》三十六小洞天中写道"太上曰，其次三十六小洞天在诸名山之中，亦上仙所统治之处也"，"第三、南岳、衡山洞、周回七百里、朱陵洞天、衡州、衡山县、仙人石长生治之"。

也就是说，朱陵洞天为三十六小洞天其中之一。而且关于石长生，除了与此洞天以外，没有别的记述。

5. 五岳的洞天不能成为十大洞天的理由

以南岳为首的五岳并没有加入十大洞天之列，被认为是尝试着将五岳放在十大洞天之下。但是如果完全将五岳排除在外，则不能进行比较。

铃木健郎先生在《"洞天"的基础性考察》[17]中写道：

①多数山岳圣地的网络化
②神圣化洞窟（地下·山上）的存在
③以生成论为基础的天与地的对应
④仙人·真人·仙界·仙药·修行者

举出了四个基本特征。

南岳朱陵洞天，并没有之前想考察的大型洞窟。并不满足②的条件。因此，也许原来这里于其称为洞天，不如称为福地。

实际上，在南岳，

洞真墟福地[18]（在岳麓）（第二十）　青玉坛福地[19]（第二十一）
光天坛福地[20]（第二十二）　洞灵源福地[21]（第二十五）

有这样四个福地，这里都没有看起来像洞窟的地方。

如果有将五岳与十大洞天做比较之后将五岳置其下的意思的话，就能得出下列想法。为了进行比较，五岳就必须是洞天，洞天一般必须有洞窟。

2009年我调查过委羽山，虽然被称为山却只有海拔60米，但拥有与海相关的传说的洞窟[22]。如果真的与海相连，则应有40千米的长度。恐怕正因如此才在十大洞天里排名第二吧。

与此相较，南岳又是怎样的呢？南岳尽管没有大型洞窟，但却作为洞天被大家所认知。而且五岳总括起来包含在三十六小洞天里面，居于十大洞天之下。

如果先叙述结论性的话，就算不管洞天也许是先由洞窟开始的，理念先行，没有洞窟却被认为是洞天，五岳曾经编入了洞天的序列之中。此时，五岳必须是整体的一块。因为没有洞窟，比如只将南岳排除出去，在理念上是讲不通的。

6. 洞天名称的原委

现在简单地说明十大洞天、三十六小洞天以及七十二福地的东西很多，但是说明其中缘由却有点复杂。我曾经就这个范围进行过考察[23]。这里为了更加方便考察，以此为基础，附上十大洞天以及三十六小洞天还有七十二福地等的参考资料。

将洞天的顺序简单地标示出来就是：

〔东晋？〕紫阳真人（周义山、字季通）『紫阳真人内传』（隆安三年（399））
（※连续的28个山＋嵩山等　※除了嵩山以外没有五岳）
↓
〔东晋・南朝宋〕谢灵运（385-433）「罗浮山赋」「洞天有九此惟七」
↓
〔梁〕陶弘景（456-536）『真诰』卷十一稽神枢、「大天之内、有地中之洞天三十六所」（※其第八是句曲山之洞、周回一百五十里、名曰金坛华阳之天）
↓
〔唐〕司马承祯（647-735）『天地宫府图』（宋、张君房『云笈七签』卷二十七）
〔唐〕杜光庭（850-933）『洞天福地岳渎名山记』。

《真诰》中"洞天三十六所"成为核心部分。为了地下的洞天虚构了一个地下世界。总之，洞窟的内部就成为了洞天。这里仅为数字36，关于这个内容，基本上没有什么记载，"其第八是句曲山之洞、周回一百五十里、名曰金坛华阳之天"中，第8的顺序之后第8以外，具体的洞名是没有的。从第1到36，也许曾经有过。

《紫阳真人内传》中提到过洞天。这本书是紫阳真人（周义山，字季通）遍历名山，遇仙人授道后著记录。

紫阳真人之名，在十大洞天中的第8、句曲山洞、金坛华扬之洞天有记载。在此，有"属紫阳真人治之"的记述。句曲山洞在《真诰》里面也出现。

《紫阳真人内传》中，山连续出现了28处。里面并没有五岳。但是，别处有记载"登嵩高山、入洞门、遇中央黄老君、游观丹城、潜行洞庭、合会仙人、在嵩高山太室洞门之内…"嵩高山就是嵩山。太室洞门是指嵩山的太室山。因为此处有洞门，明显是与洞天相近的表达。

《紫阳真人内转》没有出现嵩山以外的五岳。而连续出现的28处山中，这个28，并没有正式出现。28是二十八星宿也使用的数字，并不能看出就是特意地使用这个数字。在这个阶段并没有将五岳作为一个整体，只是在这里出现了拥有太室山、少室山这样洞天氛围的嵩山。也就是说这个阶段中，只是单纯地将有洞窟的地方赋予洞天的色彩。

谢灵运称洞天有九个。实际上是觉得9与36更容易关联起来。以此记述为基础，就形成了陶弘景的"洞天三十六所"。

在《真诰》第十一卷稽神枢中：

大天之内、有地中之洞天三十六所、其第八是句曲山之洞、周回一百五十里、名曰金坛华阳之天。

有这样的记载。

也许就是以这个"地中之洞天三十六"的记述为起源，形成了三十六洞天。清晰地表明是地下的洞窟。

36的细节并不清楚。只有"句曲山之洞"列在第8。这就标明了十大洞天的第8位的位置。

陶弘景所述的三十六洞天之说四处流传，也许10个为首的十大洞天被广泛认知，剩下的26个洞天加上10成为了三十六小洞天。又或者是9加上1也说不定。

问题是以嵩山为首的五岳总括起来的三十六小洞天（司马祯），加入了

三十六洞天（杜光庭）。司马承祯在《天地宫府图》中称为三十六小洞天。添加了"小"，则与"十大洞天"的"大"关联起来。

添加了"小"，将其价值压低了。

结语

五岳的祭祀从汉武帝时代开始就对镇守国家有着重要作用。这在道教以前就有了，虽然与儒教等缔结关系，但是未必就与道教没有关联。司马承祯重新构想出了洞天的顺序，也许是参考了道教内部的序列。此时，从加入洞天这件事，显示出了道教的优越地位。这也是与此同时，倾向道教的唐朝从自身出发的选择。

从这件事看来，五岳的权威相对较弱。从三十六小洞天中的"小"与"大"的对比中就能看出。

此时，"五岳"本来就各自应该有洞窟。但是从结果上看好像是否有洞窟被无视了。洞天的思想是从有洞窟开始的吧。与此无关地，就算没有洞窟，也将其认知为洞天。这就是作为整体上的"五岳"，加入洞天的序列之中，却置于下位的原因吧。

南岳的钟灵洞天和水帘洞，只有从字面上看起来有洞窟，实际调查中连类似洞窟的都没有。那里只是适合仙人修行的地方的话，就算没有洞窟，就够了。但是，还不如称这里为福地，实际上南岳有四处福地。

不过，实际上这些福地里面也有"第九郁木洞""第十丹霞洞""第五十九张公洞""第六十三湖鱼澄洞"一些这样的"洞"。其中张公洞为无锡附近的巨大钟乳洞。现在乘船入洞口，洞内有彩灯照明。如果只以洞窟为基准的话，那么张公洞等也能进入十大洞天和三十六小洞天也不奇怪了。

【南岳・五岳関连参考文献】

1. 《南岳小录》,《景印文渊阁四库全书》第 585 册, 台湾商务印书馆 (1983-1986)
2. (唐) 李冲昭撰《南岳小录》王云五主编, 2998, 商务印书馆, 1939 年, 丛书集成初编,
3. (唐) 李冲昭撰《南岳小录》艺文印书馆, 1968 年, 百步丛书集成：原刻景印／严一萍选辑 35．艺海珠尘／(清) 吴省兰辑；钱熙祚增辑
4. (唐) 李冲昭撰《南岳小录》上海古籍出版社, 1993 年, 山川风情丛书
5. (唐) 李冲昭撰．(宋) 陈田夫撰《南岳小录．南岳总胜集》江苏古籍出版社, 2000 年, 中国道观志丛刊 9
6. (宋) 陈田夫撰《南岳总胜集》大正藏 No.2097
7. (宋) 陈田夫撰《南岳总胜集》江苏古籍出版社, 1988 年
8. (宋) 陈田夫撰《南岳总胜集》台湾商务印书馆, 1981 年
9. (宋) 陈田夫撰《南岳总胜集》长沙叶氏 1919 年, 丽廔丛书（叶德辉编）上卷、中卷、下卷
10. (宋) 陈田夫撰《南岳总胜集》(出版者不明)《重刊道藏辑要》238, 光绪 32 (1906) 刊
11. 衡阳师专史地组《南岳衡山》中华书局, 1981 年, 中国历史小丛书
12. 三浦國雄《洞天福地小论》《东方宗教》67 号, 1983 年, 日本道教学会
13. 三浦國雄《中国人的传统主题：洞窟・风水・壶中天》平凡社选书, 127, 平凡社, 1988 年
14. 《五岳史话》中华书局, 1997 年（初版 1982 年）, 中国历史小丛书合集, 衡阳师专史地组（南岳衡山）
15. 刘贵茂他《南岳趣闻》湖南美术出版社, 1985 年
16. 谭岳生《南岳大庙》海南出版社, 1995 年, 南岳旅游丛书
17. 谭合林・赵自龙・宋旭东《南狱传奇》海南出版社, 1995 年, 南岳旅游丛书, 名胜传奇, 金牛出洞
18. 曹晋・旷顺年・谭合林《南岳导游》海南出版社, 1995 年, 南岳旅游丛书
19. 奈良行博《五山 衡山—以"四绝"驰名的"南岳"》(特集 中国的名山—传说与信仰之山 22 选)《中央研究院月刊》(8), 2000 年-08, 24-27 页
20. 中国旅游指南委员会编《长沙・岳麓山・韶山・张家界・衡山》中华书局, 2001 年
21. 湖南省道教文化研究中心编《道教与南岳》岳麓书社, 2003 年, 湖南省道教文化研究中心研究丛书 第 2 辑

※刘国强《湖南十八洞天福地考》等，收录了 48 篇与道教和南岳相关论考

22. 迪恩《三山五岳及传说》百花文艺出版社，2004 年，南岳之衡山，三－4　水帘洞之奇・谢莉《衡山旅游研究》中国文史出版社，2005 年
23. （美）盖洛（William Edgar Geil）著　彭萍，马士奎，沈弘　译《中国五岳》山东画报出版社，2006 年，第二部分　赤色的南岳衡山
24. 《中华五岳大事记》编委编《中华五岳大事记》山东画报出版社，2006 年
25. 拙稿《仙穴考：〈列仙传〉—以邗子的事例为中心》《人文学论集》25 集，2007 年，135-157 页
26. 邓辉楚　绘，《八百里南岳衡山全图》正卷，副卷，人民美术出版社，2008 年
    ※此水墨画高 84 厘米，长 108 米
27. 褚赣生《五岳独尊：山的文化考证》长春出版社，2008 年
28. 铃木健郎《洞天的基础性考察》田中文雄、祁泰履（Terry Kleeman）编《道教与共生思想》大和书房，2009 年
29. JAMES, Robson　*The Religious Landscape of the Southern Sacred Peak*（*Nanyue 南岳*）*in Medieval China*. Harvard University Asia Center, 2009.
30. 詹姆斯・罗伯森《中世纪中国的南岳宗教景观》哈佛亚洲中心，2009 年
31. 薄井俊二《〈研究笔记〉中国的山岳与宗教见闻记（之三）南岳衡山・茅山》《埼玉大学国语教育论丛》(13)，2010 年，45-67 页
32. JAMES, Robson　*Among Mountains and between Rivers: A Preliminary Appraisal of the Arrival, Spread, and Development of Daoism and Buddhism in the Central Hunan Region*. Cahier d'Extrême-Asie, 19, 2010
33. 詹姆斯・罗伯森《山川之间：初评湖南中部地区道教与佛教的落地、传播与发展》亚洲研究院（？）19，2010 年
34. 土屋昌明《关于洞天福地的研究—代序》《洞天福地研究》，《洞天福地研究》编辑委员会，2011 年，3-9 页
35. 拙稿《洞天的山与洞穴—以委羽山为例》同上《洞天福地研究》，10-30 页
36. 拙稿「第二洞天委羽山探访记」前揭《洞天福地研究》、81-96 页

【注】

（1）关于五岳，众说纷纭。此处基于司马承祯的《天地宫府图》中三十六小洞天的东岳、南岳衡山洞、西岳华山洞、北岳常山洞、中岳嵩山洞与杜光庭的《洞天福地岳渎名山记》中三十六洞天的太山、衡山、西岳华山、北岳常山、嵩山，对东岳太山、南岳衡山、西岳华山、北岳常山、中岳嵩山进行了考察。此处的太山就是

泰山，常山（西汉时为避讳文帝刘恒而改名常山）就是恒山。
(2) 请参照参考文献 1-5.。
(3) 请参照参考文献 5-10.。
(4) 「洞天福地」の研究について」『洞天福地研究』第 1 号, 2011 年, 7 页。
(5) 神塚淑子　司马承祯と天台山　《名古屋大学文学部研究论集》（哲学 54）(162), 2008 年, 79-98 页。
(6) 《郊庙之外：隋唐国家祭祀与宗教》生活・读书・新知三联书店, 2009 年。第二章　道教、佛教与隋唐国家祭祀, 第二节　岳渎祭祀, 道教与民间信仰之交汇, 四. 五岳真君祠与唐代国家祭祀。
(7) 拙稿「华山与洞天」《洞天福地研究》第 3 号, 2012 年。
(8) 《中华五岳大事记》编委编《中华五岳大事记》山东画报出版社, 2006 年。
(9) 邓辉楚《八百里南岳衡山全图》副卷, 人民美术出版社, 2008 年, 29 页, 112 页。
(10) 同上 108 页。
(11) 同上。
(12) （清）王先谦, 段青峰 著《湖南全省掌故备考》岳麓书社, 2009 年, 49 页。
(13) 四部丛刊·晦庵先生朱文公文集五。
(14) 前揭《湖南全省掌故备考》46 页。
(15) （清）姜宸英撰《湛园集》卷四（四库全书所收）。
(16) http://www.96555.cc/photo/1/gansu/2012/0417/4352.html　（2014 年 2 月）
(17) 铃木健郎《洞天的基础性考察》田中文雄、祁泰履（Terry Kleeman）编《道教与共生思想》大和书房, 2009 年。
(18) 司马承祯「第二十三洞真墟、西岳、潭州、长沙宫、真人韓终所治之处」。杜光庭『洞天福地岳渎名山记天地具府图』「25 洞真坛、南岳、长沙」。
(19) 司马承祯「第二十四、青玉坛、在南岳祝融峰西、青乌公治之」。
(20) 司马承祯「第二十五、光天坛、在衡岳西源头、凤真人所治之处」。
(21) 司马承祯「第二十六、洞灵源、在南岳招仙观、西邓先生所隐地也」。
(22) 「第二洞天委羽山探访记」前揭《洞天福地研究》81-96 页。
(23) 「洞天的山与洞穴—以委羽山为例」同上《洞天福地研究》, 10-30 页

第3部 道教聖地の研究と文献

北宋東岳廟祀の伝播——山西定襄東岳廟碑初探

方玲（二ノ宮聡訳）

はじめに

　2014年3月12・13日に東京の専修大学で開催された第1回日本・フランス中国宗教研究者会議では、主たる目的が2つあった。1つは洞天福地研究、そしてそれに関わる宗教聖地の現象・思想・歴史発展などの問題を討論すること。もう1つは、日本とフランスの中国宗教研究者の交流・協力を促進すること。実は、こうした日仏の学術関係は、すでに100年以上の歴史を有している。最初は仏教の研究（『法宝義林』）から始まり、その後、道教研究へと発展していった。フランス中国学の創始者であるシャヴァンヌ（Edouard Chavannes）は、仏教と道教の研究を同時に行った。彼の研究領域における最初の研究は封禅に関するものであり、最初の研究単著は『泰山』であった。

　泰山は、中国宗教史において非常に重要な地位を占めるだけでなく、その信仰は過去から現在に至るまで絶えることなく続いている。この変化の重要な現象として、道教三十六洞天の1つに数えられ、その第2位に列せられたことがあげられる。第1洞天は福建省寧徳の霍童山である。この序列は意外に思われる。陶弘景によると、三十六洞天には五岳が含まれているが、泰山を第2位にしているわけではない。では後に、なぜこのような序列になったのか。この問題については十分に検討する必要があるが、本会議では泰山および洞天福地における役割に対して検討するほうがよりふさわしいであろう。

213

そこで本稿では、まず北宋の真宗皇帝（998-1022年在位）が泰山祭祀の伝播に果たした幾つかの重要な出来事に分析を加える。次に、補史にも述べられぬ山西定襄東岳廟碑銘の簡単な紹介と分析を行う。最後に今後の研究課題を示す。

1．宋の真宗と泰山崇祀

概して、古代から宋代に至るまで朝廷の泰山祭祀は絶えず存在しており、国家の重要典礼であった。同時に、漢代以降、泰山では神祠や各種宗教活動が行れていた。(5)泰山と関連のある信仰・儀式は、中古時期の文献にいずれも記載が見られる。泰山が死を司ることに関して『女青鬼律』（3世紀）にいう。「高天万丈の鬼、百鬼、中皇の姓、天の六方の鬼の主るに係り、住るに太山の東南の角道水中に在り。諸もろの死人の帰る所なり」と。『洞淵神呪経』(6)（5世紀）にまた云う。「勅するに本命星官をして、汝の三魂七魄を収め、泰山地獄に送付せしむ」と。(7)さらに『赤松子章暦』（六朝、唐）に「絶泰山死籍言功章」等があり、この章の儀礼により天官を請いて当事者の泰山にある死籍を取り除き、生者の録に改定する。(8)しかし、近代のような官と民による全体的な泰山祭祀は、宋の真宗皇帝から行れるようになる。

『礼記』に「王者は天地を祭り、諸侯は山川を祭り、卿・大夫は五祀を祭り、士・庶人は其の先を祭る」とあるように、(9)儒家はその正統観念からこれを異端と見なしていた。真宗皇帝より以前から、中国民衆の間でも泰山祭祀は行われていたが制度化されておらず、公的地位も付与されていなかった。(10)真宗の「勅下従民所欲、任建東岳祠祀」（大中祥符3年、1010年）という勅があって以降、泰山の廟は各地に広まり、朝廷と民衆による全体的な東岳神崇祀が行われるようになる。これが国教（religion nationale）の新たな発展である。まずは、この宗教革命の歴史的背景に見られる幾つかの重要な出来事を確認しておく。

（1） 天書の降臨（大中祥符元年／1008年）

　天書の降臨は、真宗皇帝が泰山に封禅することの先駆けとなる。『宋史』に次のように記される。

　是に先んじて、大中祥符元年正月乙丑、帝は輔臣に謂いて曰わく、「朕は去年十一月二十七日夜将に半ならんとするに、方に寝に就くに、忽ち室中に光曜ありて、神人の星冠絳衣なるものを見る。告げて曰わく、『来月三日、宜しく正殿に於いて黄籙道場を建つること一月なれば、将に天書たる大中祥符三篇を降さん』と。朕は竦然として起対するに、已に復た見る無く、筆に命じて之を識せしむ。十二月朔より、即ち朝元殿に斎戒し、道場を建てて以て神貺を佇（ま）つ。適に皇城司の奏するに、左承天門の屋の南角に黄帛の鴟尾上に曳（ば）く有り。帛の長さ二丈許り、織物は書巻の如く、纏むるに青縷三道を以てし、封処に字の隠隠たる有り。蓋し神人の所謂る天降の書ならん」と。王旦等皆な再拝して賀を称す。帝即ち歩いて承天門に至り、瞻望して再拝し、二内臣を遣って屋に升って、之を奉り下ろさしむ。旦は跪奉して進み、帝再拝して之を受け、親ら奉じて輿に安（お）き、導いて道場に至り、陳堯叟に付して封を啓かしむ。帛の上に文有りて曰わく、「趙命を受け、宋を興こし恒に付く。其の器に居り、正を守る。世よ七百、九九に定まる」。緘書は甚はだ密にして、抉るに利刀を以て方に起く。帝は跪して受け、復た堯叟に授けて之を読ましむ。其の書は黄字三幅、詞は書の洪範、老子道徳経に類し、始め帝能く至孝至道を以て世を紹ぐと言い、次に諭するに清浄簡倹を以てし、終るに世祚の延永たるの意を述ぶ。読み訖って、帝は復た跪して奉り、蘊（かく）すに緘する所の帛を以てし、盛るに金匱を以てす……戊辰、大赦し、改元し、百官並びに加恩あり、左承天門を改めて左承天祥符と為す。(11)
　……
六月乙未、天書再び泰山の醴泉の北に降る……(12)。

　その間の四月一日に内中の功徳閣に再び天書が降る。ほどなく真宗皇帝は十

月に東で封禅を行うと勅を下す。

(2) 封禅（大中祥符元年／1008年）

十月、真宗は汴京より鄆州を経て乾封に至り、泰山に封し、社首山に禅す。詔して泰山神を封じて「仁聖天斉王」と為し、並びに乾封県を改めて奉符県と為す。

(3) 泰山玉女のために廟を建て、記を作る（大中祥符元年／1008年）

泰山玉女池は太平頂に在り、池の側に石像有り。泉源は素より壅がりて濁り、東のかた先営頓置に封して、泉は忽ち湍涌す。上徒升山、其の流れ自ら広く、清洌にして鑒べく、味は甚はだ甘美なり。経度制置使の王欽若は之を浚うを請う。像は頗る摧折せらるれば、皇城使劉承珪に詔して易うるに玉石を以てせしむ。既に成りて、上は近臣と臨観し、使いを遣って磐石もて龕を為り、奉って旧所に致らしめ、欽若をして祭りを致さしめ、上は為に記を作る。

(4) 天慶観を建てる（大中祥符2年／1009年）

真宗は天慶観を建つ。大中祥符二年十月、詔して曰わく、「朕の欽んで至道を崇び、誕に元符を受くるは、清浄の風を敦くするを庶い、永に淳熙の化を洽めんとす。式て仙館を営し、以て民の禧びを介けん。宜しく諸もろの路、州、府、軍、県をして官地を開択して道観を建てしめ、或いは旧の宮観の名題を改めて崇んで之に葺かしめ、以て三清玉皇を奉じて、並びに天慶を以て額と為すべし」と。五年閏十月、詔ありて聖祖殿を増設し、惟だ西京のみ之を天慶宮と謂う。

甲午、詔ありて諸もろの路、州、府、軍、監、関、県をして官地を択んで道観を建て、並びに天慶を以て額と為し、民に地を捨し材を備え蓋を創らんことを願う者有らば亦た聴す。是に先んじて、道教の行、時に習尚せらるること罕なるも、惟だ江西、剣南の人のみ素より崇重せり。是に及んで、天下始

めて簷に道像有り。殿中侍御史の張士遜は上言す、今営造すること競って起き、遠近其の擾に勝へず、願わくは諸もろの旧観に因りて之を為らんことを、と。詔ありて其の請うに従う[17]。

(5) 人々が東岳祠祀を建てることをゆるす勅（大中祥符3年／1010年）

勅ありて下は民の欲する所に従って、東岳祠祀を建つるに任す[18]。

(6) 泰山神を封して帝と為す（大中祥符4年／1011年）

五月乙未、東岳に加上して天斉仁聖帝と曰う[19]。

　上記の出来事のうち、2つの点に注目したい。1つは、これらの出来事は全て道教を背景としている点。（つまり、道士が真宗の夢に現れ、黄籙道場を行ったことから、州や県の官と民に天慶観を建立させたことである[20]）。2つに、朝廷が泰山玉女のために祠を立て、記文する点。これにより、中国の歴史上、最も影響力が大きい女神の一人である碧霞元君の祭祀が始まる。これ以後、その他の山々に女神があるのと同様に、泰山にも娘々が登場するのである。宋代以降、碧霞元君と東岳大帝は共に同一の山をつかさどり、明清時代には、碧霞元君の香火は大いに盛んとなる。こうした状況に儒家は不満を抱いた[21]。事実、古代より泰山は生死に関する信仰をつかさどっていたが、生をつかさどる職掌は近代に碧霞元君によって体現化された[22]。

　これら一連の出来事の中で、以前から研究者に広く知られているものが大中祥符3年（1010年）、宋の真宗皇帝による「勅民任建東岳祠祀」である。この重要な出来事は正史に記載されず、わずかに一篇の碑文により保存されてきた。つまり「大宋国忻州定襄県蒙山郷東霍社新建東岳廟碑銘」である。清末の胡聘之は、この碑銘を『山右石刻叢編』に収録しており、次のように述べる。「是の碑の載せる所の祥符の勅、『宋史』、『長編』倶に記載なきこと誤り無し。此の文、史の闕を補うに足る」[23]と。近年になり、この重要な資料の存在がようやく学者に注目されるようになった[24]。

217

2.『大宋国忻州定襄県蒙山郷東霍社新建東岳廟碑銘』

　碑は大中祥符九年（1016）に、題額に示されるように東霍社東岳仁聖帝廟の建立を記念している。碑は額までの高さが232cm、横81cm、24行、一行49字、全1087字である。碑文の作者は王鼎であり、東晋の著名な書家である王羲之の字が篆額として並べられる。碑文は胡聘之（1841～1912）と（民国の）牛城修により、それぞれ『山右石刻叢編』と『定襄金石考』に収録された。同碑は民国時期まで東霍村東岳廟に存在していたが、現在は所在が不明である。碑の行方について詳細な調査が待たれる。

　牛城修の記録では、胡聘之の記録で欠落する題と本文の16字を補う。『全宋文』では、この二人の版本を基に句点を付した。本文の末尾に付録として記載している碑文はこの標点を参照した。清の雍正年間の『定襄県志』（1727年）に王鼎「東岳廟記」が収録されている。胡聘之の録文と比較すると、題名が簡略化され、石碑の表と裏に書かれる立碑・石碑の刻工名を欠く以外に、廟の建立請願の由来がはるかに詳細である。こうした点からして『定襄県志』に収録されるものが碑文の原文であると考えられる。

　『大宋国忻州定襄県蒙山郷東霍社新建東岳廟碑銘』に関しては、さらなる研究が必要である。ここでは主に2つの点を述べたい。

　第一に、この碑銘により真宗皇帝大中祥符3年の勅の顚末を窺い知ることが可能である。碑銘では、河東路（現在の山西省）並州（現在の太原）で当時行われた東岳廟建立請願の具体的状況について言及されていないが、胡聘之は按語で「其の時に必ず州属の父老の踵を合わせて東封西祀を勧むるの故事有りて請うは、之を勅の中に観る。『民の欲する所に従い、祀祠を建つるに任す』の語、以て其の顚末を得るべし」と述べている。請建の理由としては「東岳は青斉の境に処り、崎嶇たること千余里、晋人は蒸嘗を虔奉せんと欲し、往往にして其の地に履むを獲ず、惟だ翹首して東望し、其の誠慤を将るのみ」とある。そこで真宗は「勅して河東管内は……下は民の欲する所に

従って、祠祀を建つるに任す」（碑文）とした。廟が建立された場所は東霍社であった。「社長なる太原郡郝超、呂瓌等三十人有りて同に至誠を発して其の廟貌を建て、春秋に嘉穀を祈れり。副邑長たる霍緒、都修造録事霍恩、霍晏は力を同にし徳を同にし、不蹉不変なる助縁有るに及んで、締構すること十有余載、始めて厥の功の蔵備なるを告ぐ」（碑文）とある。ここより東霍社の東岳廟は景徳年間（1004〜1007年）、つまり祥符の勅以前から建立準備を開始していた。しかし、真宗皇帝が東岳廟祀を制度化し、民衆による東岳廟建立を正式に認めたことにより、これ以降泰山神の香火は広く伝播することになる。唐代では天子が封禅を行い、東岳神を封じて王としたが、儒家の反対に遭い朝廷が民間廟祀を奨励することはなかった。天子の正式な許可を受け、民間で自らの資金により組社組会が東岳廟を建立するようになるのは、宋代の宗教革命による新たな現象である。

次に、『大宋国忻州定襄県蒙山郷東霍社新建東岳廟碑銘』により、東岳廟は地獄廟であると知ることができる。碑文に「其の廟は正殿三間、天斉仁聖帝と兼ねて真君三郎、崔府君を塑す。東西堂は各おの三間、北極五道将軍と兼ねて諸部従鬼神の百事に僅（ちか）きを塑す」とある。真君三郎とは泰山三郎であり、東岳神の第三子である。後唐長興三年（932年）に詔ありて威雄将軍を封じ、大中祥符元年（1008年）、真宗は封禅畢って、炳霊公を加封す。崔府君は「相伝うるに唐代の滏陽令は没して神と為り、幽冥の事を主（つかさど）る」とあり、北宋には既に東岳神の補佐であった。五道将軍は五道大神ともいい、仏教の五道に由来する。3世紀に初めて中国で見られるようになり、5世紀の『洞淵神呪経』以降は、地獄の書記官としての役割が見られ、「泰山主簿、五道主者」とある。定襄東岳廟の東西の配殿には「北極五道将軍と兼ねて諸部従鬼神」を祀る。これは、地獄の各司である。碑文の記述から、当時の東岳廟はすでに棺の一時保管所、亡魂救済の場所となっていたと推察できる。前述した真宗皇帝が夢で黄籙斎を建てるよう道士からお告げを受けたことの黄籙斎とは、正に超度道場のことである。

よって、宋代の泰山は、もはや古代からの泰山ではなく、道教の泰山で

あった。地獄としての泰山は漢代に始まる。「嘗て泰山の故を考えるに、仙論は周末に起き、鬼論は漢末に起こる」、さらに仏教の影響を受け、本来、超度科儀は天師道に見られないが、こうした領域にも従事するようになる。『赤松子章暦』には多くの謝亡・度亡章があるが、なかに「絶泰山死籍言功章」が見られ、「今奏章して天地水三官・泰山二十四地獄……」という文言も見える。しかし、真宗により開始された、朝廷が民衆を泰山祭祀に組み入れることは、民衆の求福免災の欲求を満足させるものであった。歴史上、民衆の泰山祭祀は儒家に厳しく非難されてきたが、東岳廟は全国的に伝播しただけでなく、地獄観念を基礎とした神判儀式も重要な発展を遂げた。

結論

泰山は道教の洞天の一つである。全ての洞天は仙人崇拝を主とする。しかし、泰山山下にはさらに地獄（泰安の東岳廟には地獄七十六司がある）を有する。全ての洞天福地には、こうした二面性があるのではなかろうか。現状の洞天福地研究は、仙人崇拝が中心である。上清経籙では、修養・仙人が主題ではあるが、『真誥』では陶弘景が酆都地獄について述べた際に、「地獄の所在に至っては、尽く有りて一処に尽きず、泰山・海河にも亦た各おの焉れ有り」と指摘している。本稿でこの問題について言及したのは、2つの問題点を確認しておきたいからである。1つは、フランスの初期中国研究においてシャヴァンヌが、つとに泰山の捨身崖について注目していたにもかかわらず、1世紀後の現在に至っても、泰山地獄の役割に関する理解について、まだまだ詳細な研究が不足している点である。もう1つは、上に仙人あり、下に地獄あり、とは泰山の特徴であるのか、それとも全ての洞天福地に共通するのかという点である。このような問題について、今後、フランスと日本の中国宗教研究者による共同研究が持たれることを期待して擱筆としたい。

[額題] 新建東嶽仁聖帝廟碑
大宋國忻州定襄縣蒙山鄉東霍社新建東嶽廟碑銘 并序
太原王鼎撰,兼集晉右將軍王羲之書并篆額
都修造維那霍五

炎宋三聖崇文廣武儀天尊道寶應彰感聖明仁孝皇帝、于祥符三年勅河東管內「爰自并門僭號、不歸正朔、作梗僅三紀。太宗皇帝奮赫斯之怒、行吊伐之恩、拯民之塗炭、躋民之福壽。越以東嶽地遙、晉人然備蒸嘗、難得躬祈介福。今勅下、從民所欲、任建祠祀」。東霍社准并州先降勅興建。矧夫東嶽者、天之孫也。視三公之秩、冠五嶽之首。金篋玉策、旌人壽之短脩。鎮地配天、紀王者之功績。垂柯跨谷、峽巘交陰、仰瞻翠標、旁睨海曲。通二儀而均四氣、化融結而定剛柔。寒燠既司、歸邃成宅。故得國體天步、亟望遐齡。赤縣神皋、咸祈景貺。傳曰、「雲觸石而起、膚寸而合、不終朝而雨徧天下者、其泰山乎」。元列四典、首著祥經。降衷于民、昭格其位。啟橐籥而發生庶彙、秉休咎而大順黔黎。斯廟之靈、彼嶽之名、輪奐而不可殫述耶。有社長太原郡郝超、呂瓌等三十人、同發至誠、建其廟貌、春秋祈于嘉穀焉。及有助緣副邑長霍緒、都修造錄事霍恩、霍晏同力同德、不踰不變。締構十有餘載、始告厥功藏備。其廟正殿三間、塑天齊仁聖帝兼真君三郎、崔府君。東西堂各三間、塑北極五道將軍兼諸部從鬼神僅百事。門樓三間。其廟欒櫨雲矗、夢棟霞艶、華睆綺疏、藻繪文梲、魚鱗瓦密、鳳翅簷張。林鳥望而却飛、樵子驚而仡止。鳳凰山峻、遊覽者同陟白驃之巖。琵琶硡深、睇眄者似到太平之頂。千峰萬仞、滴嵐翠以趁門。壽木藤蘿、追清暉之落廟。況當社是漢丞相霍光之別業。瓜分豆剖、郡有三霍之名。珠潤水明、遂繼千年之族。其地卻倚薗子之古堞、前枕蒙山之聖水、三泉合流、一川沃潤。朝則噴湍濺瀨、韻漱玉以泠泠。暮則蕩霧蒸雲、蔭良田之膴膴。驕陽作沴、火日流金、斯水未見涸也。東對七嚴之神姝、共施陰騭也。西接大鹵之長郊、亙連形勢也。茲廟之興耶、官清吏循、民安俗阜、風謠逸豫、禮樂興行。牧主國博布政而無隱、邊民偓善以不欺。預悼去思、大謌來暮。事簡則豪猾自屏、刑寬則狴牢屢空。諟所謂上沃帝心、下求民瘼、道為稔歲、身則福星。通倅贊善、東掖官清、西臺價盛。幹蠱有術、簪珥無時、門第輝華、冠蓋蟬緒。然供職於閫外、咸啟顙於封中、貽貽厥孫謀、慶鍾爵祿。仰惟聖帝、自春徂夏、來恩布福、禱之潛通、扣之響從。率眾靈、微幽部、悅惚萃聚、睢盱降祉、雷雨敦化、風雪應祈。流滂沱之澤、膏我田疇。施滴洩之潤、茂我黍稷。神貴無歇、民懷有恩。銘曰、

偉哉東嶽、群望中尊。作國之公、為天之孫。包靈納瑞、秘乾鑠坤。聖主封禪、率土覃恩。其一。渥今瘞玉、告厥成功。白鳳導聖、彤雲蔽空。禎祥沓集、景祚龐鴻。咸躋仁壽、溥扇皇風。其二。飛觀睨日、仙壇壓海。吐漱玉泉、挪龍霞彩。出雲為雨、掌福權罪。蟠地極天、永光帝載。其三。九原奧壤、俗厚風淳。遙建祠廟、福庇蒸民。長廊透迤、廣殿嶙峋。阜財多稼、高峙千春。其四。嚴祠顯敞、灌木陰森。丹腹焜燿、棟宇巇嶔。冷冷濛泉兮涵玉、巍巍蒙山兮堆金。天長地久兮功不朽、國盛家昌兮福轉深。其五。

大中祥符九年十一月二十四日建立
知忻州軍州兼管內勸農事、輕車都尉、借紫胡令儀
朝散大夫、太子右贊善大夫、通判忻州兼管內勸農事、上騎都尉李珮
將仕郎、試秘書省校書郎、忻州團練推官趙億
南陽郡薛通刻字

【注】
（1） Edouard Chavannes, *Le T'ai Chan. Essai de Monographie d'un culte chinois*, Paris, Ernest Leroux, Editeur, 1910. 訳注：部分訳として、菊地章太『泰山』勉誠出版、2001年がある。
（2）『洞天福地岳瀆名山記』、第6頁。
（3） クリストファー・シペール（Kristofer Schipper）「閩東寧德的霍童山」『中国文化基因庫』北京大学出版社、2002年、第133～145頁。訳注：日本語訳は、K. M. シペール／土屋昌明訳「第一洞天：閩東寧德霍童山初考」『洞天福地研究』第4號、2013年6月、3～9頁。
（4）『真誥』第11巻、第5～6頁。
（5） 劉慧『泰山宗教研究』北京、文物出版社、1994年、205～218頁。
（6）『道蔵』、『女青鬼律』1.1。
（7）『道蔵』、『太上洞淵神呪経』15.1。
（8）『道蔵』、『赤松子章歴』4.23 a-25a。
（9）『礼記』曲礼。
（10） 宋以前の泰山廟祀の数は極めて少ない。田丞軍「江南地区東岳廟研究」『泰山文化』89～90頁を参照。
（11）『宋史』2539頁。
（12）『宋史』136頁。

(13) 『続資治通鑑』巻六十八。
(14) 『続資治通鑑』巻二十八
(15) 『文献通考』巻九十
(16) 『宋朝事実』巻七
(17) 『皇宋通鑑長編紀事本末』
(18) 『大宋国忻州定襄県蒙山郷東霍社新建東岳廟碑銘』
(19) 『宋史』2486~2487頁。
(20) クリストファー・シペールの研究や分析を参照：Kristofer Schipper,《Note sur l'histoire du Dongyue miao de Pékin》, Jean-Pierre Dieny (ed.), *Hommage à Kwong Hing Foon, Etudes d'histoire culturelle de la Chine*. Paris, Collège de France, Institut des Hautes Etudes Chinoises, 1955, pp.262-265.
(21) Edouard Chavannes, *Le T'ai Chan. Essai de Monographie d'un culte chinois*, p. 70-73。葉濤「論碧霞元君信仰的起源」、『民俗研究』、2007年第3期。
(22) Brian R. Dott, *Identity Reflections. Pilgrimages to Mount Tai in Late Imperial China*. Cambridge, Harvard University Asia Center, 2004, pp.70-79.
(23) 胡聘之1899『山右石刻叢編』巻十二、23~24頁。
(24) 例えば周郢「東岳廟在全国的伝播」、『泰山学院学報』、2008年、第30巻第2期、17頁など。
(25) 『宋史』「列伝五十九」。
(26) 胡聘之『山右石刻叢編』（1899年）、巻十二、21~23頁。台北、新文豊出版公司、1979年。
(27) 牛城修『定襄金石刻考』、巻一、21~25頁。台北、新文豊出版公司、1979年。
(28) 高淑嫻氏からの貴重な情報に感謝を申し上げる。
(29) 『全宋文』、上海辞書出版社、2006年、317、335~338頁。
(30) 『定襄県志』、清雍正五年増補、清康熙五十一年刊本影印、巻八。
(31) 「父老僧道勧宋真宗東封西祀事」は『宋会要』に見られる。
(32) 『定襄県志』、清雍正五年増補、清康熙五十一年刊本影印、巻八。
(33) 『文献通考』「郊社考」二三。
(34) 同上。
(35) 吉田隆英「崔子玉と崔府君信仰」、『集刊東洋学』第29号別刷、1973年、104~117頁。
(36) 『洞淵神呪経』巻12。五道大神については、G. Dudbridge, "The General of the Five Paths in Tang and Pre-Tang China", *Cahiers d'Extrême-Asie*, 9,

1996/1997, pp.85-96。小田義久「五道大神考」、『東方宗教』第48号、1976年、14～29頁。「吐魯番出土の随葬衣物疏に見える五道大神について」、『東洋史苑』48/49、1997年、10～30頁を参照。

(37) 顧炎武『日知録』巻30。
(38) 『赤松子章暦』巻4。
(39) Kristofer Schipper,《Stèle du Temple du Pic de l'Est de la grande capitale par Wu Cheng (1249-1333)》, *Sanjiao wenxian*, n° 2, 1998, pp.85-94. Vincent Goossaert, «Portait épigraphique d'un culte», *Sanjiao wenxian*, n° 2, 1998, pp.50-55. 田丞軍「江南地区東岳廟研究」、『泰山文化』第122～125頁。
(40) 東岳大帝朝審については林中用・章松壽『老東岳廟会調査報告』、杭州　浙江省立民教育実験学校、1936年を参照。
(41) 『真誥』巻15。
(42) Edouard Chavannes, *Le T'ai Chan. Essai de Monographie d'un culte chinois*, p.63. Paul Demiéville «Le T'ai-chan ou Montagne du suicide», *L'echo des Alpes*, Club alpin suisse, Genève 1924, pp.362-363; id, *Choix d'études sinologiques*, E. J. Brill, Leiden 1973, pp.3～4. 訳注：シャヴァンヌは次のように説明している。「泰山の頂きの台地がつきる東のはてに、切り立った崖がある。ここはかつて自殺の名所であった。みずから命を絶とうとする者が、何かの力に駆られるようにして、すでに多くの先達が自殺をとげたこの場所に引きつけられ、谷底へ身を投げて命を絶ったのである。この呪われた断崖絶壁は捨身崖と呼ばれていた。明の何起鳴は、自殺の流行をくいとめようとして、崖の上まで行かれないように壁を築いた。それ以降この崖は愛身崖と呼ばれるようになった」。菊地章太訳『泰山』40頁。

谢守灏《校正北斗本命延生经》之意义

三浦国雄

序

2012年8月末的一天,我有幸观阅到一件贵重古文书。这个机会是京都大学人文科学研究所武田时昌教授所提供的,他邀请我去参加集会,并查阅平常不允许阅览的文件,我自然立刻赶赴京都。参加这个集会的人士都是参与武田教授研究项目的。集会第一天,我们参观阳明文库,其中最重要的当属藤原道长的日记《御堂关白记》原本(日本国宝)。第二天,我们在京都府立综合资料馆翻阅一些古书。第三天,大家去大将军八神社拜阅皆川家文书,聆听了日本阴阳道研究专家山下克明教授的解释,还有梅田千寻老师为我们介绍文书的基本情形。

本文要讨论的是若杉家文书之一,《北斗本命延生经》写本。所谓若杉家,就是日本江户时代侍奉土御门家的"家司"(世袭代办事务的家族)。土御门家(tuchimikadoke)安倍氏,是与贺茂家比肩的日本阴阳道的世袭氏族。他们在明治初年搬家到东京之际,将家藏书委托给若杉家保管。这些数达2285件的文书在1984年又转赠给京都府立综合资料馆。其中,最古老的文书可追溯到中世纪,因此以阴阳道研究为中心的不少研究学者都非常注重这批资料。

当天我们所阅览的资料中,我最感兴趣的有两本书:其一是有关"反閇"(日语Hen-bai,一种为辟邪的舞步法)的文书,还有就是本文所关注的《北斗本命延生经》写本。一些学者对这本书也有所留意,但到目前为止还没出现过专论,因此我在本文中加以初步研究和介绍。我本人不是阴阳道的专家,本文的重点也会放在此写本在该经典文献史上的地位上,因而文中虽然讨论到日本的

北斗信仰以及阴阳道，但不会作深入研究。

1．关于《北斗本命延生经》

首先解释一下《北斗本命延生经》到底是怎么样的道教经典。本经全名《太上玄灵北斗本命延生真经》（道藏:SN622），全文大约2400字，《道藏》中，有无注释本一种，除此以外还有三种注释本，这表示它一直都受到关注。

内容：按照道藏本所介绍的内容，永寿元年（公元155，东汉桓帝统治时期）正月七日，太上老君在天界泰清境太极宫下看地界，同情众生永远苦于生死世界，降临于蜀，授予天师＜北斗延命诀＞。文本的根基在于对北斗七星的崇拜。太上老君云，每个人都有自己的本命星，本命星官（北斗七星中的一颗）支配每个人的生死，本命星官与本命神将常守护每个人，保佑其没有灾殃，实现长寿，其福无边，脱出轮回，再得人身。所以信徒在自己的本命日（跟自己生年干支一样的一天）要念本命真君的名字并为其举行斋醮。

按一般理解，南斗司生，北斗司死，而此经云"有回死注生之功"，可以看出北斗兼备南斗之特点(1)。所谓"本命星官"就是"大圣北斗七元君"，是北斗七星的神格化(2)。"本命"意味着因每个人的生年不同，所对应的星官也有别。比如，子年生本命星为北斗第一星(3)。"本命星官"也叫做"本命真君"，此"官"表明北斗诸神的背景是一种官僚组织。这一点从经文上所见"北斗三官五帝九府四司"这样的说法中可以看出来。"本命神将"应该是真君部下的武将，也许就是经文所见的"北斗真君七千神将"。

本经主要神明"大圣北斗七元君（七元真君）"只是一种总称，七星各有名号。他们的名号用比喻的方法来讲，就是为了和七元君通讯的一种"密码"。本经表示此为"不得闻"。比如："北斗第一阳明贪狼太星君，北斗第二阴星巨门元星君，北斗第三真人禄存真星君——"。其实，这种"密码"不止于限于七星，也包括辅星，弼星，所谓三台（上台，中台，下台）在内，但本命星到七星为止，不及于九星。

那么，信徒如何处理自己与本命星的关系？按照以上经文，本命星官暗

地里守护信徒，那么信徒是否不必特意做祭祀行为？经文说："凡俗无知终身不悟"，本命真君在人间的降临日为"本命限期"，此日该做祭祀。祭祀时，需要念该本命真君的名号，如此之人，皆得延生，灾厄被除，获福无量，而本命限期将至，自身不知，不设祭祀，如此之人，夺禄减算，身亡之后，沦没三途，轮回六道，永失人身。经文还将本经称为"真文"（在道教"真"算是最高的赞誉），"此文所在之处，千真敬礼，万圣护持，魔鬼潜消"，可"证圣成真"。可见经典本身具有万能之力。文本最后劝荐每人家中都要有北斗经（即本经）。另外，在文中北辰（北极星）与北斗星往往混淆，但背景主角始终是北斗七星。[4]

现在来整理本经的关键词。关键词中以"七星真君"最为重要，其次为题目"本命"。在思想方面关键词有"轮回"。本论已经引用过一些有关轮回问题的经文。其实，本经开头就一直强调轮回思想；比如众生有缘故再生于夷伙，落下地狱承受痛苦，死后生于畜生道等等，此等轮回原因在于众生祖先不知正道。本经虽然一方面强调本命生辰之际要持诵真文，可以有"身超三界，永不轮转"的效果，但是此种轮回不像是佛教似的解脱，而是继续保持"人身"，或者愿意轮回成"人身"（在中华就是男人之身），因此"人身"即是个关键词，留恋人身也是本经的特点之一。[5]

作为本经所宣扬的灵验之处，"解厄"也是个关键词。本经来源于老君对"天师"的四次启示，因而可分成四章，第一章主要介绍大圣北斗七元君的"解厄"法力。[6]以此解释从"大圣北斗七元君能解三灾厄"到"解水火厄"一生途上所遇到的二十四个灾厄。

讲到这里，本经题目所谓"延生"到底是什么意思？经文中散见"回死注生""永保长生""保命延年"等说法，但是此种观念并不放在首位，而且此种"延生"只是意味着"长寿"，并不至于"不老不死"。因为"不死"与"延生"是个矛盾，人生达到"不死"，那么不必说到"轮回"了。因此可见本经之主旨在于，皈依七元真君，祭祀本命星辰，消除灾厄，保持长寿，死后不堕于畜生道等恶趣，轮转人身。

但经文中可以发现一些记述是关于"延生"与"不死"之间的矛盾关系，

227

比如"更能心修正道，渐入仙宗，永离轮回，超升成道"[7]。可是这只是表示根据信徒的修行，可以达到进一步的境界而已，并不是本经的主旨。因为本经并不提示达到此境界的具体办法。

成书时期：任继愈的《道藏提要》（1991年初版，2005年第三次修订版）提到，经文可能是唐末宋初，由道流扶乩降笔而成。朱越利《道藏分类解题》（1996年）推断，注释本经的傅洞真是五代末到北宋之人，经中太上老君授道给天师的形式虽然是在六朝时期正一道经典上常见的，但本经却可能是唐代以后成书。K.Schipper 与 F.Verellen 编《道藏通考》（2004年）判断本经为宋代成书，但包含宋以前的要素。丁培仁《增注新修道藏目录》（2008年）则认为本经成书于唐末宋初（真宗以前）。

注释：有以下三种（按《道藏》顺序排列）。

1）玄阳子徐道龄集注，乾阳子徐道玄校正《太上玄灵北斗本命延生真经》全五卷（SN750）。徐道龄的后序里面有元代的元统二（1334）年日期[8]。

2）崆峒山玄元真人注解并颂《太上玄灵北斗本命延生真经注解》全三卷（SN751）。有李白序，序中云："崆峒山玄元真人注解北斗延生经一卷"。据此或可判断最晚唐代成书。《李太白集》（中华书局）根据《全唐文》而收入此序，其真伪倒不明。此本还有苏轼后序，但很奇怪的是苏轼没有写过关于北斗以及北斗经的文字。《苏轼文集》（中华书局）题跋类以及逸文类都没有收录此文。任继愈《道藏提要》认为两序可能是扶乩降笔，以玄元真人注为元代或者明代的道士之作，可能成书于元明时代。

3）傅洞真注《太上玄灵北斗本命延生真经注》全三卷（SN752）。朱越利《道藏分类解题》认为傅洞真可能是五代末年至北宋时代的人。

对于此三种注释的成书时间，朱越利先生所提出的答案很有帮助。他首先根据傅洞真自序中说到杜光庭此一证据，判断傅洞真为五代末到北宋时期人，又根据玄元真人注释中所反映的武当山真武信仰，而真武信仰隆盛时间在于元明时期，而推测玄元真人注的成书时间在元明时期（《道藏分类解题》）。按此见解，各注成书顺次如下；傅注—徐注—玄注。无论如何，此三注均有特点，每一个都值得进一步研究。

下面介绍萧登福先生对本经成书问题的研究成果（参看本文注2）。萧氏认为，上述四种道藏解题所推测的成书时间都是臆测。他比较注重经文所说的，东汉桓帝永寿元年正月七日太上老君降临给张道陵授予《北斗本命经诀》这一记述。因此他认为，本经成书时间在于东汉时期，老君传授一事是张道陵的伪托，其实是张道陵撰写后由他的弟子抄下来的，经文中轮回之说只是六朝以后道教徒增添的而已。萧氏此论可以提供不少启发，但是本经不见于宋代以前的书目中，也不见于唐代以前的引用文，萧氏如果不能解释这个问题的话，东汉成书之说就是"臆测"了。

本经到底何时出现于世？除了萧氏东汉成书说以外，总括学者们的看法，可说是唐代到北宋，或者更限定而说是北宋时期。其实，对此问题若杉家本可给我们有益的印证，后面再讲。

另外按道理来讲，研讨本经需要考虑一系列《北斗经》以及所谓的《五斗经》，但本文没法对这些加以一一研讨，在此仅稍微考证《佛说北斗七星延命经》[9]。此经撰者为"波罗门僧将到此经唐朝受持"，《大正大藏经》没有把它放在第85卷（古逸部，疑似部），而放在第21卷（密教部），说明《大正大藏经》认为它是真经。但此经不仅是其题目，其内容也都与北斗有关，明显是在中国撰述的疑经。经云："南无贪狼星（北斗第一星）是东方最胜世界运意通证如来佛也"，以北斗七星元君为佛教七佛之化身。其中，本命星的顺次与《北斗本命延生经》一致。另外，星君能接受的供奉也与道教经典《北帝七元紫庭延生秘诀》（SN1265）一致。如萧氏论文对此问题加以详细分析[10]，便可知道教北斗七星信仰对佛教之影响。但另一方面，也说明此问题不是如此简单，唐宋时期的道教与佛教之间确有密宗之媒介，道佛两家的互动恐怕更复杂一些。

根据最新研究，在山西省发现了《佛说北斗七星延命经》的断片，刊记上写着"雍熙叁年"[11]，对应公历986年，相当于北宋初期。这么早就有刊本，不仅表示它的广泛流布，也可推测其成书时间更早。关于此经的流布，有人指出过它不只在中国，还有古代维吾尔，蒙古，西藏等语言的版本[12]。松川节先生指出，《大正大藏经》所收的版本是从1802年日本出版《享和仪轨》钞录过来的[13]。

2．若杉家藏《北斗本命延生经》的意义

本书原来是卷子本（卷轴式）。纵大约30厘米，横大约40厘米，黄色，纸张较厚，一共8张。后人为能在祭祀中使用，而将其断开。我把京都府立综合资料馆的复印本再复印带回家里，按照道藏无注本的顺次来试图复原。结果发现此写本即誊写南宋谢守灏校订本。其实，这从一看这本书开头就可以知道（后述）。就是说，南宋时期谢守灏对《北斗本命延生经》加以校订，发行《校正北斗本命延生经》，然后不知何时，有人把它带到日本，由阴阳道的人士誊写认真学习，一直到今天保存下来的。

就我个人所知，在《北斗本命延生经》研究上没有人说到这个校正本，萧登福先生虽然广搜资料，也不例外。从此可推测，这本书在中国文献史上早已不传，如今毫无踪影。

卷头一「校正北斗本命延生经序

　　　　　　　太上灵宝三洞五秘箓观复大师玉隆万寿宫高士谢守灏述」

谢守灏（1134-1212），字怀英，浙江省永嘉人也。从他的头衔可知他是南宋的道士。在道教史上，他以《混元圣纪》（SN770）的作者而著名。除此以外，道藏中还有他的著作《太上老君年谱要略》（SN771），《太上混元老子史略》（SN773）（这两本均是《混元圣纪》的抄出本）。他的这些作品都是与老子有关的著作，他晚年"相貌清古，须发皓白"，被人看成"活老君出世"[14]。跟朱熹（1130-1200）同一个时代，跟陈傅良（1137-1203）同一个故乡。陈是儒教史上有名的永嘉派之雄，《混元圣纪》的序文就是他写的。「玉隆万寿宫」是江西南昌府西山的道观，近世道教史上作为净明道教团之本山而著名[15]。他写作此书时，就与玉隆万寿宫有联系。根据《历世真仙体道通鉴续篇》卷5谢守灏传，他在南宋孝宗淳熙十三年（1186, 53岁）任玉隆万寿宫住持，朝廷在"光宗绍熙初"赐予他"观复大师""高士"称号。由此可见，他对《北斗本命延生经》的校订在绍熙初年（1190, 57岁）左右。

另外，《北斗本命延生经》所云太上老君降临之事，都在前述谢守灏的著

作中有记载。例如《太上老君年谱要略》云:"顺帝汉安元年壬午,老君降于蜀鹤鸣山,授天师张道陵正一盟威秘箓",这句话作为天师传说较为普遍,但接续此句,有如下一句云:"桓帝永寿元年乙未,老君降于成都,授天师北斗削死注生之法"(《北斗本命经诀》变成《北斗削死注生之法》)。

《校正北斗本命延生经》只是校订《北斗本命延生经》,并没有注释。文本结构如下:开头有谢序,经过校正的经文(中间大约脱落1500字),七星真君神像与他的符箓(脱落了第一,第二,第三的三个神像和三个符箓,我认为这些都散逸了。另外,星君名号有些变动)。通篇有日本式的训点,没有加训点的日期。有些训点有误。

神像以及符箓并不是《北斗本命延生经》诸本都有。《道藏》两种无注本都没有神像符箓。徐道龄本也没有神像,但全部符箓载于最终卷(第五卷),而且符箓前面有向玉皇上帝上奏请愿传布该符箓。徐注本的符箓从"发炉符""复炉符"开始,凡有55种。其中,星君的符形与谢守灏本(若杉家本)几乎相同。傅洞真注本也没有神像,但在经文星君名的旁边有七星君的符箓,好像代表着星君似的,不仅符形与谢守灏本(若杉家本)几乎一样,符名也相同。例如第四星君"真符曰益算之符"(傅注本),"益算真符"(谢本)。《道藏》所收《北斗本命延生经》中备有神像的版本只有玄元真人注本。玄元真人本的符箓位置与傅洞真注本,在经文中所列举的星君名号的旁边,其顺次如名号→神像→符,而且符的尺寸和神像一样大(《道藏》所收各本中只有玄元真人本有神像)。

谢守灏本(若杉家本)和玄元真人本两本的神像有点不一样。前者神像戴冠,有背光;后者无冠被发,无背光,稍微女相。前者手里各带有玉策,上面写着"九斗玉策"(第六星)等字;后者无文字。

谢守灏本(若杉家本)是经过校订的,其原本的神像以及符箓可能完备。日本誊写者补充神像和符箓的可能性极小。

若杉家本有谢守灏的序文。此序文对研究《北斗本命延生经》的成文问题时极为重要。序文大意如下:

在东汉末年,太上老君授予正一天师张君〈北斗本命经诀〉,服侍左右的

真人记录下本诀，然后传播于世间。不过其后战乱不断地发生，道教也因此衰落。唐王朝兴起的时候，尊崇道教的皇室致力于搜集散逸的道教经典，因此这本道书被收藏于皇室图书馆。可是经中错误没有得到订正，一直流传至本朝。北宋的政和、宣和年代（1111-1125），朝廷设置有关部门，进行各种古籍的校正的时候，这本道书也得到校订，可是负责人为了争功而没有根据地随意加入文字。一直到南宋，尽管我们的孝宗皇帝（在位1162-1189）下命令校雠各种古籍，这本经典也没有实现充分的校订。我是住在偏僻地方的乡下人，不过关于这个道典我做了多年研究，依据古本进行校正，我不愿将其藏私，而更希望让将来读者可以看到。

谢守灏相信老子降临并授予张道陵经诀，这对当时道士来说理所当然（而且谢氏就是写了老子传《混元圣纪》）。我推测这本道经在唐代已经问世了。因为上面文章是接近唐代的人的证词。虽然郑樵《通志》艺文略等唐宋书籍解题都没有著录，但北斗支配人的生死这个观念汉代就已经有了，崇拜北斗《抱朴子》（4世纪初成书）里已有，七星的名号与本命的观念可见于隋萧吉《五行大义》[18]。

还有日本阴阳道早在贞观六年（864）就开始属星祭，这一事实与《北斗本命延生经》唐代成书并不矛盾。想到这里，可以说此书所对应的《佛说北斗延命经》北宋初期刊本的发现（前述），也能算成一个旁证。但我的看法仍然只是推测而已。

序文最后一段具体解释谢守灏如何校订此经。若杉家本已经失掉经文的百分之七十，因此我们没法观察他校订方法的成果。按照序文，他以"古本"为准来校订"旧经"，做成正本。他把自己的方法总括为四点：

（一）订正旧经的一或者二个文字的虫蛀部分。[例子] 大圣老君（误）→太上老君（正）

（二）订正旧经的一半文字的虫蛀部分。[例子] 恪（或者格）居小人（误）→俗居小人（正）

（三）订正前后倒置。[例子]「家有北斗经」15个联句 +「解厄」24个联句

（误）

→「解厄」24个联句+「家有北斗经」15个联句（正）

（四）订正北宋时代的校雠官弄错的部分。[例子] 道言（误）→老君曰（正）

校正本的意义在于确立《北斗本命延生经》的"定本"。《道藏》所收的四种版本（无注本与三个注本）相互之间的结构和文字几乎是一样的，我想因为作者们都看过这个校正本。谢守灏受皇帝的敕命而住持"玉隆万寿宫"，这种高名道士亲自校订的版本应该有着很大的影响力吧。各本的顺次应该是：旧本→校正本→新本。

【旧本】《藏外道书》所收本（出版年不详）《太上玄灵北斗本命延生真经》[19]。谢守灏所说的"旧经"的错误都可在此藏外道书所收本里发现，其比率高达百分之九十。例如，谢守灏本所说"老君曰"（有5次），《藏外道书》本都做成"道言"（参看上述校订方法第（四））。这也从另一方面增加了《藏外道书》本的重要性。

【校正本】南宋绍熙初年（1190）左右问世。

【新本】《道藏》所收的四种版本互相之间差不多。就是说，这四本都解决了谢守灏指出的错误部分。

这里有一个可解决三注本成书时间的依据。《傅洞真注》对经文「俗居小人」的注如下：

乃奉道弟子自卑之稱。如言濁世行尸、凡間穢質耳。舊本俗字、蠧食其半、止餘下截。後人妄認其形、湊填作恪、又作格字。近又隨音而訛爲隔字。

这个部分几乎原原本本地出现在谢守灏的序文中（请看后面的谢序原本）。那么，应该是先有谢守灏序文，其后被傅洞真借用。因此可以判断，三注的成书都是南宋以后。《玄元真人注》有唐诗人李白的序文，说"崆峒山玄元真人——注解北斗延生经一卷"，这个说法令人怀疑。李白与道教的密切关系这个问题早有李长之《道教徒的诗人李白及其痛苦》，近来金文京《李白—漂白の詩人

その夢と現実》（东京：岩波书店，2012 年）讨论过。恐怕这里李白也是假托。三注的先后问题还需要进一步考察，目前不能够断定。

3．若杉家藏《北斗本命延生经》与阴阳道的祭祀

一看若杉家本就知道有人仔细阅读过，一定是土御门家人士为了執行他的阴阳道任务而学习的。通篇有日本式的训点，没有加训点的日期。有些训点有误。[20] 纸背（纸的背面）文书上有记载文字（后述），恐怕是若杉家本成书以后的事了。

现在来简单介绍一下日本独特的宗教体系"阴阳道"。"阴阳"本是中国发祥之思考方法。它给中国文化各个方面提供了基础理论，而中国文化当中都没有成立像"阴阳道"这样体系，朝鲜也没有。什么是"阴阳道"？这方面专家之一山下克明教授如此解释：

对阴阳道曾经有过如此解释：根据中国古代阴阳五行说、占卜时间、方向的吉凶、以做祓（Harayi、一种辟邪）以及祭祀的迷信。——近来它的定义更简单了。阴阳道是以阴阳寮为基础、平安时期在日本成立的一种咒术宗教（《陰陽道の発見》东京：NHK 出版、2010 年、第 16 页）。

所谓"阴阳寮"是一种官僚组织，一直到明治三年（1870）都还保持着它的传统。它本来模仿唐朝的太卜署以及太史局，主事卜筮，天文，历数，漏刻。在此组织担任卜筮相地（风水）的官僚叫做"阴阳师"。"阴阳师"后来超越"阴阳寮"的组织而变成占卜者（咒术宗教者）的职业名称。因此我们需要再定义如下：

阴阳道者、以阴阳寮为母体、以咒术宗教者阴阳师为核心、从九世纪后半期到十世纪成立的"专业职务——咒术宗教"、也是阴阳师们的"学派集团的名称"。（山下前书、17 页）

"阴阳寮"的任务除了卜筮，相地以外，还有"造历"（制造历日），"候天文气色"（观测天体），"伺漏刻之节"（时报）等。阴阳师受到当时贵族阶层的欢迎，除这些任务以外，还有其他的一些宗教活动。所谓"阴阳道"是包括这些广义上的宗教活动在内的。

阴阳道作为"咒术宗教"具有宗教性，但是他们不管人死后之问题，也没有死后世界的观念。这是因为他们"不参与镇安死人之魂，追善供养，镇安冤魂等的祭祀"（山下前书176页）。

下面谈谈阴阳道与道教之间的关系问题。阴阳道虽然集中地受到道教之影响，不过也不是道教的同义词。日本文化当中受到道教影响的不仅是阴阳道，比如庚申信仰（守庚申）的源流也在道教。阴阳道当中的道教因素，还有"反闭"等咒术。我们要讨论其中之一，就是"属星祭"（zokusyosai），是祭祀北斗七星的。

"属星祭"的"属"意味着每个信徒都隶属于某一个星，"属星"就是本命星。清和天皇贞观六年（864）有一位阴阳师叫做弓削是雄（Yugeno-koreo），到藤原有荫（fujiwarano-arikage）家里做"属星祭"，这是文献上关于这种仪式最早的纪录。[21]还有右大臣藤原（九条）师辅（fujiwarano-morosuke）（908-996）写了一本家训《九条殿遗诫》，他说："刚起床，念属星名号七遍，微音。其七星者，贪狼子年，巨门丑亥年，禄存寅戌年，文曲卯酉年，廉贞辰申年，武曲巳未年，破军午午也。然后拿着镜子看看脸色—"（山下前书第127页）。

其实，这些例子都早于谢守灏校正本成书的日期，可见《北斗本命延生经》早就流传于世，之后又传到日本。[22]

关于若杉家本，还有一个有趣的问题。本经的背后有六张文书。阴阳道所谓"都状"（一种愿文）[23]，格式如下；冒头写着"上〇〇神"，以下六张都写着"右为延年益算送上谨状"，六张最末都写着"明应三年十二月二十七日释氏比丘尼 妙正（朱字）谨上"，就是祭祀时间和施主的名字。"明应三年"公元1494年，相当于日本室町时期，中国明朝弘治七年。

这些六张纸顺次应该按照正面的《北斗本命延生经》排列，那背面写着的

对应神名如下:

　　神的名单:1. 泰山府君　2. 司禄神　3. 司命神　4. 本命神　5. 开路将军　[推测此间有脱落 A] 6. 土地灵祇 [后面有脱落 B] ——（按出场顺序排列）[24]。

下面是供品的名单;"金币一棒　　银币一棒　　银钱二十贯　　白绢一十匹　　鞍马一匹　　勇奴三人"。这些文书到底什么用？ 平安时代的阴阳道祭祀有四十二多种（山下前书）。此文书的基本要素,《北斗本命延生经》纸背,冒头写着"上〇〇神"（本命神）,目的是"延年益算",说的是否就是属星（北斗七星）祭？但是文中也有与此论断相反的因素。如上面的名单里虽然有本命星,但是不是第一位。如果是属星祭的话,不会断开神圣的经典[25]。所以也许不是为了做属星祭的。文中看起来泰山府君的位置在第一。因此我认为可能是泰山府君祭[26]。另外还有一些疑问,正面所抄《北斗本命延生经》有没有意图？仅仅是废纸吗？施主为何自称佛教徒？ 因为我不懂日本宗教史,只能求教于诸位专家。

4．谢守灏《校正北斗本命延生经序》的活字化

　　凡例:

一，文字使用通行的正字。

二，省略了原文上训读。

三，标点出于我之手。

四，空格、提格按照原文。

五，原文的□全部省略。

六，" "表示引用，由我添加。每一行字数并不按照原文来控制。

　　校正北斗本命延生經序

太上靈寶三洞五秘籙觀復大師玉隆 萬壽宮高士謝守灝述

老君當東漢之季，下降蜀都，授
正一天師張君 北斗延生之訣。左右侍眞，隨即記錄，以行于世。典午中微，五胡干紀，異端竝起，道術爲天下裂。上學之士，嚴棲廓隱，四輔衆經，無復師授，編帙散落，鞠爲蠹魚之藪。唐室肇興，宗尚 聖教，募求遺書，以充藏室。編民慕賞，斷章闕簡，畢努陳獻。聯緝補亡，多出野人之手。由是首尾錯亂，字義乖訛，疑誤相傳，餘數百載。恭聞
孝宗皇帝，嘗軫宸慮，欲命校讎，而一時承學之士，謙遜未遑，竟孤聖意。高識之士，爲之太息。守灝僻處嚴穴，夙嘗究心，千慮之愚，忽焉有得。竊意如感 上眞之冥授。故不敢自私，爰命副墨，庶示方來，條列于左。

　　舊經虫蠹闕損，一字或二字，補塡之非者。
如"太上老君"作"大聖老君"，"太極宮中"作"太清宮中"，"夷狄"作"夷域"，"多肆巧詐"作"多詣巧詐"，"咸契於五行"作"咸契於五星"，"皆由奉七星"作"皆由奉此經"，"宣威三界"作"宣威科戒"。

　　虫蠹半字，補湊之非者。
如北斗九晨咒云"俗居小人"，蓋奉道弟子自卑之稱。猶云濁世行[尸]（依据傅洞真注补），乃凡閒穢質耳。舊本"俗"字，蠹食其半，止餘下一截。後人妄認其形似，湊塡作恪，或作恪。近又隨音而訛爲隔矣。又如"本命生辰，持此眞文者，外伏魔精，內安眞性"，謂外則伏諸魔精，使魔鬼潛消，精靈伏匿也，內則安我眞性，使智慧性圓，道心開發也。字字諧偶，義理顯然。而人妄補"者"字，作"皆"，"內"字，作"將"，則大乖經旨。又"訴誣"作"所誣"，"生生"作"三生"，"千眞"作"天眞"，"垂象"作"在象"，"司陰府"作"勾陰府"。如此之類，竝與改正。

　　卷帙脫落，聯綴差互者。
如初說北斗眞君應驗，謂能解三灾四煞等二十四種厄，也却錯綴於卷後。至老君說經將畢，天師誓願流行，乃讚此經之功，謂「家有北斗經」當獲「本命

降眞靈」等一十五種吉祥，也乃錯綴於未曾説經之前。今各復其所。

　　本朝宣政間，嘗置局校經。有朝士充校讎者，強作聰明，以希功賞。其改錯者凡五字，增贅疣者凡二十囗（四角）字。

昔漢天師左侍王眞人記錄太上所言。首序其因，爲老君在太清太極宮中，觀見衆生沈淪，乃起哀憫心，分身降于蜀都，爲天師説北斗延生經訣。而校讎官不顧始末文意，輒改「乃」以爲「我」。以是誣王眞人，自謂我分身下降，爲老君也。又將經中「老君曰」，盡改爲「道言」，殊不知，太上道君所説，多稱「道言」，如上清部中經及靈寶經所載，是也。太清部中，如天童經則稱「太上曰」，清靜經則稱「老君曰」而已。應

　　老君所説，未有稱「道言」者，其改「老君説經將畢」爲「道言説經將畢」，尤爲非理。又改「本命眞官」爲「本命眞聖」，改「眞君名號」爲「眞形名號」。夫每歲六度降下人閒者，本命眞官也。若本命生屬眞聖，則一歲之降，何止六度哉。不可得聞。能持念者，眞君名號也。若眞形則頂禮恭敬而已。不可持念也。又於「人道將違」之前，重載「轉乖人道，難得人身」二句，既云「暫墮地獄」，安得便云「轉乖難得」也。至於「生居禽獸之中，禽虫之屬」，則信「乖人道」矣，方得云爾也。又增「作人舟船，津梁男女」二句，在「普濟衆生」之上，例成贅語。又如「請正一道士」等語，亦後人增廣耳。當　老君下蜀時，初以正一授天師。元未有正一道士也。應經中有竄易增添不協理者，竝依古本校正。持誦之士，三復考詳，則是是非非，當有定論矣。

　　凡誦北斗經，先念安神咒

　　天靈節榮，願保長生，太玄之一，守某眞形，五藏神　君，各保安寧，急急如律令。

太上玄靈北斗本命延生經（从这里经文开始）

爾時

太上老君以永壽元年正月七日在

太清境上太極宮中觀見衆生億劫飄沈‧‧‧‧‧‧

238

【注】
（1）《搜神记》卷 3 有以下著名的故事。"北边坐人是北斗，南边坐人是南斗。南斗先生注生，北斗注死。"一般论文引用到此为止，其实下面几句倒重要。"凡人受胎，皆从南斗过北斗。所有祈求，皆向北斗"。可看北斗压倒南斗，从古代人们相信，北斗具有"注生""注杀"两方力量，可以说"道教南斗受生观念是从北斗受生中演化出来的"。参看韦兵，《道教与北斗生杀观念》《宗教学研究》2005 年第 2 期。韦兵也根据考古资料来有说服力地证明此事。

（2）"元君"在道教信仰上本是对高位阶女仙之尊称。萧登福认为，《北斗本命延生真经》玄元真人注本（后述）的七星君神像均是"女形"。《〈太上玄灵北斗本命延生真经〉探述（上，下）》《宗教学研究》1997 年第 3、4 期，下第 34 页。

（3）根据《北斗经》，本命星由于生年的地支（十二支）而决定，"本命日"便同于生年的干支（参看萧氏论文第 50 页），因此一年有六次本命日。《北斗经》强调，信徒不要错过此六次机会，并要全力投入祭祀。

（4）北辰和北斗之混淆，参看萧氏论文 56 页。上述《搜神记》卷 2 又云："就北辰星求长命"。本文不论及此种问题。

（5）例如"长生人道，种子不绝，世世为人—""使三世常为男子身—"等。北宋张伯端云："人身难得，光景易迁"（《悟真篇》自序）。

（6）"念此大圣北斗七元真君名号，常得罪业消除，灾衰洗荡—"等，在此虽然说到"罪业消除"，但算不成主题。

（7）以下如同；"渐登妙果，重立玄功，证虚无道，乃得圣智圆通，隐显莫测，出有入无，逍遥云际，升入金门，与圣合真，身超三界，永不轮转，寿量无穷，快乐自在。"

（8）徐道龄对《玉枢经》也有深刻关系。请看拙作《『玉枢经』の形成と伝播》《东方宗教》第 105 号。又, Stephen Little with Shawn Eichman, *Taoism and the arts of China*, Chicago : Arts Institute of Chicago in association with University of California Press, 2000. 据我了解，北京国家图书馆收藏《北斗本命延生经》与《玉枢经》合刻本。另外，徐道龄在《北斗经》注释中往往引用《玉枢经》。

（9）《北斗本命延生经》的续篇有《北斗本命长生妙经》。所谓《五斗经》除了《北斗本命延生妙经》以外，《道藏》里面还有以下 5 件：《太上说南斗六司延寿度人妙经》（SN624）、《太上说东斗主算护命妙经》（SN625）、《太上说西斗记名护身妙经》（SN626）、《太上说中斗大魁保命妙经》（SN627）、《太上说中大魁掌算伏魔神咒斗经》（SN628）。道藏以这些短篇为"五经同卷"。其解题参看；Fabrizio

Pregadio, ed. *The Encyclopedia of Taoism*. London and New York: Routledge, 2008, pp.1053-1055

(10) 也可参看萧登福《道教术仪与密教典籍》新文丰出版公司,《道教影响下的佛教典籍（下）》同出版社。

(11) 赵冬生《山西曲沃县广福院发现宋金（齐）佛经》《文物》1994 年第 7 期。

(12) *The Encyclopedia of Taoism*. vol.2, p.1055. 按道理来讲,该有朝鲜版。我所了解的朝鲜版,其表面有"北斗延生经"的墨书,版心也有"延命经",而其经文始终是《北斗本命延生经》、《佛说北斗延命经》的特点只有在神像（上有佛如来,下有七星君,各旁边有他们的名号）上才有表现。这个奇怪的版本为朝鲜肃宗二十五年（1669）升平府曹溪山松广寺开版。根据故增尾伸一郎先生 (1956－2014) 所说,在朝鲜《北斗本命延生经》比《北斗七星延生经》"起了更大的作用"。《朝鮮の北斗信仰と所依経典—朝鮮本『太上玄霊北斗本命延生真経』覚書》《豊田短期大学研究紀要》第 4 号。

(13) 《享和仪轨》版的原本为京都栂尾山高山寺法鼓台文库所收藏的写本。参看：松川节《モンゴル語訳『仏説北斗七星延命経』に残存するウイグル的要素》《中央アジア出土文物論叢》京都：朋友书店、2004 年。

(14) 《历世真仙体道通鉴续篇》卷 5,即谢守灏传。

(15) 参看：秋月观瑛《中国近世道教の形成》东京：创文社,1978 年,第三章《『逍遥山万寿宫志』の資料の検討と玉隆万寿宫の沿革》。

(16) 徐道龄所参与的《玉枢经》也有 15 种符箓。参看；注（8）三浦论文。

(17) 符箓对道教徒有如何根本意义,参看；三浦《文字の根源へ—道教のおふだ—》《宇宙を駆ける知》东京：明治书院、2014 年。

(18) "黄斗图云：一名贪狼、子生人所属,二名巨门,丑亥人所属—孔子元辰经云：一名阳明星,二名阴精星—"（卷 4,论七星）。七元真君的名号如下："北斗第一阳明贪狼太星君,北斗第二阴精巨门元星君—"。另外,有本六朝古经书叫《太上飞行九晨玉经》(SN428),虽然没有包含"本命"思想,但是记载了九星及其夫人的名号。参看：垣内智之《星の光を吞む》《術の思想》东京：风乡社,2013 年。《太上飞行九晨玉经》与《北斗经》之间有一点联系。书中说的不是"七星"而是"九星",这点值得注意,不过书中没有说到"贪狼"（第一星）"巨门"（第二星）等《北斗经》所记载的名号。

(19) 还有《道家金石略》所收本,刻碑时期是"大金明昌二(1191) 年岁次辛亥中秋日",原碑所在"完县西北十里白云村玉皇庙"。1191 年跟校正本成书时期 (1190 年左右) 差不多。而且当时金和宋是敌国关系,所以校正本不可能流传到金国。

这个事情却证明了，校正本问世以前，旧本一直通行。

(20) 例如：若杉家本"如北斗九晨咒云：俗居小人。盖奉道弟子自卑之称，犹云浊世行，乃［尸］凡间秽质耳"。"俗居小人"为经文之咒文，而若杉家本把它解释成"在俗间跟小人居住"。"俗居小人"是"奉道弟子自卑之称"，应该解释成"居住在俗间的小人"。另外还有错字（乃—尸），句点也有错误。

(21) 山下克明《平安時代の宗教文化と陰陽道》东京：岩田书院，1996年，第69页。按：贞观六年相当于唐末懿宗咸通五年。

(22) 研究《北斗本命延生经》对日本思想史的影响时，应当关注吉田兼俱（1435-1511）。他是吉田神道之大成者，为了建构自己神道神学，活学活用《北斗本命延生经》及其徐注。参看：坂出祥伸、增尾伸一郎《中世日本の神道と道教—吉田神道における『太上玄霊北斗本命延生経』の受容—》《日本・中国の宗教文化の研究》东京：平河出版社，1991年。但是没有说到若杉家本《北斗经》。

(23) 参看：村山修一《日本陰陽道史総説》东京：塙书房，1981年，第184页以下，第414页。同人《日本陰陽道史話》大阪：大阪书籍，1988年，第64页以下。但是若杉家本的"都状"不像村山先生所举的例子，极为简略。

(24) 既然《北斗经》经本有脱落，那么背后的纸张也该有脱落。《北斗经》经文A部分脱落在于"大圣北斗解厄应验曰"起到"下台曲生司禄星君"，字数大约750字。B部分脱落在于"功德力莫可称量"起到"可以消灾忏罪"，之后一直到卷末都脱落，字数大约750字。一张纸经文字数大约380字算起来，"都状"好像还有四张。神像符箓应该都在经文后头。

(25) "可以消灾忏罪请福延生随力章醮福德"一行被断开，它的作法根本没有考虑经文。

(26) 一般来说、泰山府君祭的请神如下：阎罗天子、五道大神、泰山府君、天官、地官、水官、司命、司禄、本命神、开路将军、土地灵祇、家亲丈人（山下克明《陰陽道の発見》东京：NHK出版，第160页）。但是都状的形式各种各样。

※因作者收到国际会议邀请时间较晚，我一时无法准备适合于本届会议主旨的发言，暂且仅以此现成论文来权且赛责。同时感谢会议主办方允许我以此课题来发言，并非常感谢特允将其中文译稿于这本先锐而独特的论文集给予刊发。顺及，以上论文的日语原文曾发表于《东方宗教》第123号（2014年5月）。

(土屋昌明翻译，潘君亮修订)

雁蕩山と道教
——道教と民間信仰との関係を兼ねて[1]

潘君亮（廣瀬直記訳）

背景

　雁蕩山は温州旅行の聖地であり、山紫水明の地として全国に知られている。広義の雁蕩山は、北雁蕩と中雁蕩、南雁蕩に分けられる。南雁は平陽県に属し、中雁と北雁は共に楽清市にある。狭義の雁蕩山は北雁のみを指す。本稿では北雁の状況についてのみ検討したい。北雁蕩は浙江省温州市楽清市の北部に位置する。東は楽清湾に臨み、北は台州市黄岩区に接している。雁蕩山は括蒼山脈の南脈に属し[2]、『道光楽清県志』によると、括蒼山の一脈は「東に行くと雁蕩山となり、東北に行くと盤山に至り、黄、太二県に入る」とある[3]。雁蕩山は主に流紋岩と凝灰岩からなり、一部には花崗岩も含まれ、岩山が屹立している[4]。山地の大部分は海抜500メートル以上、主峰の百崗尖は海抜1056メートルである[5]。

　雁蕩山は芙蓉山とも呼ばれる。「山頂に湖があり、そこにいつも雁がいる」ことから、雁蕩と称されるようになった[6]。この山は唐代になって、はじめて人々に知られるようになる。現存の雁蕩摩崖石刻に「開元2年（714）」という題字が見えるのがその証拠である[7]。しかし、雁蕩の大規模な開発が行なわれるのは宋代になってからであり、それにつれて雁蕩山に関する文献資料も多くなる。たとえば、雁蕩山を歌った詩文は、唐代のものはたった3篇しかないが、宋代のものは37篇も残っている[8]。

　また、宋代には雁蕩山が開発されると同時に、仏教が根を下ろした。著名

な雁山十八刹は、本覚寺以外はすべて宋代に創建されたものである。しかも、この時期、雁蕩山に通じる主要な交通ルート上の宿場は、いずれも仏教僧によって管理されていた(9)。仏教はその後、中央政府の抑圧を受けることもあったが、雁蕩山において絶対的な優勢を保ち続けた。雁蕩山は一貫して仏教聖地と見なされてきたのである。そして、その開山に関しても、十六羅漢の一人である諾詎羅尊者(なこら)が、眉山から雁蕩山にやって来て道場を建てた、と言われている(10)。このような創始説話が作られたことも、雁蕩山における仏教の存在の大きさを物語っている。では、仏教の影響を強く受けたその地において、道教はどのような立場にあったのだろうか。

1．包雷淵と正一天師

　雁蕩山の道教に関する最も古い記述は明代に遡る。『雁蕩山志』によると、芙蓉村に包雷淵という道士がいたようであり、次のように伝えられている。「彼は龍虎山で法術を学んだ。天の将軍を召喚することができ、雨乞いをすれば、すぐに雨が降った。このように五雷法を操り、妖怪の祟りを鎮めれば、すぐに効き目があった。また、病人がいれば、水瓶に符を入れ、それを飲ませれば、どんな病も癒えた。後の人々が伝える彼の逸話には、神仙や妖怪にまつわるものが多く、そこでは「包真人」と称されているが、すべてが作り話というわけではない(11)」と。

　今日、楽清市芙蓉鎮の包宅村に住む包姓一族は、包雷淵の子孫だと自称している。芙蓉林氏一族の林文洪が包雷淵の妹を妻に娶ったとされることからも、歴史上にそのような人物が実在したことが証明できるようである。包真人が得意としていたのは、宋代以降に盛行した雷法だった。温州は、雷法の有力な推進者だった林霊素の故郷でもある。雷法の二つの主な効能——駆邪と祈雨は、いずれも『雁蕩山志』の記述に見えている。また、ここで注目したいのは、包雷淵と龍虎山とが結び付けられていること、つまり包雷淵が行なっていた法術には合法性があった、ということである。

包真人が龍虎山で法術を学んだかどうかは、実際のところはっきりしないが、包雷淵と龍虎山天師府をめぐる説話は、民間にもまた別のヴァージョンが伝わっている。さきほど見た楽清の地方志『雁蕩山志』では、包雷淵が雷法によって雨乞いや駆邪、治病を行なったエピソードが、彼が龍虎山に行って道法を学んだ後に置かれていた。そこでは、包雷淵の雷法と符法は龍虎山で学んだものだ、と明言されていたわけではないが、物語の展開順序からそのように理解できる。一方、民間伝承のヴァージョンでは、包雷淵のそのエピソードは、龍虎山に行く前に置かれており、しかも彼は龍虎山に行って、ただ自身の法力を高めただけだ、ということになっている。それによると、龍虎山で張天師が包雷淵の法力を試そうとして、彼に水瓶一杯の水を汲んで来させるのであるが、天師は指占いによって彼が名高い包真人であることに気づくと、大急ぎで水瓶に一枚の符をはり付けた。じつは、包雷淵が汲んできたのは黄河と長江の水であり、もし水瓶に符をはらなければ、天師府は危うく大洪水に見舞われるところだったのである。[12]

　この二つのヴァージョンにおける包雷淵の事跡を比較することにより、公的な叙述と民間の叙述との違い、およびその背後に隠された意識のあり方が浮かび上がってくる。すなわち、公的な地方志に登場する包雷淵は、龍虎山に従属している。言い換えれば、張天師に代表される宗教官僚のシステムに従属しているのである。さらに大胆に言えば、包雷淵に代表される地方社会が、中央政府に従属していることが示唆されているのではなかろうか。一方、民間伝承においては、包雷淵の法術は、すでに地方で多くの奇跡を起こし、それによって名が轟いていた。つまり、それは地方における自給自足のシステムを表わしていると言える。ただそれでも、彼は統治者の承認を得て、正統な肩書きを獲得しようとしたが、たとえそうであったとしても、彼が龍虎山で見せた法術は、張天師の法術に比肩しうるものだった。包雷淵が民間で「包真人」と称されていることも、そのことを示唆している。また、ここで忘れてはならないのは、ちょうど包雷淵が生きた時代、張天師は天師の称号を剥奪され「真人」と改称されていた、ということである。包真人と

張真人をめぐる説話は、地方社会と中央政府との関係を暗にたとえているのかもしれない。

2．龍門派と雁蕩

　包真人はおそらく火居（在家の）道士だったのだろう。彼は跡継ぎを残し、現在の包宅村の包氏一族を作った。しかし、史料に見える雁蕩山と正一道に関する説話は、この一例しかない。その後の地方志では、正一道人や火居道人について、一言も触れていない。しかし、だからと言って、この地に火居道人の活動がなかったと言うことはできない。地方志編纂者が記録しなかっただけ、ということもあり得る。

　それに対し、清代以降に編纂された地方志には、全真教龍門派の活動が少しばかり記録されている。[13] 清代は、龍門派が中国南方に急速に展開した時期である。たとえば、王常月は広く弟子を募り、江南に赴いて伝戒を行なった。またこの時期には、黄岩の委羽山大有宮がにわかに台頭し、南方道教の聖地となった。創始者の楊来基とその弟子の尽力により、龍門派は台州において影響力を急増したばかりでなく、温州へも速やかに勢力を伸ばしていった。[14] 雁蕩山は楽清と黄岩の境界に位置し、温州と台州に跨っている。龍門派の南方拡張戦略のなかで、そこが重要な拠点となるのは自然な流れだった。『委羽山宗譜』の記述によると、雁蕩山にあった主な道観は、北斗洞、浄名道院および羊角洞（玉蟾宮）の三つである（口絵参照）。

(1) 北斗洞

　北斗洞は雁蕩山の霊峰という場所に位置し、その洞口は遙か伏虎峰のほうを向いている。このことから、古くは伏虎洞と呼ばれていたが、後にその地の道士が北斗元君を崇拝したことから、北斗洞と改称された。[15] 北斗洞は幅約50メートル、奥行き約50メートル、高さ約60メートルあり、雁蕩山では稀に見る大洞窟である。

民国10年（1921）に蔣希南が書いた『修建北斗洞碑記』によると、この道観の創建は光緒年間（1875～1908）に遡るようである。最初にこの地に茅を結んで修行に励んだのは、玉環道人すなわち龍門派第21代の趙至賢である。彼は数人の弟子を得た後、共に各地で布施を募り、霊霄殿を建て、そこに四層の楼を作ることにした。しかし、趙至賢はその完成を見ることなく世を去った。(16)後に門人の一人陳理恒がこの地で修行を続け、地元の有力者である金崇呈らから資金援助を受けたが、経済的な困窮から弟子が去り、こうして北斗洞は荒れ果ててしまった。

　そのような状態が実際どのくらい続いたのかはわからないが、北斗洞に立つ宣統3年（1911）の『永矢勿諼碑』の記述によると、地元の有力者と村民らが北斗洞のために山地を買い入れ、光緒21年（1895）には資金を出し合って五つの殿宇と楼屋を建造し、後にはさらに布施を募って三層の高楼を建てた。また、宣統2年（1910）には、管理者が遠く離れた場所に住むようになり、道観を管理できなくなったことから、新たな道人を招いて住持させることにした。碑文には、そのとき北斗洞にいた道士の人数や姓名、出身、流派などは記されていないが、当時の道士らは道観の経営者として、財産の所有者である地元の有力者や村民と諍いを起こしたようである。おそらく廟の資産をめぐるものだろう。地元の有力者らが県の役所に訴えたところ、役所は道士らに対し、徹底的に悔い改め二度と過ちを犯さぬようにせよ、という判決を下した。(17)

　その訴訟が終わった次の年、宣統4年すなわち民国元年（1912）春、趙至賢の再伝の弟子である蔣宗松とその数人の同志が、北斗洞に来て住み着いた。(18)蔣宗松とその同志について記す『修建北斗洞碑記』には、彼らがさきほどの『永矢勿諼碑』に登場する道士なのかどうか、もしそうでなければ、彼らはその道士らとどのような関係にあるのかなど、とくには説明されていない。そこから知られるのは、蔣宗松がやって来てほどなくすると、同志らはみな去ってしまい、彼が一人残って道観の運営に当たった、ということだけである。蔣宗松は各地を駆け回って資金を集め、民国10年（1921）に趙至

247

賢がやり残した事業を完成させ、三間の広さを持つ四層の霊霄殿を建てた。[19]さらに殿前には、八仙を祀る広さ三間、高さ三層の八仙楼を建てた。これはいつ完成したのかはわからないが、遅くとも1938年には存在していたようである。[20]

民国13年（1924）には、龍門派第24代の仇誠達（道号は通玄子）が住持の職を継承した。このとき、北斗洞はまた没落の憂き目に遭っていたが、仇誠達は弟子の呉信弟と施信泉と共に資金を募って北斗洞を再建した。民国23年（1934）には、仇誠達が住持を施信泉（道号は純浄子）に譲った。1938年には、杭州の宗文中学が日本軍による戦火を避けるために、校舎を雁蕩山に移し、北斗洞もその一分校となった。そこでは、学生は授業を受け、道士は法事を行なう、というかたちで両者が共存した。[21]共産党政権が樹立されてからは、地方に人民公社が作られ、宗教施設を改造する動きが一段と強まった。60年代になると、施信泉と仇信庵は海門の葭芷斗姥宮に強制的に追いやられた。[22]1988年、施信泉が羽化した後、坤道（女道士）の王崇淑が住持の職を継承した。彼女は洞中の同志と共に広く資金を募り、北斗洞を再建した。1990年のことである。

現在、北斗洞の道観には二棟の建物がある。一棟は霊霄宝殿であり、その中央には玉皇上帝、左側には雷声普化天尊、右側には太乙救苦天尊が祀られている。もう一棟は大羅宝殿であり、その第一層には八仙が祀られ、第二層は道士の住居として使われ、第三層の中央には三清の神々、左側には斗姥天尊と南斗神、北斗神、右側には玄天上帝が祀られている。さらに、二階の踊り場には小さな陳列窓があり、そのなかには仇誠達と施信泉、呉信弟および彼らの配偶者の写真と、仇誠達の位牌および「太上混元龍門派下歴代羽化大煉道師之位」と書かれた位牌が一つ置かれている。参拝客は少なく、福寿と平安を祈るために、一年に二十数回の道場儀礼が行なわれるだけである。しかも、ときには参拝客が道士を連れて来て場所を借りて儀礼を行なうこともある。信者の多くは台州から来ており、地元温州の信者はかえって少ない。

趙至賢が開山し道観を建てて以来、北斗洞で出家または住持した者は、少

なくとも34名に上る。乾道（男道士）が33名、坤道が1名である。彼らの大多数は、雁蕩山の近隣からやって来ており、温嶺籍11名、黄岩籍4名、玉環籍6名、楽清の地元出身者3名を含む。楽清の出家者には、蔣宗松のような地元の有力一族の出身者が少なくない。また、民国庚辰（1940）に龍門派の宗譜が編纂された際、北斗洞は雁蕩山最大の道教洞天として、その抄本一冊を下賜された。このことも、北斗洞の地位が正統に認められていたことを示している。

表一　北斗洞で出家した道士、あるいはそこに居住したことのある道士

姓名	性別	出生地	出　　家　　地	出家年代	代	房	居住したことのある宮観	受戒の年代／場所
趙至賢	男	玉環	下岱	清	21	8	清虚宮、北斗洞	
張理定	男	黄岩	北斗洞	清	22	8	北斗洞	癸丑／鎮海
林理本	男	玉環坎門	北斗洞	清	22	8	北斗洞	
孫理白	男	温嶺西揶武溪	北斗洞	清	22	8	北斗洞	
葉理栄	男	温嶺高祥	北斗洞	清	22	8	北斗洞	
陳理恒	男	天台		清	22	8	北斗洞	
金理亨	男	温嶺		清	22	8	北斗洞	庚子／浄名
蔣理渠	男	黄岩		清	22	8	北斗洞	庚子／浄名
徐理広	男	玉環		清	22	8	北斗洞	
応理朋	男	温邑		清	22	8	北斗洞	庚子
呉理丁	女	楽邑		清	22	8	北斗洞	
周理通	男	温嶺		清	22	8	北斗洞	
蕭理安	男	玉環		清	22	8	北斗洞	
金宗欽	男	温嶺仏嶺	北斗洞		23	8		庚子／浄名道院
蔣宗松	男	楽東大荊	北斗洞。四重楼を建て、殿宇を重修。墓は雁山の真済寺にある。		23	8		
劉誠文	男	楚門小竹筒	北斗洞		24	8		丁卯／蛟川
徐信照	男	楽東北閘	北斗洞		25	8		
厳誠慧	男	温嶺小環	北斗洞		24	8		
彭信鶴	男	温嶺	北斗洞		25	8		
仇誠達	男	温嶺屏下	北斗洞。北斗洞を重修し、葭芷斗姥宮を創建。墓地は北斗洞の前にある。	辛丑四月	24	8	北斗洞、葭芷斗姥宮	丁卯／蛟川淵徳観

呉信地	男	温嶺横塘	北斗洞		丁亥九月	25	8		丙子／桐柏宮
施信泉	男	金清港			甲子七月	25	8	北斗洞	
仇信庵	男					25	8	北斗	
於宗光	男	号は丹成子。黄邑	北斗洞		己巳	23	8		戊申／羊角洞
呉宗法	男	新河所	北斗洞。墓は向かいの山にある。			23	8		丙申／玉皇山
趙宗源	男	温嶺東門	北斗洞			23	8		
繆宗音	男	瑞安南鎮	北斗洞			23	8		
姜宗鶴	男	平陽江南	北斗洞			23	8		
潘宗興	男	紹興	北斗洞			23	8		丁卯／淵徳観
陳崇武	男	椒江	北斗洞			26	8		
顔崇柱	男	玉環	北斗洞			26	8		
王崇淑	女	温嶺	北斗洞			26	8		
虞崇光	男	黄邑	北斗洞			26	8		
姜崇鵬	男					26			
張高玲	女					27			
徐高欽	女					27			

(2) 浄名道院

　ここはたいへん謎めいた道院である。温州、楽清さらには雁蕩山の地元の地方志を紐解いてみても、浄名道院の名を見つけることはできない。楽清道教協会が1990年に編纂した『楽清県道教志』にも、一言も触れられていない。これは浄名道院が取るに足らない小道観だから軽視された、ということなのだろうか。『委羽山宗譜』を調べてみると、まったくそうではないことがわかる。実際には、委羽山の著名な道士凌円佐が方丈を務め講座を開き、「一時は隆盛を誇った」と言われるほどなのである。光緒26年（1900）には、凌円佐が律師となり、浄名道院で三壇大戒を伝えた。受戒者は少なくとも49名いた。このことから、浄名道院の歴史は遅くとも1900年にまで遡れることがわかる。また、かつて浄名道院で修行した龍門派の弟子に、任永坤という永字の代の道士がいるが、その代は派詩の排行から見て凌円佐よりも上の代に当たる。したがって、浄名道院の歴史はさらに古く遡ることになる。

　凌円佐が雁蕩山に来て浄名道院の方丈になったのは、道士としてのキャリ

アの後半期だったに違いない。彼はそれ以前に三軒の茶亭、二本の石橋を建てたことがあり、委羽山においてすでに名声を得ていた。このような経歴を持つ凌円佐が方丈として赴任するからには、その道院は彼のキャリアに見合ったものでなければならない。したがって、そこが無名の小道院だったとは考え難い。また、光緒26年の浄名道院における受戒（49名）は、光緒22年に杭州の玉皇山福星観で行なわれた336名の弟子に対する盛大なものには及ばないが、たとえば癸酉の年（1933）に委羽山の大有宮で行なわれた受戒（53名）や、丁卯の年（1927）に寧波鎮海の淵徳観で行なわれた受戒（31名）に比べて、一歩も引けを取るものではない。受戒者のなかには、童明雲や金理筌のような仙伝に名の見える名高い道士も多くいる。受戒という儀式は、律師の身分があれば挙行できるが、少なくとも49名もの受戒者を収容できるだけの空間と、百日近く続く修行と儀式を支える体力が必要となる。そのような体力が浄名道院にあったとすれば、規模と組織の点から言っても、小道院ではあり得ないだろう。

　また、浄名道院の伝戒儀礼は、単に参加した道士が多かっただけではない。道士の出身地を見てみると、近隣の楽清や黄岩、臨海ばかりでなく、瑞安の道士6名、平陽の道士5名、永嘉の道士2名、温州の道士1名、青田の道士1名も含まれている。これらの道士は、温州各地の道観に散らばり、龍門派の温州における地縁・教縁のネットワークを築いていった。

　では、浄名道院は雁蕩山のどこにあったのだろうか。『広雁蕩山志』を紐解いてみると、現在の雁蕩山東内谷の浄名院（寺）は、雁山十八刹に名を連ね、古くは浄明庵と称されていた。その創建は宋の太平興国2年（977）に遡るが、嘉祐7年（1062）には浄名院という名に改められた。その後、この寺は興廃を繰り返し、元代には大火で焼け落ちたが、明清の二代にわたり、数人の僧侶が寄付金を募って再建し、雁蕩山の一大景勝地となった(24)。また、杭州の宗文中学が雁蕩山に移転してきた際、浄名寺もその一分校となったという(25)。

　ここでまず注目したいのは、浄名寺の最初の名が「浄明」庵だったことで

ある。これは単なる誤写ではなかろう。なぜなら、『雁蕩山浄名教寺募捐重修序』では、作者が雁蕩山の伝説上の開山祖師である詎那羅尊者の説話を引用する際にも、かつて尊者が見た庵を「浄明」と呼んでいるからである。ただ、それ以下の文中では「浄名」となっている。浄名と浄明を通用する例は、他の文献資料にも見られる。一方、『委羽山宗譜』でも、浄名道院と浄明道院という二通りの表記があり、いずれも同じ場所にある一つの道院を指している。これは浄名寺、浄明庵の場合と同じである。

また、次に注目したいのは、浄名寺を描いた39篇の詩文の一つに、光緒年間の進士にして『楽清県志』の編纂者でもある李登雲が作った「宿浄名道院」という題の詩が見えることである。しかも、その詩の最後の一句には、「洗尽塵襟消永夜、静言還此学長生」とあり、そこが道観だったことが確かめられる。以上のことから、浄名寺が浄名道院だったと言えるのではなかろうか。

さらに、1924年に著わされた『雁蕩山浄名教寺募捐重修序』には、浄名寺は「数十年来、住持する僧がいない」と記されている。とすれば、その荒廃期に、浄名寺に道士が住むようになり、浄名道院に改称された、という可能性もあるだろう。あるいは、その時期に道士と僧侶が浄名寺という空間を共用し、それぞれ道院や寺という名を称していたのかもしれない。もしこの推論が正しいとすれば、浄名道院の変遷は、同一の場所において道観と寺院が入れ替わったり、さらには道士と僧侶が共同管理したりする、かなり普遍的な現象を反映していることになろう。たとえば、雁蕩山の紫竹林は最初は仏庵だったが、後には坤道の居所となり、またそれとは反対に、碧霄洞は以前は龍門派の道観だったが、いまは仏教寺院になっている。

表二　浄名道院で出家した道士、あるいはそこに居住したことのある道士

姓名	性別	出生地	出家地	出家年代	代	房	居住したことのある宮観	受戒の年代／場所
呉円珠	男	瑞安	永邑	清	19	6	福勝観	庚子／浄名道院
凌円佐	男	臨海		清	19	8	大有宮	庚子／浄名道院

雁蕩山と道教――道教と民間信仰との関係を兼ねて

任永坤	男	黄邑		清	18	12	浄名道院	
陳至篤	男	黄岩		清	21	6	大有宮	庚子／浄名道院
王理通	男	黄岩		清	22	6	大有宮	庚子／浄名道院
沈理慶	男	委羽山		清	22	6		庚子／浄名道院
周至良	男	青田	永邑	清	21	6	浄明道院	
王理渭	男	楽清		清	22	6		庚子／浄名道院
邱理覚	男	瑞安		清	22	6	勝美尖	庚子／浄名道院
劉理根	男	永邑		清	22	6	勝美尖	庚子／浄名道院
林理嶢	男	瑞安		清	22	6	勝美尖	庚子／浄名道院
管至学	男	永邑		清	21	6	福勝観	庚子／浄名道院
楊明宗	男	平陽		清	20	6	福勝観	庚子／浄名道院
林至玉	男	平陽		清	21	6	万全三官堂	庚子／浄名道院
陳至善	女			清	21	6		
黄明礼	男	平陽		清	20	6	福勝観	庚子／浄名道院
方明嶺	男	黄邑		清	20	7	大有宮	庚子／浄名道院
郭至徳	男	平陽		清	21	7	発春観	庚子／浄名道院
朱至空	男	平陽		清	21	7	発春観	庚子／浄名道院
呉至麟	男	瑞安		清	21	7	発春観	庚子／浄名道院
池理開	男	瑞安		清	22	7	発春観	庚子／浄名道院
高至霄	男	瑞安		清	21	7	発春観	庚子／浄名道院
林理仁	男	黄邑		清	22	7	羽山洞	庚子／浄名道院
盧理順	男	黄邑		清	22	7	羽山洞	庚子／浄名道院
元明方	男	温嶺		清	20	7	枕流宮	庚子／浄名道院
李至善	男	温嶺		清	21	7	枕流宮	庚子／浄名道院
仇至位	男	温嶺		清	21	7	枕流宮	庚子／浄名道院
戴理謙	女	温嶺		清	22	7	月蟾宮	庚子／浄名道院
童明雲	男	温嶺		清	20	7	枕流宮、清風宮、鎮海潮徳観	庚子／浄名道院
金理亨	男	温嶺		清	22	8	北斗洞	庚子／浄名道院
蔣理渠	男	黄岩		清	22	8	北斗洞	庚子／浄名道院
応理朋	男	温邑		清	22	8	北斗洞	庚子／浄名道院
陳至勇	男	黄邑		清	21	8	羽山洞、西郷広福宮	庚子／浄名道院
蔣理富	男	黄邑		清	22	8	羽山洞	庚子／浄名道院
畢理雲	男	黄邑		清	22	8	羽山洞	庚子／浄名道院
汪明化	男	楚門		清	20	8	大有宮	庚子／浄名道院
曾理隠	男	漢陽		清	22	8	羽山洞	庚子／浄名道院
頼至晬	男	楽清		清	21	8	羽山洞	庚子／浄名道院
呉理修	男	温嶺		清	22	8	大有宮	庚子／浄名道院
包理義	男	黄邑	永福宮	清	22	8	永福宮	庚子／浄名道院
金理筌	男	天台		清	22	8	大有宮	庚子／浄名道院
何明愷	男	黄邑		清	20	8	大有宮	庚子／浄名道院
蔡至蓮	女	温嶺		清	21	8	福星宮、仙源宮	庚子／浄名道院

253

張理栄	女	温嶺		清	22	8	仙源宮	庚子／浄名道院
陳明泰	女	温嶺		清	20	8	福星宮、福徳宮	庚子／浄名道院
陳至慶	女	温嶺		清	21	8	福星宮	庚子／浄名道院
裵至宝	女	温嶺		清	21	8	福星宮	庚子／浄名道院
陳明標	男	温嶺		清	20	8	福星宮、東極宮	庚子／浄名道院
金宗欽	男	温嶺	北斗洞		23	8		庚子／浄名道院
陳宗諒	男	黄邑	大有宮		23	8		庚子／浄名道院
陳宗旺	男	楽清	白龍山青雲観		23	8	浄名道院戒壇職司提科	丙申／玉皇山

(3) 羊角洞

　羊角洞は湖霧鎮の方岩南端の絶壁下にある。この場所は、温州と台州の境界地に当たる。山の南が温州、山の北が台州である。そこで、羊角洞の開山祖師である陳体陽は、崖の上に「両州奇観」という字を彫ったのである[32]。言い伝えによると、五代・宋の時代には、ここにすでに仙道修行者がいたという。宋代には、方岩羊角洞天と称されていた。洞窟が羊の角のようなかたちをしていることから、そう名づけられたのである[33]。清の咸豊年間（1851～1861）には、温嶺の道士である龍門派第19代弟子の陳体陽（字は静遠、号は少谷。咸豊年間に葉永申の門下に入った。欧教順の再伝の弟子）がここに来て、草を分けて洞窟を開き、庵を建てて修行した。言い伝えによると、彼は羊角洞内で面壁すること十年にして、開山祖師と称されるようになったという。その後、門人が日に日に増えると、同治年間（1862～1874）に資金を募って三清殿、呂祖殿、三官殿、紫庭楼を建て、さらに光緒年間中頃に玉蟾宮を建てた。

　光緒年間には、羊角洞で二度の伝戒儀礼が行なわれた。一度目は辛丑の年（1901）、二度目は戊申の年（1908）である。また、民国辛酉の年（1921）にも一度、伝戒儀礼が挙行されている。『委羽山宗譜』に、羊角洞で1908年に受戒した道士4名と、受戒の年がわからない道士1名を見い出すことができる。『委羽山宗譜』巻二には、陳理定と孫理華が戊申の年（1908）に羊角洞へ赴き、「王律師の三大戒を受けた」とある。王律師については詳細不明であるが、二度の伝戒儀礼の年がさほど離れていないことから、1901年の伝

戒も王律師によって行なわれたものと考えたい。陳円蟾が1898年に羽化していることから、この王律師はおそらく後継の方丈として羊角洞を管理しに来た人物だろう。また、この二度の伝戒儀礼に関して、『委羽山宗譜』は陸至和が羊角洞戒壇証盟監戒職司に任命されたこと、鄧理言が辛丑の年（1901）に楽清羊角洞戒壇糾察大師に任命されたことを記している。八年間に二度もの伝戒儀礼が行なわれたことは、龍門派が温州に勢力を伸ばす際に、羊角洞が重要な拠点となっていたことを示している。さらにもう一つ興味を引くのは、羊角洞で出家したことが知られる7名の道士のうち、4名が坤道だということである。実際、羊角洞は地元村民からは「道姑堂」と呼ばれていた。また、文革前夜に至るまで、10名の坤道と5名の乾道が居住していた。なお、蒋叔南によると、陳円蟾の弟子は600名にも上り、各道観に分散して住んでいたという。

60年代初頭、羊角洞の参拝客は依然たいへん多く、羊角の第二、第三、第四の洞窟が開発された。家屋は41棟あり、道士は14名、そのうち坤道が9名、乾道が5名いた。当時の住持は劉佩華、湖霧の人、道号は理鉢（龍門派の宗譜には「理柏」に作る）である。彼女は湖霧鎮嶺頭村の福興宮で出家し、1951年に羊角洞に転入した。

文革中には、羊角洞の殿宇はすべて取り壊され、道観の道士も還俗させられた。80年代になると、政府が宗教政策を見直したことにより、各地の宗教活動が徐々に息を吹き返し、羊角洞天も再建されるに至った。現在の建物は二層からなる。第一層は大羅宝殿であり、楊府大神と大神娘娘、楊老令公、楊老令婆、楊七郎、楊五郎、楊六郎、そして呂洞賓（開山祖師の陳体陽だと言う人もいる）が祀られている。第二層は「万神殿」のようなものであり、劉相公や呉先生、鄭将軍、胡将軍、黄将軍など、有名無名の神々が40体近く祀られている。現在、道観に居住する龍門派の道士は5名、住持は劉崇賢である。彼は楽清道教協会の副会長であり、胡信昌を師として90年に羊角洞で出家した。

また、もと羊角洞の道士だった尚誠岳は文革中、松門の朝陽洞に身を寄

せ、還俗しなかった。彼は改革開放後、羊角洞の旧観を復元したいと思い、道友の黄誠啓と共に地元信者の廖保玉ら千人あまりと連絡を取り、資金を集めて道観を建て、青蛙洞という新たな拠点を作った。そして、1995年には玉清宮を完成させた。現在の建物は七層の楼であり、第一層が東岳殿、第二層が将軍殿、第三層が天波府、第四層が財運宝殿、第五層が尚書殿、第六層が三清殿、第七層が観音殿である。しかし、尚誠岳と黄誠啓が世を去った後、玉清宮には道士がいなくなり、いまでは在家の信者が管理している。

さて、円瑛法師（1878～1953）の『方城山羊角洞記』には、伝統的な仙伝によくあるように、開山祖師の陳体陽が「神々しい輝きを放つ」修真の道人として描写されている。また『羊角洞記』には、その地の香火が盛大になったのは、地元村民が陳体陽を崇拝したからだ、とも記されている。しかし、羊角洞は道教の聖地であるにもかかわらず、光緒および民国期に楽清と温嶺で編纂された地方志には一つも説明が見えない。それはなぜなのだろうか。

その答えを知るには、地元の人々の羊角洞に対するもう一つの見方について探ってみる必要がある。というのは、羊角洞が多くの信者を惹きつけたのは、単に道士がその地で修行していたからではなく、その地に「以前から神がいると伝えられていた」からである。村民からすれば、羊角洞に祀られているのは道教の三清であっても、そこに実際に住んでいるのは、ほとんどが下っ端の仙人や付近の山の神、土地神あるいはその配下の神兵、神将だった。

地元に伝わる謝鐸という人物の説話に、次のように言う。ある日のこと、羊角洞の神将が山麓の黄涂村に住む地主の令嬢を娶りたいと思った。すると、この令嬢はすぐさま原因不明の病に冒された。薬を処方するも効果がなく、家では多くの道士を招き、壇を設けて鬼邪を払う儀式を行なった。最終的には、文曲星の化身である謝鐸の力により、この令嬢の病を治すことができた、と。

民間の神が人を娶ると、その人が病気になり、さらには死に至るという話は、六朝以来の伝説や説話においてよく見られるモチーフである。このよう

な人神結合の儀式は、人の霊魂が神に連れ去られることとして、ある程度は理解できる。そして、そのようなことをしでかす神は、明らかに正統な意味での「よい神」ではない。それゆえ、道士が招かれ、法事を行ない鬼邪を追い払うのである。しかし、さきほどの説話では、人の霊魂を捉える神は、道教の人士が「羊角洞天」と称する場所からやって来る。道教の聖地からやって来る神を道士が退治する、というこの叙述には、矛盾があるのではなかろうか。

この点に関しては、まず羊角洞の成り立ちについて理解する必要がある。実際のところ、洞中では道教の神だけではなく、温州では誰もが知っている楊府大神も祀られている。(42)この楊府大神は、地元では「羊角洞の老爺(だんな)」とも呼ばれている。この神に関して地元に伝わっているのは、公的な史料に記されるような「誠意を以て国に報いた」とか、「一族が末永く繁栄した」とか、「文武が共に成就した」とかいう伝統的な儒家の価値観に合わせた物語ではなく、「羊角洞の老爺がやって来て人をさらい、人々が混乱する」というような俗説である。この「人をさらう」というのは、生きている人の霊魂を奪ってゆく、という意味である。同様の話は他の場所にも伝わっている。筆者が永嘉でフィールドワークを行なっていたとき、ある村民が地元の楊府爺について語るのを聞いた。それによると、楊府爺は夜になると、ときどきやって来て未婚の女性を「摸し（捉え）(43)」、「摸され（捉えられ）」た女性は、おのずと病に罹ったり死んだりしてしまうのだ、という。

民間の俗神にまつわるイメージと説話は、中世以来ずっとこうしたものだった。彼らの道徳的立場はあいまいであるが、人々の行為に対して霊妙な感応をよく示す。それゆえ、民衆は彼らを畏れ敬ってきた。それは公的な史料で宣揚されているような、神々に対する高尚な崇拝ではない。しかし、このような民間説話は、地元で生み出され、地元民に受け入れられ、改編され、伝播され、地元の具体的な時間、場所、人物と結び付き、地方の歴史や集団に共有される物語の一部となってゆき、地元の人々の価値観を体現する。つまり、それが地方の宗教信仰と言われるようになるのである。

羊角洞の楊府大神の背後には、以上のような一種の宗教信仰がある。この神は少したちの悪いこともしでかすが、それが信仰の勢いに影を落とすことはなかった。宗教活動が冬の時代に入った60年代にあっても、毎日山に登って楊府大神を拝む人が3、400人いた。また、5月18日の「楊府大神」の誕生日には、4000人もの参拝客が集まり、洞中の道士もその機に乗じて功徳や道場の儀礼を行なった。この期間には、他の地域の道士も手伝いに来るほどにぎわうのである。このように参拝客が多かったため、ここでは祭祀の場所が拡張され、当初は羊角洞天、俗に言う羊角一洞だけだったが、後には近くに新たに三つの洞窟が開かれた。それぞれ羊角二洞、羊角三洞、羊角四洞と呼ばれ、一、二、三洞には、一洞大神、二洞大神、三洞大神が、四洞には楊家の神々が祀られていた。政府の宗教政策が緩和された後には、一、二、三、四洞が再建されたことに加え、楊家七郎の数に合わせて、羊角五洞、羊角六洞、羊角七洞がさらに開かれた。しかし、信者が最も多く、参拝の香火が最も盛んなのは、やはり羊角一洞である。

　ところで、この楊府大神が『楊家将演義』の楊家将と何の関係もないことは明らかである。地元の人々と話をしていても、楊府大神の霊験があらたかなことを語るだけで、楊家将には一言も触れない。羊角洞天では、楊老令公と楊老令婆、楊七郎、楊五郎の塑像は、中央に堂々と安置されているが、一方の楊府大神と大神娘娘の像は、隅っこの小さな神棚の上に置かれている。しかし、信者らが拝みに来ているのは、まさにこの小さな神棚の楊府大神であり、いちばん中央の楊老令公ではない。そのうえ、楊府大神像のわきにある池の水は、長らく仙水とされてきた。信者の多くは、治病のためにこの仙水を汲み取りに来るのである。

　羊角洞に参拝する信者の多くは、近隣の黄岩や温嶺、楽清などから来るが、なかには福州のような遠方から巡礼に来る者もいる。彼らは平安を祈ったり、子宝を求めたり、豊作を祝ったり、夢占いをしたりするために羊角洞の山にやって来るのであるが、ここではさらに僧侶や道士に亡魂の救済や施餓鬼の法会を依頼することもできる。このように、羊角洞の宗教的機能はた

いへん完備しており、人の生涯に関わる基本的な儀礼はすべて行なえる。

表三　羊角洞で出家した道士、あるいはそこに居住したことのある道士

姓名	性別	出生地	出家地	出家年代	代	房	居住したことのある宮観	受戒の年代／場所
陳円蟾	男	温嶺		清	19		羊角洞	
蔡教敬（宗譜に伝あり）	男	温嶺		清	17		羊角洞	
周明義	男			清	20		羊角洞	
余至衆	男	瑞安		清	21	7	発春観	戊申／羊角洞
許理声	男	瑞安		清	22	7	発春観	戊申／羊角洞
応理広（宗譜に伝あり）	男	温嶺	羊角洞	清	22		大有宮	
陸至和（宗譜に伝あり）	男	黄邑		清	21	8	大有宮、羊角洞、潮徳観	丙申／皇山
孫理華	男	黄邑		清	22	8	羽山洞	戊申／羊角洞
陳理定	男	平邑		清	22	8	環緑観	戊申／羊角洞
劉理柏	女	湖霧小球村	羊角洞		22	8		
葉宗祥	女	湖務隔渓	羊角洞		23	8		
謝誠初	女	温嶺大渓	羊角洞		24	8		
葉誠悟	女	湖務郷赤沙村	羊角洞		24	8		
信徳	男	温嶺	羊角洞		26	8	温嶺道元洞	
於宗光	男	号丹成子。黄邑	北斗洞		23	8		羊角洞
葉誠懃	女	温嶺西郷江垟八分	仙源宮	同治丙子	24	8		辛酉／羊角洞潘老律師三大戒
尚誠岳	男				24			
胡信昌	男				25			
劉崇賢	男		羊角洞		26			
鉄海道人(44)	男						佑聖観、紫陽宮	

結語

　すでに述べたように、雁蕩山の道院は、全真教龍門派の南方拡張戦略上の貴重な中継地だった。雁蕩山は地理的に見ても、龍門派の中心地である委羽山に近いことから、龍門派が温州に勢力を広げる際、まっ先に白羽の矢が立

てられ、そのネットワークの重要な結び目となった。『委羽山宗譜』には温州で行なわれた四度の伝戒儀礼が記録されているが、それらはすべて雁蕩山で挙行されたものである。ここで出家受戒し修行した道士の出身地は、楽清や黄岩ばかりでなく、さらに遠くの永嘉や瑞安、平陽などにまで及んでいる。

　こうした儀礼が挙行されたことや、著名な道士が居住したことは、雁蕩山の道観が龍門派の道教ネットワークのなかで重要な地位にあったことを浮き彫りにするものと言えるが、これらの道観は本当の意味で民衆の心に根付いた道教「聖地」となっていたわけではない。実際には、龍門派の布教活動が民衆の間で成功を収めていたとは言い難いのである。北斗洞の例を見れば、そのことがはっきりとわかる。北斗洞は雁蕩山最大の道教洞天として、楽清の公的な道教制度のなかで長らく重要な地位を占めてきた。たとえば、前住持の施信泉は、楽清道教協会の会長を務めたこともある。しかし、歴史上、北斗洞は何度も荒廃し、たびたび経済的困難に直面してきた。そのことは、参拝客が少なかったことを意味している。民衆がいわゆる道教の洞天に惹き付けられることはなかったのである。北斗洞の住持の話によると、当初そこは「混元洞」という名だったが、信者らには混元が何の意味であるのかわからなかった。そのため、ほとんど誰もやって来なかった。後に斗姥を拝みに来る人がいることに気づき、北斗洞と改名したところ、ようやく参拝者が少し増えた、という。ただ、そうは言っても、ここの経済的窮乏は現在まで続き、生活苦のために他の場所に移ってゆく道士が後を絶たない。公的な記録における北斗洞の輝かしい姿も、実際には政治的宗教的権力のプロパガンダによって、そう描かれたものが多いのである。

　私たちの推測通りならば、短命に終わった浄名道院は、公的な道観（および仏教寺院）の信仰の脆さをより鮮明に反映している。信仰の基盤に羊角洞のような「霊験説話」がなければ、道観は単なる道士の修練場になり、民衆の支持を得ることは難しい。それでは荒廃してしまうのも無理はない。とくに、このような道観は「再生」能力が弱く、公的な支援がない限り、一度打

撃を受けてしまうと再建は非常に困難である。

　一方、浄名道院とは対照的に、羊角洞は盛んな生命力を維持し続けた。60年代には壊滅的な打撃を受けたが、政府の宗教政策が見直された後、羊角洞はいち早く信仰活動を回復させることができた。しかも、その規模は以前にも増して大きく、一貫して「聖地崇拝」のような地位にあった。ただ、羊角洞がこのように成功し得たのは、道教信仰の魅力によるというよりも、むしろ地方信仰の力強さによると言ったほうがよい。羊角洞の道観玉蟾宮と仏教寺院方山寺では、楊府大神を祀っているが、多くの信者は、三清や釈迦牟尼ではなく、楊府大神を拝むためにこれらの場所を訪れる。そもそも、玉蟾宮と方山寺が楊府大神の信仰を受け入れたのも、参拝客を増やすためである。

　また、羊角洞は神僮というシャーマンが常々訪れる場所でもある。彼らは自分の体に憑依する神の塑像を作り、それを玉蟾宮や方山寺に持ってゆく。たとえば、玉蟾宮の方相公像や方山寺の楊小姐像は、いずれもその例である。神僮の活動は、60年代に地元の政府が羊角洞を攻撃する一つの口実となった。いまでは羊角の七つの洞窟内には、神僮によって投じられた大小数百もの神像が堆積している。大部分は姓だけで名のない神である。これらの神像が、神僮の活動と関係していることは明らかである。また、神僮は羊角洞に神像を持って来るだけではなく、信者を引き連れて来ることもある。彼らは信者に対して道場儀礼を行なって災難を鎮めるように勧めることがあり、その際に信者を連れて羊角洞の道士や和尚のもとにやって来る。なかには道士に弟子入りする神僮もいる。

　ところで、「正統」なあるいは「合法」な道教は、民間信仰を庇護し、政府からの攻撃を回避させることができるが、そのことは「洞」という概念について見ることでいっそうよくわかる。洞あるいは洞穴は、温州では常に妖怪（とくに、犬や鶏、蛇などのもののけ）と結び付いている。たとえば、子どもが昏睡状態に陥った場合には、その魂が妖怪に「奪い去られた」と考えられる。病人とその家族は、神僮というシャーマンのところに行き、「洞穴を問う」のであるが、これはつまりどの洞穴の妖怪に連れ去られたのかを尋ねる

のである。楽清には、道士が山の洞穴に住む妖怪を鎮めたという話が多く伝わっている。集真観の説話はその一例である。言い伝えによると、白石山の上に洞窟があり、もののけが頻繁に出没していたが、高名な道士の李少和が話を聞きつけ、そこに行って修行をはじめると、騒ぎがぴたりと止んだ。そのことから、後にその地に道院（集真観）が建てられた、という。ほかにも、道士の劉古岩が長安郷の白岩頭で、石を使って洞窟の入り口を切り開き、そこに長安道院を建てて洞窟の妖怪を鎮めた、という話もある。このような妖怪が出没する洞穴は、道教による「征服」と「改造」を経て、道教の洞天になった。羊角洞も、おそらくこのモデルと同じように、表向きは神僮を中心とする民間信仰から道教の聖地へと変貌したが、その核心となる楊府大神への崇拝が変わることはなかった。

　さて、以上に論じたことを踏まえ、道教と民間信仰との関係という、いまなお学者たちにとって悩ましくかつ魅力的な問題に話を移そう。羊角洞の例では、玉蟾宮は民間信仰に依存しており、形式上は道観が楊府大神を「受け入れた」ということになっている。しかし、実際には楊府大神が存在するからこそ、道観に参拝客が訪れるのである。道観の命脈も発展も、すべては民間信仰に懸かっている。羊角洞では参拝客が多かったため、住持の劉理柏は付近の小斗洞に分堂を開き、乾道１名を住持として招いた。廟会の時期や道場儀礼の依頼が多いときに手伝ってもらうためである。信者から見れば、道教の重要性はその儀礼にこそある。彼らは道士に道場儀礼を行なってもらう必要がある。言い換えれば、ここでの道教の存在は機能的なものであり、それは方山寺の仏教も同様である。もし道士がいなければ、信者は僧侶に依頼すればよいのであり、逆もまた然りである。

　また、道教のもう一つの機能は、中央政府と地方社会との関係性のなかから窺われる。とくに、中央政府が民間信仰をコントロールしたいと考えたとき、あるいは民間信仰が政治資本の支援を得たいと考えたとき、民間信仰は往々にして道教を利用して身を飾り、国家の要求に迎合した。道教は地方と中央政府をつなぎ合わせる通路あるいは舞台であり、両者はその上で交流す

る。しかし、こうしたバイパス機能は、何も道教だけのものではなく、仏教さらには儒教でも同様の役割を果たすことができる。たとえば、楊府大神を儒教的価値観に合った楊家将と見なすことは、羊角洞を道教の洞天と称することと本質的に変わらないのである。

【参考文献】
・鮑作雨／張振夔総修、陳緯校注『道光楽清県志』北京、線装書局、2009年。
・陳明猷校点『永楽楽清県志』香港、天馬図書有限公司、2000年。
・陳緯編『楽清歴代碑志選』北京、中国民族撮影芸術出版社、2004年。
・杭州宗文中学同学会楽清分会編『宗文雁蕩特輯』、1994年。
・胡海牙／武国忠編『陳攖寧仙学精要』北京、宗教文化出版社、2008年。
・蔣叔南『蔣叔南集』合肥、黄山書社、2009年。
・蔣叔南修、盧礼陽、詹王美校注『雁蕩山志』北京、線装書局、2009年。
・康豹（ポール・カッツ）「由『委羽洞天邱祖龍門宗譜』来看近代江南道教網路的発展」、「近現代中国城市道教史国際研討会」にて発表、南台科技大学、2010年。
・李登雲『万山草堂詩集』武林、1907年。
・李登雲／銭宝鎔修『光緒楽清県志』、1911年。
・阮伯林『雁山片石』香港、天馬図書有限公司、2002年。
・世界仏教居士林編『世界仏教居士林刊』第16期、上海、1927年。
・『委羽洞天邱祖龍門宗譜』、1991年。
・温州市道教協会編『温州道教通覧』香港、天馬図書有限公司、1999年。
・温州市志編纂委員会『温州市志』北京、中華書局、1998年。
・呉雲峰主編『雁蕩山摩崖碑刻』北京、線装書局、2010年。
・葉志屏／呉昭組／蔡冠夫／楊中兢／董仁山／包笑清／葉笠舟／張明東等編『温州旧俗史料』、1959～60年。
・円瑛『一吼堂文集』上海、仏学書局、1949年。
・楽清県道教協会編『楽清県道教志』、1990年。
・曾唯輯『広雁蕩山志』杭州、浙江撮影出版社、1990年。
・朱諫撰、胡汝寧重編『雁山誌』台北、明文書局、1980年。

【注】
（1）本稿執筆中に、ヴァンサン・ゴーサール氏と祁剛氏から文献資料を提供してい

ただいた。また、口頭発表の際には、クリストファー・シペール氏と森由利亜氏から貴重な意見を賜った。ここに記して謝意を表す。

（２）　『温州市志』、1998年版、193頁。
（３）　「東行結為雁蕩、東北至盤山入黄、太二県界。」『道光楽清県志』、2009年版、115頁。
（４）　『温州市志』、1998年版、193頁。
（５）　同上。
（６）　『雁蕩山志』、2009年版、91頁。
（７）　同上、92頁。
（８）　『道光楽清県志』、2009年版、282～352頁。
（９）　『光緒楽清県志』、1911年版、巻二、220頁。
（10）　『世界仏教居士林林刊』、1925年版、16～16頁。『道光楽清県志』、2009年版、133頁。『雁蕩山志』、2009年版、181頁。
（11）　「学法於龍虎山、能呼召天将、祈雨即応、以掌行五雷、治妖祟無不立効。有病者、書符置水缸中、令飲之、悉愈。後人伝其逸事、多神怪、称包真人、亦非尽属子虚也。」『雁蕩山志』、2009年版、173頁。
（12）　『雁山片石』、2002年版、174～175頁。
（13）　全真教龍門派の研究に関しては、以下を参照。Esposito："La Porte du dragon"（"La Porte du dragon: L'école Longmen du Mont Jin'gai et ses pratiques alchmiques d'après le Daozang xubian (Suite au canon taoïste)." Ph. D. dissertation, Université Paris VII, 1993）；"Longmen Taoism in Qing China: Doctrinal Ideal and Local Reality", *Jounal of Chinese Religions*, 29 (2001), pp. 191-231；"The Longmen School and its Controversial History During the Qing Dynasty", In John LAGERWEY, ed., *Religion and Chinese Society*, pp. 621-98. Hong Kong: Chinese University Press, 2004.
（14）　康豹（ポール・カッツ）「由『委羽洞天邱祖龍門宗譜』来看近代江南道教網路的発展」、「近現代中国城市道教史国際研討会」にて発表、南台科技大学、2010年、11月13～14日。
（15）　『雁蕩山摩崖碑刻』、2010年版、12頁。
（16）　『楽清歴代碑志選』、2004年版、462頁。
（17）　同上、456～457頁。
（18）　同上、462～463頁。
（19）　同上。

(20) 『宗文雁蕩特輯』、1994 年版、53 頁。
(21) 同上。
(22) 葭芷斗姥宮も仇誠達とその弟子が建てたものであり、北斗洞と密接な関係にある。『温州道教通覧』、1999 年版、357 頁を参照。
(23) 『委羽山宗譜』にその仙伝がある。
(24) 『広雁蕩山志』、1990 年版、254 頁。
(25) 『宗文雁蕩特輯』、1994 年版、53 頁、56 頁。
(26) 𧥷那羅という名は、『世界仏教居士林林刊』にしか見えないようである。他の書物では「諾詎那」や「諾詎羅」に作る。『広雁蕩山志』第七の 78 頁、『永楽楽清県志』13 頁を参照。
(27) 『世界仏教居士林林刊』、1925 年版、16～17 頁。
(28) 明の朱諫撰、胡汝寧重編『雁山志』、87 頁、142 頁など。
(29) 『万山草堂詩集』巻六。
(30) 『世界仏教居士林林刊』、1925 年版、17 頁。
(31) 『宗文雁蕩特輯』、1994 年版、68 頁。
(32) 羊角洞は、楽清と黄岩、温嶺の三つの町の境界地にある。羊角洞への登山口のある村が「三界橋」と名づけられているのも、そのためである。
(33) 『羊角洞碑記』、『楽清歴代碑志選』所収、2004 年版、458～459 頁。
(34) 『楽清県道教志』、1990 年版、29 頁。
(35) 「糾儀大師」と言われることもある。
(36) 『蔣叔南集』、2009 年版、46 頁。
(37) 『方山玉清宮創建碑記』。
(38) 『一吼堂文集』、1949 年版、17 頁。
(39) 同上、16 頁。
(40) 謝鐸(1435～1510)、温嶺人、明の孝宗の時に南京国子監祭酒に任命された。
(41) 『雁山片石』、2002 年版、171～173 頁。
(42) 楊府爺信仰に関しては、林亦修『温州族群与区域文化研究』を参照。
(43) 温州方言では、「摸」には「なぶる」と「捉える」という意味がある。
(44) 『陳攖寧仙学精要』、2008 年版、786 頁。
(45) 『温州旧俗史料』、1959～60 年版、60～61 頁。
(46) 『永楽楽清県志』、2000 年版、104 頁。
(47) 同上、103 頁。

あとがき

　本書の各論文は、まえがきで示した国際会議での口頭発表に由来している。本書のあとがきで、この国際会議の経緯について記しておくべきであろう。

　この会議は、第1回日仏中国宗教研究者会議（1st France-Japan International Conference on Chinese religious Studies）と称し、平成26年3月12日・13日に東京の専修大学において開催した。1名の発表時間は20分、使用言語は英語あるいは中国語であった。日本側の発表には発表者が日本語によるサマリーを述べ、フランス側の発表については、日本側で準備したコメンテーターが日本語によるサマリーと英語あるいは中国語によるコメントを加えて討論した。以下に発表題目と発表者（所属・当時）を記す。

3月12日

・Taoist Nature Sanctuaries（開会の辞）　　　　　　Kristofer M. Schipper
・The Three Mao Lords in modern Jiangnan：Cult and Pilgrimage between Daoism and baojuan recitation

　　　　　　　　　　　　　　　　　　　Vincent Goossaert（EPHE）
　　　　　　　　　　　　　コメント：森由利亜（早稲田大学）
・武當山、龍虎山、佛山祖廟的元帥神

　　　　　　　　　　　　　　　　　　　二階堂善弘（関西大学）
・北宋東嶽廟祀的傳播――山西定襄東嶽廟碑初探

　　　　　　　　　　　　　　　　　　　　　　方玲（CNRS）
　　　　　　　コメント：二ノ宮聡（関西大学大学院博士後期課程）
・Formation of the New Daoist community in the 19th century Lingnan area: Sacred places, networks and eschatology

　　　　　　　　　　　　　　　　志賀市子（茨城キリスト教大学）

・佐命山三上司山續考

　　　　　　　　　　　　　　　横手裕（東京大学大学院）

3月13日

・Xishan (Jiangxi): an earthly paradise of filial piety, and a haven from floods

　　　　　　　　　　　　　　　Isabelle Ang（Collège de France）
　　　　　　　コメント：趙婧雯（大阪府立大学博士前期課程）

・聖地與錬丹—羅浮山・武夷山

　　　　　　　　　　　　　　　鈴木健郎（専修大学）

・The Dongtian/Fudi and the sacred places of the emerging Quanzhen Daoism

　　　　　　　　　　　　　　　Pierre Marsone（EPHE）
　　　　　　　　　コメント：酒井規史（早稲田大学）

・南岳衡山与洞天福地—既是五岳又是洞天

　　　　　　　　　　　　　　　大形徹（大阪府立大学）

・雁蕩山與道教

　　　　　　　　　　　　　　　潘君亮（GSRL）
　　　　　　コメント：廣瀬直記（早稲田大学大学院博士課程）

・王屋山和無生老母

　　　　　　　　　　　　　　　山下一夫（慶應義塾大学）

・作為聖地的王屋山

　　　　　　　　　　　　　　　土屋昌明（専修大学）

・謝守灝『校正北斗本命延生経』之意義

　　　　　　　　　　　　　　　三浦國雄（四川大学）

略号

CNRS：Centre national de la recherche scientifique

EPHE：École pratique des hautes études

GSRL：Groupe Sociétés, Religions, Laïcités

　このうち、クリストファー・シペール（Kristofer M.Schipper）氏とヴァンサン・ゴーサール（Vincent Goossaert）氏の題目は英語だが、発表は中国語でおこなわれた。
　本会議の開会の辞にかえて、斯学の先達であるクリストファー・シペール氏が、本研究グループの進める研究に関連させて、中国人の自然観と洞天福地の関係について述べた。以下に簡単に紹介する。
　シペール氏ははじめに、本会議が日本とフランスの共同による道教研究の新たな出発点となることへの希望を表明された。そして、かつておこなわれた「日仏コロック」ほか日仏共同研究を回顧し、自身と福井文雅教授、そしてアンナ・ザイデル教授との学問的な交友について紹介した。続いて、福井教授らによる三巻本『道教』（平河出版社）の仕事を賞讃した。かつての日仏共同の道教研究について、みずから記録を残したいと語った。
　次に、中国は動物と植物の宝庫であることと道教の関係が述べられた。中国は、自然に恵まれている。中国の鳥類の種類を見ただけでも、他国の追随を許さない豊かさである。たとえば洞天の一つである陝西の太白山には、日本で絶滅に瀕しているトキが7000羽以上も生息しており、希少動物のパンダもいる。こうした自然の豊かさにおいては、四川の青城山も原始林を有する抜群の環境である。青城山はそればかりか道教の地位が非常に高く、大洞天であり、天師道の二十四治の一つでもある。こうした例からわかるように、道教の名山には自然が保護されてきた。これをシペール教授は「Taoist Nature Sanctuaries」と命名している。こうした自然保護には、歴史的な生成と発展があった。現在、パンダを希少動物として保護するが、パンダを保護することそれ自体は、実は現在に始まったことではない。パンダが現在でも生息するのは、パンダ自身の生存力というより、歴代の人々の自然保護の観念、とくに道教におけるそれが貢献していると思われる。それは天師道の思想や『太平経』などの自然保護の観念を検証すれば理解できる。そしてそ

のような自然保護の観念は、戦国時代からの思想を継承している。それに関する記述は、『荘子』や『孟子』に早くも見られる。洞天福地思想は、こうした自然保護の観念から発展してきた側面があり、この点に現代的な意義を見ることができる。

以上の話からわかるように、シペール氏は長年の道教研究の経験から、現代人にとっての洞天思想の重要性を考えているのであり、それは本研究の現代的意義の指摘でもある。編者はシペール氏に、この発表の論文寄稿を依頼したが、シペール氏は後生のために寄稿を辞退するということで、本論集にはこの発表は載せることができなかった。

日本側の発表者のうち、三浦國雄氏は、シペール氏が言及した、かつての日仏共同研究に参加された道教研究者であり、会議主催者から特に参加を依頼した。三浦氏は、世界における洞天福地研究に先鞭をつけた論文「洞天福地小論」の著者でもある。この論文は本研究の出発点であった。また、志賀市子氏は、「地方道教」の研究を通して、本研究にとって重要な羅浮山を扱っており、研究協力者として現地調査にも協力していただいたことがあり、やはり主催者から会議への参加を依頼したものである。

フランスの研究者との協力関係としては、まえがきにも言及した通り、2010年6月1日にパリの極東学院で座談会を開催した。この際、日仏道教研究の学術交流が昔日のように豊かでないことが相互のメンバーに反省された。その後、2012年3月にパリで方玲氏とゴーサールと土屋が日仏共同の研究会議の開催を相談して、科研費の助成を受けて実現の運びとなった。

本研究の成果を、このような国際会議を通して発表できたことは、単なる学術の発信にとどまらず、学術の国際交流にも資するものである。それを本書としてまとめることで、さらに学術の普及と国際交流を進めることができると考える。

末筆ながら、ご寄稿下さった方々、翻訳を担当された方々をはじめ、日仏国際会議に参加して下さった方々、本研究活動にご協力下さったすべての方々（お名前をあげることは控えさせていただく）に、心からの感謝を申し上げ

ます。出版にあたっては、東方書店社長山田真史氏、編集ではコンテンツ事業部の川崎道雄氏にお世話になりました。記して謝意を表します。

平成27年10月　編者識

本刊行物は、JSPS 科研費 15HP5019 の助成を受けたものです。
This publication was supported by JSPS KAKENHI Grant Number 15HP5019.

索　引

事項索引

英語

Baiyundong（白雲洞）　100, 101, 102, 127
Baodaotang（抱道堂）　120, 129
big catastrophe　113　→ dajie
Blue Lotus sect　98　→ Qinglian jiao
Buddhist halls　95　→ fotang
Cangxia gudon（藏霞古洞）　106
Cave of Flying Clouds　103
　→ Feixiadong
Chan master　107
Chaoyuandong（朝元洞）　106-108, 110
charitable halls　95, 98, 119
　→ shantang
Chongxu guan（沖虛觀）　96
Congshantang（從善堂）　114, 115
cycle of rebirths　161　→ lunhui
dajie（大劫）　113
Daoguang(reign)（道光）　101, 110, 111, 115, 128
Daoist halls　95, 107, 119　→ daotang
daotang（道堂）　95, 120, 126, 129
Difei（地肺）　164, 165, 167, 168
Dingyuan county（定遠縣）　110
Dongchu sect（東初派）　106, 107
dongtian（洞天）　161-163, 165, 167-169
Ezhu Qizhenguan（鄂渚棲真觀）　120
Fashi（法師）　96
Feixiadong（飛霞洞）　103, 105, 127
Fengshui Baodi（風水寶地）　103
fotang（佛堂）　95, 109, 128
fudi（福地）　162, 164-169
Gaozhou prefecture（高州府）　115
gengzi(year)（庚子）　110, 115
gentlemen who adored Dao　97
　→ mudao renshi
geographical conception　169
Gold Ancestor　106, 107　→ Jinzu
Guandi Feiluan Chanjiao（關帝飛鸞闡教）　111
Guangnan Fotang（光南佛堂）　106, 109
hall of Tiande　107　→ Tiandetang
hall of Yizhong　106　→ Yizhong jingshe
Hansangong（涵三宮）　120
Hermitage of Cloud Spring　100
　→ Yunquan xianguan
houses of hermit　95　→ xianguan
Huaidi（懷迪）　107
Huashan（華山）　163, 164, 170
Hunancaotang（湖南草堂）　120
inner alchemy　94, 104, 108, 110, 161
　→ neidan
Jie（劫）　98, 101, 107
jiezha（劫災）　112
Jile temple（極樂寺）　109
Jiledong（極樂洞）　109
Jinzu（金祖）　106
jitan（乩壇）　95
Jueshi zhongsheng（覺世鐘聲）　120, 129
Kaiyuan temple（開元寺）　97
kalpa cycle or great catastrophe　98
　→ Jie
Kunyu Mountains（昆崙山）　162, 163, 168, 169
Li Nanshan（李南山）　107
Lingnan（嶺南）　93, 95, 97, 99, 102, 105, 106, 110, 113, 114, 118, 119, 267
Longnü temple（龍女寺）　110
Louguantai（樓觀台）　166, 167
lunhui（輪迴）　161
Luofu zhinan（羅浮指南）　108, 128
Lüzu Xianyuan（呂祖仙院）　110
Maoshan（茅山）　26, 166, 168
Meilu（梅菉）　114-116
Meizhou（梅州）　109
Mount Baiyun（白雲山）　100, 103

273

Mount Beimang（北邙） 164
Mount Longhu（龍虎山） 96
Mount Luofu（羅浮山） 96, 100, 106-108, 118, 126, 128
Mount Xiqiao（西樵山） 100, 102, 103, 118, 127
Mount Yu（崳山） 103, 104
Mount Yuexiu（粵秀山） 103
Mount Yunlong（雲龍山） 103, 104
mudao renshi（慕道人士） 97
Mudao Xianguan（慕道仙館） 117, 129
Na-mou-lou（喃嘸佬） 96, 98
Nanlou（南樓寺） 107
Nanyang（南洋） 106, 125
neidan（內丹） 161
nianfoshe（念佛社） 97, 98, 118, 126
Old Cave of Hidden Clouds 106 → Cangxia gudong
Orthodox Unity 95 → Zhengyi school
Patriarchal hall 163, 166 → Zuting
public lecturing sessions 102, 104 → xuanjiang
Puyuantang（普元堂） 107
Qingjing sanren（清靜散人） 161
Qinglian jiao（青蓮教） 98, 106
Qingzhu biaowen（慶祝表文） 106, 109, 128
Qisheng（齊乘） 168, 171
Qizhen（七眞） 26, 31, 120, 161, 164, 170
Quanzhen（全眞） 26, 95-97, 100, 120, 161-167, 169, 170, 268
Quanzhen school 95, 97, 120, 162, 164, 166, 169
sacred places 95, 119, 161, 162, 268
Saigong（師公） 96
salvation by three gods on behalf of heaven 98, 111 → Sanxiang Daitian Xuanhua
Sanxiang Daitian Xuanhua（三相代天宣化） 98, 111
Sanyijiao（三一教） 94
Sanyuangong（三元宮） 97
shantang（善堂） 95, 97, 98, 114, 115, 119, 120, 128, 129

society for chanting sutras 97
Southeast Asia 106 → Nanyang
spirit-writing altars 95, 115, 117, 119, 120 → jitan
spirit-writing cult movements 93
spirit-writing séances 94, 102, 104, 110, 116
Sulao guan（酥醪觀） 96, 100
Taihedong（太和洞） 103, 104, 117
Taiyi（太一） 163
Taoyuan xianguan（桃源仙館） 103, 104
Taoyuanju hezuoshe（桃源居合作社） 105
temple Heaven 109 → Jile temple
third period for general salvation（三期普度） 117
Three in One 94, 124
Tiandetang（天德堂） 107, 128
Wenwu erdigong（文武二帝宮） 114, 115
Wuchuan county（吳川縣） 114
xianguan（仙館／仙觀） 95, 99-105, 118-120, 127
Xiantiandao（先天道） 97, 104-106, 108, 109, 120, 125, 128
Xinyi city（信宜城） 114-117, 129
xiugu（修姑） 118
xuanjiang（宣講） 102
Yanshou Shantang（延壽善堂） 109
Yizhong jingshe（一中精舍） 106-109, 110
Yunlong guan（雲龍觀） 104
Yunquan shanguan（雲泉山館） 99, 100, 127
Yunquan xianguan（雲泉仙館） 100-102, 105, 127
Yushan shantang（與善堂） 120
Yushan Shrine（玉山祠） 118
Zanhua Shrine（贊化宮） 101, 109
Zhanjiang（湛江） 115
Zhengyi school 95, 96, 110
Zhibaotai（至寶台） 120
Zhongnan Mountains（終南山） 162, 165-169
Zuting（祖庭） 163, 166, 167

274

索　引

中国語

八堂　201
北辰　227, 239
北斗　225-241, 246-250, 253, 254, 259, 260, 265, 268
北斗削死注生之法　231
北斗延命訣　226
北岳　192, 208
本命　214, 225-241, 268
本命日　226, 239
本命星　214, 226, 227, 229, 235, 236, 239
本命星官　214, 226
弼星　226
不老不死　227
丹霞洞　206
道教　3, 4, 7, 9, 11, 13, 15-17, 21, 24, 25, 27, 28, 30, 33, 34, 36, 38, 40, 45, 47, 48, 59, 60, 64, 65, 73, 80, 81, 89-91, 108, 122-125, 127, 133, 147, 152, 155, 157, 158, 173, 188, 190-192, 196, 201, 202, 206-209, 213, 216, 217, 219, 220, 226, 227, 229, 230, 232, 233, 235, 239, 240, 241, 243, 244, 246, 249, 250, 255-257, 260-265, 268-270
洞天福地　27, 45, 65, 125, 147, 154-156, 173, 191, 192, 204, 207-209, 213, 220, 222, 268, 269, 270
东岳　192, 208　　→泰山
二境　197, 201
二十三坛　199
二十五泉　200
发炉符　231
反閇　225, 235
傅洞真注本　231
扶乱降笔　228
复炉符　231
辅星　226
庚申信仰　235
句曲山洞　133, 134, 205
鹤鸣山　231
衡山　135, 154, 191, 192, 196, 197, 202, 207-209, 268
恒山　6, 192, 209
华山　192, 208, 209
霍山　192

湖鱼澄洞　206
解厄　227, 232, 233, 241
净明道教团　230
金牛洞　194
稽神枢　5, 204, 205
祭祀　12, 13, 28, 37, 41, 42, 73, 77, 84, 125, 141, 191-193, 206, 209, 214, 217, 220, 227, 230, 234-236, 239, 258
九池　201
九溪　198, 202
六门　198, 201
六源　197, 201
轮回　226, 227, 228, 229
密宗　48, 65, 66, 68, 70, 229
南斗　226, 239, 248
南岳　135, 142, 144, 149, 150, 153, 154, 156-159, 191-194, 196, 197, 202, 203, 206-209, 268
毗卢洞　193
人身　226, 227, 238, 239
儒教　191, 202, 206, 230, 263
若杉家　225, 229-232, 234, 235, 241
三洞　197, 201
三十八岩　200
三台　226
上清派　7, 25, 30, 141, 153, 191
上清真人祠　191, 192
少室山　205
十大洞天　65, 133, 134, 154, 191, 192, 202-206
石拱洞门　194
十六台　198
十四塔　199
十五洞　196, 198, 202
水帘洞　193-197, 206, 208
舜洞　193, 198, 202
属星祭　232, 235, 236
嵩高　154, 159, 192, 205
太卜署　234
泰山　9, 64, 70, 170, 192, 209, 213-217, 219-224, 236, 241
泰山府君祭　236, 241
太史局　234

275

太室山　205
土御門家　225, 234
武当山真武信仰　228
五岳　134, 173, 187, 188, 191, 192, 202-209, 213, 268
西岳　192, 208, 209　→华山
阴阳道　225, 226, 230, 232, 234-236
阴阳道祭祀　236
阴阳寮　234, 235
阴阳师　234, 235
元明洞　193, 194
玉隆万寿宫　230, 233

郁木洞　206
张公洞　206
真文　227
真武信仰　24, 228
钟灵洞天　206
中岳　192, 208
咒术宗教　234, 235
朱陵洞天　193, 195, 196, 202, 203
朱陵宫　193, 197, 201
朱陵观　193
祝融峰　191, 192, 209
醉眠洞　194

日本語
ア行
安仙　86
委羽山　65, 134, 152, 155, 158, 194, 203, 208, 209, 246, 250-255, 259, 260, 265
一貫道　48, 54, 55, 65
霊仙観　175
永嘉　230, 251, 257, 260
淵徳観　249, 250, 251
王永勝会　84
王屋山　45-47, 50, 56, 59, 61-65, 68-70, 133-141, 145-148, 152-159, 268
応夢井　185, 186
王母洞　45, 46, 56, 63, 137, 138, 155
温州　243, 244, 246, 248, 250, 251, 254, 255, 257, 259-261, 263-265
温嶺　249, 250, 253, 254, 256, 258, 259, 265

カ行
回香　88
会首　56, 57, 68, 75
解天餉　11
会譜　83, 86, 89
火居　96, 246
楽清　243-246, 249-256, 258, 260, 262-265
葭芷斗姥宮　248, 249, 265
割瓜　74
括蒼山　134, 243
雁蕩山　243-246, 248-252, 259, 260, 263-265, 268
観音　8, 17, 46, 47, 52, 53, 55, 60, 66-68, 179, 189, 256

漢武帝拝岳台　185, 187
帰根道　48, 54
九宮道　48, 64
穹窿山　10, 29
玉皇懺　12
玉皇山　250, 251, 254
玉清宫　189, 256, 265
玉蟾宮　246, 254, 261, 262
玉堂大法　7
恵山　10
血食　12
乾元観　12
元帥神　33, 34, 36-40, 42, 43, 267
元符宮　21, 189
建福宮　175, 187, 188
香会　30, 56, 57, 59, 63, 68, 69
黄岩　243, 246, 249, 251, 253, 258, 260, 265
黄天道　48, 49, 52, 60, 61, 64, 69
香頭　12
黄堂宮　72, 74, 75, 87
弘陽教　48, 52, 63
国教　214
五雷法　244

サ行
佐命山三上司山　173, 190, 268
三官　18, 76, 220, 226, 253, 254
三教合一　17
三極同生教　53, 67
三十六官将　37
三十六元帥　34, 36, 37, 41

276

索　引

三清　13, 25, 40, 42, 76, 216, 248, 254, 256, 261
三祖寺　187
三壇大戒　250
三茅君信仰　3-9, 11, 13, 24
三茅懺　12
三茅真君信仰　3, 8
四大元帥　34, 36, 38, 39, 41-43
社首　74, 75, 91, 216
謝仙　88
集真観　262
十二天君　34, 37, 38, 41-43
受戒　199, 249-252, 254, 259, 260
恤縁壇　14
出家　50, 66, 248, 249, 252, 255, 259, 260
巡礼　3, 4, 8, 9, 23, 24, 31, 71-83, 87-90, 258
醮　39, 74, 200, 202, 226, 241
正一　7, 12, 30, 35, 40, 150, 158, 228, 231, 237, 238, 244, 246
正一道　7, 12, 30, 228, 238, 246
鍾山　10, 29
丈人観　175, 187-189
上清派　7, 25, 30, 141, 153, 191
浄明忠孝道　72
浄明道　81, 90, 252, 253
浄名道院　246, 249-254, 260, 261
真源宮　175, 185-187, 190
真源万寿宮　175
神憧　261, 262
西膠山　10
西山　31, 71-73, 75, 76, 80, 83, 87-91, 174, 230
青城山　134, 173, 175, 187-189, 191, 269
聖地　19, 21, 29, 37, 45, 47, 63-65, 71, 153, 213, 243, 244, 246, 256, 257, 260-262, 268
青籙文　149
璇璣玉衡　184, 190
潜山　6
灊山　173, 175, 184, 185, 189, 190
仙仗　74
全真教　7, 24, 36, 97, 188, 246, 259, 264
先天道　48, 54, 97, 122, 123, 125

タ行

泰山　9, 64, 70, 170, 192, 209, 213-217, 219-224, 236, 241
台州　106, 243, 246, 248, 254
大乗円頓教　48, 53
太平宮　174, 176-184, 190
太平興国宮　173, 176, 180, 182, 183
大有宮　246, 251-254, 259
長安道院　262
朝陽洞　188, 255
伝戒儀礼　251, 254, 255, 260
天花宮　182, 183
天慶観　216, 217
天書　66, 215
天柱山　173, 175, 184-187
東岳祠祀　214, 217
道教協会　80, 81, 250, 255, 260, 263
頭香　75, 78, 83
道場儀礼　248, 261, 262
童初大法　7
党正　75
洞天　27, 45, 64, 65, 125, 133-135, 137, 138, 145-147, 152-158, 162, 167, 173, 191-193, 195-198, 201-209, 213, 220, 222, 249, 254, 255, 257, 258, 260, 262-264, 268-270
土地公　87, 89
土地神　189, 256

ナ行

南朝　74, 75, 158, 204
二十四治　269
二十四天君　36, 41

ハ行

拝斗　86
白鶴井　185, 186
八卦教　48, 61, 62, 70
八仙　122, 123, 248
万善宏済社　13
白蓮教　48, 49, 61, 63, 66
福星観　251
仏教　17, 22, 48, 50, 56, 59, 60, 65, 66, 78, 87, 179, 213, 219, 220, 243, 244, 252, 260-265
仏山祖廟　33, 36, 39, 40
仏頭　16, 22
武当山　24, 33, 36-38, 40, 41, 43, 44, 228
文革　255

277

文化大革命　73, 140
聞香教　48
封斎　86
宝巻　3, 4, 12, 13, 15-27, 30, 31, 49, 53, 54, 58, 61, 62, 64, 66, 67
茅山　3-14, 16, 18-25, 27-30, 134, 146, 150, 151, 153, 166, 189, 208
方山寺　261, 262
茅山道士　3, 7, 11
茅山法　3, 11
方丈　20, 250, 251, 255
封禅　213, 215, 216, 219
ポエ　91
北斗洞　246-250, 253, 254, 259, 260, 265
本覚寺　244

マ行

万寿宮　71-73, 75-82, 87-91, 174, 175, 240
民間教派　48-50, 52-54, 56, 57, 59-61, 64, 65
民間信仰　26, 33, 34, 57, 59-61, 63-68, 70, 126, 243, 261, 262

ヤ行

游帷観　72, 73
游永生会　84
游永寧会　84
游永福会　84
游家村　71, 80, 82-85, 87, 88, 90
羊角洞　246, 250, 254-263, 265

ラ行

雷法　33, 37, 40-43, 244, 245
律師　250, 251, 254, 255, 259
龍会　78, 79, 82-84, 90
龍虎山　33, 37, 40-42, 96, 244, 245, 264, 267
劉仙石　180, 181
劉媚子墓誌　148, 149, 157
龍門派　97, 188, 246-252, 254, 255, 259, 260, 264
呂祖　97, 110, 120, 122, 123, 126, 129, 254
臨海　251, 252
霊山洞　137
老君崖　180, 181, 182
廬山　173-177, 180-182, 184, 189, 190
廬山博物館　184

文献索引

英語
Changchun daojiao yuanliu（長春道教源流） 108
Chronology of the Seven Authentics 164 → Qizhen nianpu
Daodejing（道德經） 166-169
Erdijing lingyan ji（二帝經靈驗記） 116, 117, 129
gongguoge（功過格） 110
Gu Louguan ziyun yanqing ji（古樓觀紫雲衍慶集） 166
Guansheng dijun mingsheng jing zhujie（關聖帝君明聖經注解） 111
Haishan qiyu（海山奇遇） 120
jiujie jing（救劫經） 110
Kuodizhi（括地志） 165, 170
Lüzu xianshi jueshi huibian chouzhenben（呂祖仙師覺世彙編抽珍本） 120
Qizhen nianpu（七眞年譜） 164, 170
Quanshu Lüzu（呂祖全書） 120
Taishang Taiqing Tiantong huming miaojing（太上太清天童護命妙經） 168, 171
Wenchang dijun jiujie baogao zhushi（文昌帝君救劫寶誥註釋） 112, 128
Wenchang dijun jiujie baoshengjing（文昌帝君救劫葆生經） 114
Wenwu erdijing（文武二帝經） 114-118, 129
Wudi jiujie yongmingjing（武帝救劫永命經） 114, 115, 129
Wuji chuanzonglu（無極傳宗錄） 108
Xiqiao Baiyundong zhi（西樵白雲洞志） 102, 127
Xiyue Huashan zhi（西嶽華山志） 164
Yijing（易經） 164
Zhongnanshan Shuojingtai lidai zhenxian beiji（終南山說經臺歷代眞仙碑記） 166, 170
Zhongnanshan Zuting xianzhen neizhuan（終南山祖庭仙眞內傳） 167

中国語
抱朴子 232
北斗本命延生经 225, 226, 229-236, 239, 240
北斗经 227-229, 232, 233, 239-241
藏外道书 233
次晦叔寄弟韵二首 193
道教徒的诗人李白及其痛苦 233
"洞天"的基础性考察 202
洞天福地岳渎名山记 204, 208, 209
尔雅释山篇 192
风俗通五岳篇 192
佛说北斗七星延命经 229
佛说北斗延命经 232, 240
淮南子 146, 192
湖南全省掌故备考 193, 194, 209
混元圣纪 230, 232
校正北斗本命延生经 225, 230, 231, 236
罗浮山赋 204
南岳小录 191, 193, 207
南岳总胜集 191, 196, 197, 207
史记 192
太上混元老子史略 230
太上玄灵北斗本命延生真经 226, 228, 233, 239
太上老君年谱要略 230, 231
天地宫府图 202, 204, 206, 208
五斗经 229, 239
五行大义 232
谢守灏校订本 230
谢守灏校正北斗本命延生经序 236
新语 192
玄元真人注 228, 231, 233, 239
玄元真人注本 231, 239
徐道龄本 231
徐道龄集注 228
云笈七签 204
真诰 204, 205
紫阳真人内传 204, 205

日本語

ア行
委羽山宗譜　246, 250, 252, 254, 255, 260, 265
永矢勿萱碑　247
淮南子　146, 192
王君内伝　142, 145, 147, 152, 156-158
王氏神仙伝　147

カ行
開示経　54
楽清県志　243, 252, 263-265
楽清県道教志　250, 263, 265
葛仙翁肘後備急方　150, 158
雁蕩山志　244, 245, 251, 263-265
雁蕩山浄名教寺募捐重修序　252
観念阿弥陀仏相海三昧功徳法門　51
漢武帝内伝　5
魏夫人内伝　139, 140, 141, 143-145, 147-151, 157, 158
九天霊宝金華沖慧度人保命茅君真経　13
苦功悟道巻　49, 50
広雁蕩山志　251, 263, 265
香山宝巻　18
黄庭経　147
五岳真形図　173
古仏天真考証龍華宝経　53
混元弘陽臨凡飄高経　52, 53
混元布袋真経　55, 68

サ行
三官経　18
三教源流捜神大全　5, 34
三洞珠嚢　144, 145, 157
三宝太監西洋記　28, 36
三茅帝君宝懺　13, 25
三茅宝巻　12, 15-17, 21, 22, 24, 27, 30, 31
山右石刻叢編　217, 218, 223
司命真君伝　5, 6
修建北斗洞碑記　247
書経「禹貢」　146
真誥　5, 7, 25, 28-30, 133, 134, 138, 140, 141, 145, 149, 153-156, 158, 220, 222, 224
晋書「王羲之伝」　152
神仙伝　4, 25, 28, 139, 147, 155
水滸伝　39, 40
清虚真人王君内伝　142, 145, 147, 152, 157, 158
清霊真人裴君伝　141
説岳全伝　42
説文解字　146
仙苑編珠　143
仙伝拾遺　147
潜夫論　151, 158
続刊青城山記　175
祖師九天司命三茅真君滅罪宝懺　13
孫真人備急千金要方　140, 145

タ行
太元真人東岳上卿司命真君伝　5
泰山聖母苦海宝巻　64
太上三清応化三茅祖師霊感法懺　13, 25
太平広記　25, 28, 141, 156, 157
太平御覧　25, 28, 142, 144, 152, 156, 157
枕中記　143, 144, 156
定襄県志　218, 223
天仙聖母源流泰山宝巻　64
天壇王屋山聖跡叙　45, 134, 154
天地宮府図　45, 133, 146
天柱山志　175
道光楽清県志　243, 263, 264
登真隠訣　143, 144, 156, 157
道迹経　134
道蔵輯要　13, 25, 175
洞天福地岳瀆名山記　45, 147, 173, 222
道法会元　33, 42

ナ行
南朝紀事　74, 75
日知録　224

ハ行
裴君内伝　144, 156, 157
仏説皇極結果宝巻　53, 67
仏説仏三昧海経　50, 51
普明如来無為了義宝巻　49
平妖伝　36
法海遺珠　33, 42
茅君内伝　28, 133
茅山志　5, 7, 25, 28, 29
方城山羊角洞記　256
封神榜（封神演義）　36, 41, 42
抱朴子　232

北遊記　34, 39, 42
マ行
万寿宮通志　75, 91
妙法蓮華経　50
未来星宿劫千仏名経　50, 51

無上秘要　134
ラ行
霊応泰山娘娘宝巻　64
廬山紀事　174, 181, 190
廬山志　174, 176, 180, 181, 184, 190

人名・神名索引

英語

Anqi Sheng（安期生） 100, 126
Bodai Daruma（達摩祖師） 108
Ceng Yiguan（曾一貫） 96
Chen Botao（陳伯陶） 108, 128
Chen Minggui（陳銘珪） 108
Deng Shixian（鄧士憲） 100, 127
Du Yangdong（杜楊棟） 96
Duan Yucai（段玉裁） 165
Emperor Shizong（世宗） 163
Feng xian'gu（風仙姑） 163
Feng Zanxun（馮贊勳） 100, 102, 127
Fu Jinquan（傅金銓） 94, 125
Ge Hong（葛洪） 25, 108, 169
Guansheng dijun（關聖帝君） 111, 114
Hao Datong（郝大通） 161, 164
　→ Hao Taigu
Hao Taigu（郝太古） 161, 163　→ Hao Datong
He Qizhon（何啟忠） 120
Huang Peifang（黃培芳） 100, 126, 127
Jiang Benyua（江本源） 100, 126
Jiaqing (Emperor)（嘉慶） 102, 126
Ju Huitong（鞠會通） 108, 128
Ke Yanggui（柯楊桂） 96
Laozi 165, 166, 168
Li Chongdao（李沖道） 164
Li Daoqian（李道謙） 167
Li Shouyi（黎守一） 103, 104
Lin Fashan（林法善） 106
Lin Yimi（林依秘） 106, 107
Lin Zhao'en（林兆恩） 94
Liu Changsheng（劉長生） 161, 163
　→ Liu Chuxuan
Liu Chuxuan（劉處玄） 161
　→ Liu Changsheng
Lü Chunyang（呂純陽） 101
Lüdi 115

Lü Dongbin（呂洞賓） 95, 97, 102, 161, 164
Lüzu（呂祖） 97, 101-104, 109, 110, 115, 120, 121, 126, 127, 129
Ma Danyang（馬丹陽） 161, 162, 164
　→ Ma Yu
Ma Junsheng（馬駿聲） 108, 128
Ma Yu（馬鈺） 161　→ Ma Danyang
Master Dongchu（東初祖） 106, 107, 109, 128
Master Song Dafeng（宋大峰祖師） 117
Qiao Qiandao（喬潛道） 164
Qiu Changchun（丘長春） 161　→ Qiu Chuji
Qiu Chuji（丘處機） 161, 162　→ Qiu Changchun
Sanshan Guowang（三山國王） 117
Shen Xingkong（沈性空） 107, 108, 128
Sun Bu'er（孫不二） 161, 163, 170
Tan Changzhen（譚長眞） 161, 162
Tan Chuduan（譚處端） 161
Wang Chongyang（王重陽） 161-165, 167
Wang Chuyi（王處一） 161, 164
　→ Wang Yuyang
Wang Yu'an（王裕安） 106, 108, 109
Wang Yuyang（王玉陽） 161, 163
　→ Wang Chuyi
Wanyan Shu（完顏璹） 165
Xu Zexun（徐澤醇） 112
Yin Xi（尹喜） 166
Yu Qin（于欽） 168, 169
Yuhuang Dadi（玉皇大帝） 111
Zhang Bishi（張弼士） 109
Zhang Hongnan（張鴻） 109
Zhang Tingfen（張廷芬） 106
Zhang Yunan（張煜南） 109
Zhu Xiangxian（朱象先） 166

中国語

本命神将 226
陈傅良 230

大圣北斗七元君 226, 227
杜光庭 45, 134, 147, 154, 173, 175, 187, 204,

206, 208, 209, 228
傅洞真　228, 231, 233, 237
观复大师　230
淮南王刘安　192
老子　147, 154, 178, 181, 189, 215, 230, 232
李白　228, 233, 234
李长之　233
刘尧海　194
卢云芳　196
陆贾　192
南岳魏夫人　135, 142, 144, 154, 156, 157, 191
七元真君　226, 227, 239, 240
司马承祯　191, 192, 202, 204-206, 208, 209
司马迁　192
泰山府君　236, 241

陶弘景　5, 12, 133, 141, 143, 149, 150, 158, 164, 204, 205, 213, 220
魏华存　191
谢灵运　204, 205
谢守灝　225, 230-233, 235, 240
玄宗　133, 173, 174, 191
张道陵　229, 231, 232
张建华　196
张君房　204
朱陵大帝　193
祝融　191, 192, 197, 209
朱熹　230
朱子　193
紫阳真人　204, 205

日本語
ア行
殷元帥　33-38
尹信慧　28
尹道長　12
円瑛法師　256
王雲錦　20, 21
王常月　246
王崇淑　248, 250
王符　151
王襃　45, 134, 135, 140-147, 152, 153, 158
王母娘娘　46, 179
王霊官　36, 37, 47
温元帥　34, 36, 38, 39
温天君　38, 41
カ行
岳元帥　36, 37, 43
岳天君　36, 41-43
葛佩文　20
関羽　34
関元帥　34, 36, 38, 43
関聖帝君　33, 34, 43
韓太湖　52
関天君　38
魏華存　45, 134, 135, 138-141, 144-148, 150-154, 157, 158
徽宗　73, 175
仇誠達　248, 249, 265

弓長祖　53
九天採訪使者　174, 175, 182
九天（潙山）司命　11, 13, 15, 25, 30, 35, 39, 41, 173-175, 182, 189-191
九天（青城）丈人　11, 13, 15, 25, 30, 35, 39, 41, 173-175, 182, 189-191
九天（廬山）使者　11, 13, 15, 25, 30, 35, 39, 41, 173-175, 182, 189-191
玉皇　12, 29, 34, 36, 40, 41, 70, 76, 84, 85, 111, 125, 188, 216, 231, 240, 248, 250, 251, 254
玉皇上帝　231, 248
玉皇大帝　34, 76, 85, 111
許真君人　179, 182
許遜　31, 71-77, 79, 81-89, 91, 173-175, 182
金理筌　251, 253
玄天上帝　24, 33, 34, 37, 39-41, 43, 44, 248
黄将軍　255
黄誠啓　256
五岳丈人　188
顧歓　134
胡恵超　72
胡将軍　255
胡信昌　255, 259
呉信弟　248
呉先生　255
五道将軍　219

283

胡聘之　217, 218, 223
呉猛　72
サ行
崔府君　219, 221, 223
採訪真人　179, 182
灉山司命　173
三茅君　3-24, 30
施信泉　248, 250, 260
司馬承禎　45, 133, 134, 173
釈迦牟尼　261
謝鐸　256, 265
蔣希南　247
蔣叔南　255, 263, 265
尚誠岳　255, 256, 259
蔣宗松　247, 249
蔣大治　14
真宗　214-220, 223, 228
真武　24, 31, 37, 38, 41, 228
諶母　72, 74, 76, 87
西王母　5, 6, 17, 45, 46, 52, 64, 177, 178
青城丈人　173, 187
聖母娘娘　179
清霊真人　141
孫思邈　140, 143-145, 155
孫理華　254, 259
夕行
太乙救苦天尊　248
泰山玉女　216, 217
太子晋　151, 158
太上老君　6, 42, 177, 179, 188, 226, 228-232, 237, 238
譚鈞培　8, 11, 28
張鶴峰　14
趙元帥　33, 34, 36-39
趙至賢　247-249
趙天君　36, 38
張天師　40, 245
張陵　143, 156
陳円蟾　255, 259
陳体陽　254, 255, 256
陳理恒　247, 249
陳理定　254, 259
鄭将軍　255
天花娘々　179

陶金　27-29
滕瑞芝　20, 21
斗姥　248, 249, 260, 265
斗姥天尊　248
童明雲　251, 253
鄧理言　255
杜光庭　45, 134, 147, 154, 173, 175, 187, 204, 206, 208, 209, 228
ナ行
南海観世音菩薩　179
南斗神　248
甯封　175, 187
ハ行
裴君　141, 144, 156, 157
白玉蟾　74
馬元帥　33-36, 38, 39, 42
馬天君　38
馬霊官　36
茅盈　4-6, 9, 18, 28
茅固　4, 6
茅衷　4, 6
包雷淵　244, 245
北斗元君　246
北斗神　248
マ・ヤ行
無生老母　17, 45-66, 69, 70, 268
楊家将　258, 263
楊元帥　11, 30, 34, 35
楊世華　27, 28, 30
楊府大神　255, 257, 258, 261-263
楊来基　246
ラ行
雷声普化天尊　36, 41, 248
羅祖　49, 50, 52, 67
陸至和　255, 259
李遵　5
李少和　262
李登雲　252, 263
李賓　49
劉禹錫　146
劉古岩　262
劉相公　255
劉崇賢　255, 259
龍沢厚　21

劉佩華　255
劉璞　148, 149, 151, 158
凌円佐　250, 251, 252
廖保玉　256

林霊素　244
霊官　33-37, 47, 135, 154, 179, 188
霊官菩薩　179
廬山使者　173

執筆者・訳者紹介

編者

土屋昌明（つちや　まさあき）

専修大学経済学部教授。共編『长安都市文化与朝鲜日本』三秦出版社、2007 年。共編『道教美術の可能性』アジア遊学、勉誠出版、2010 年。共訳『北京 1966―フランス女性が見た文化大革命』勉誠出版、2012 年。共著『人ならぬもの：鬼・禽獣・石』キーワードで読む中国古典、法政大学出版局、2015 年。「道教の新羅東伝と長安の道観―「皇甫奉源墓誌」を中心に」日本道教学会『東方宗教』第 122 号、2013 年 11 月、ほか。

ヴァンサン・ゴーサール（Vincent GOOSSAERT、高萬桑）

高等研究実践学院（École pratique des hautes études）道教史教授（Directeur d'études）。*The Taoists of Peking, 1800-1949. A Social History of Urban Clerics*, Cambridge (Mass.), Harvard University Asia Center, 2007. *Le Taoïsme*, avec Caroline Gyss, Paris, Gallimard (coll. Découvertes), 2010（邦訳『道教の世界』創元社、2011 年）。*The Religious Question in Modern China*, with David A. Palmer, Chicago, University of Chicago Press, 2011 (2013 Levenson Prize レベンソン賞)。「近代道教の終末論」武内房司編『戦争・災害と近代東アジアの民衆宗教』有志舎、2014 年、ほか。

執筆者・訳者 （掲載順）

森由利亜（もり　ゆりあ）	早稲田大学文学学術院教授
二階堂善弘（にかいどう　よしひろ）	関西大学文学部教授
山下一夫（やました　かずお）	慶應義塾大学理工学部准教授
横手裕（よこて　ゆたか）	東京大学大学院人文社会系研究科教授
大形徹（おおがた　とおる）	大阪府立大学大学院人間社会学研究科教授
仇詩琪（きゅう　しき、QIU Shiqi）	大阪府立大学大学院修士課程修了
ピエール・マルソン（Pierre MARSONE、馬頌仁）	高等研究実践学院（École pratique des hautes études）中国史教授（Directeur d'études）
イザベル・アン（Isabelle ANG、洪怡沙）	フランス大学（Collège de France）准教授（Maître de conférences）
趙婧雯（ちょう　せいぶん、ZHAO Jingwen）	神戸大学大学院博士後期課程
志賀市子（しが　いちこ、Ichiko SHIGA）	茨城キリスト教大学文学部教授
方玲（ほう　れい、Ling FANG）	Groupe Sociétés, Religions, Laïcités研究員（Ingénieure de recherche）
二ノ宮聡（にのみや　さとし）	関西大学アジア文化研究センターPD
三浦國雄（みうら　くにお）	四川大学文化科技協同創新研究中心教授
潘君亮（はん　くんりょう、Junliang PAN）	パリ第七大学（Université Paris Diderot）准教授（Maître de conférences）
廣瀬直記（ひろせ　なおき）	早稲田大学兼任講師

道教の聖地と地方神
　　　　　　　　どうきょう　せいち　ちほうしん

2016年2月27日　初版第1刷発行

編　　者●土屋昌明、ヴァンサン・ゴーサール
発行者●山田真史
発行所●株式会社東方書店
　　　　東京都千代田区神田神保町1-3　〒101-0051
　　　　電話 03-3294-1001　営業電話 03-3937-0300
装　　幀●EBranch 冨澤崇
印刷・製本●株式会社　ディグ

定価はカバーに表示してあります。

©土屋昌明、ヴァンサン・ゴーサール 2016
Printed in Japan
ISBN 978-4-497-21601-4　C 3014
乱丁・落丁本はお取り替えいたします。恐れ入りますが直接小社までお送りください。
Ⓡ本書の全部または一部を無断で複写複製（コピー）することは著作権法上での例外を除き禁じられています。本書からの複写を希望される場合は、事前に日本複写権センター（JRRC）の許諾を受けてください。JRRC
（http://www.jrrc.or.jp　Eメール: info@jrrc.or.jp　電話: 03-3401-2382）
小社ホームページ〈中国・本の情報館〉で小社出版物のご案内をしております。http://www.toho-shoten.co.jp/